CHENGZHENHUA JIANSHE
YU KECHIXU FAZHAN

城镇化建设与可持续发展

陈文魁◎主编

国家行政学院出版社

图书在版编目（CIP）数据

城镇化建设与可持续发展 / 陈文魁主编．
—北京：国家行政学院出版社，2013.4
ISBN 978-7-5150-0762-5
Ⅰ.①城…　Ⅱ.①陈…　Ⅲ.①城市化—建设—可持续性发展—研究—中国　Ⅳ.①F299.21
中国版本图书馆 CIP 数据核字(2013)第 086979 号

书　　名　城镇化建设与可持续发展
主　　编　陈文魁
责任编辑　汤中方
出版发行　国家行政学院出版社
（北京市海淀区长春桥路 6 号　100089）
电　　话　(010)68920640　68929037
编 辑 部　(010)68928873
经　　销　新华书店
印　　刷　北京中印联印务有限公司
版　　次　2013 年 4 月北京第 1 版
印　　次　2013 年 4 月北京第 1 次印刷
开　　本　787 毫米 ×1092 毫米　1/16
印　　张　20
字　　数　234 千字
书　　号　ISBN 978-7-5150-0762-5
定　　价　50.00 元

导　言

《国民经济和社会发展第十一个五年规划纲要》中明确提出：“坚持大中小城市和小城镇协调发展，提高城镇综合承载能力，按照循序渐进、节约土地、集约发展、合理布局的原则，积极稳妥地推进城镇化，逐步改变城乡二元结构。”这是对几十年来城市发展战略和城市建设方针的重大突破。《国民经济和社会发展第十二个五年规划纲要》对积极稳妥推进城镇化提出新要求：“优化城市化布局和形态，加强城镇化管理，不断提升城镇化的质量和水平。”从党的十八大到中央经济工作会议，再到中央农村工作会议，新一届中央领导集体也多次强调城镇化，并进行一系列重点部署，推出了“城镇化新政”。城镇化作为农村人口从传统分散的乡村向现代先进的城市集中的历史过程，是一种世界性的现象。

城镇化，是指农村人口不断向城镇转移，第二、三产业不断向城镇聚集，从而使城镇数量增加，城镇规模扩大的一种历史过程。城镇化作为一种社会历史现象，既是物质文明进步的体现，也是精神文明前进的动力。城镇化作为一种历史过程，不仅是一个城镇数量与规模扩大的过程，同时也是一种城镇结构和功能转变的过程。城镇化进程不只表现为城市人口比例的提高，它还是社会资源空间配置优化的过程，它将带来城市体系的发展和城市分布格局的转变。城市体系的发展意味着将有更多的中、小城市发展起来，构成一个比例更为协调的城市体系。这两个方面的变化将使我国经济实现资源配置合理化，并有利于产业布局合理化和产业结构高级化。从某种程度上说，城市的发展过程就是经济资源在不同地区之间的转移过程。

2002年党的十六大把“可持续发展能力不断增强”作为全面建设小康社会的目标之一。可持续发展是以保护自然资源环境为基础，以激励经济发展为条件，以改善和提高人类生活质量为目标的发展理论和战略。它是一种新的发展观、道德观和文明观。

新型城镇化除了要从数量型扩张向质量型增长转变，重点解决农民工的公共服务问题外，还要从粗放型发展向集约型发展转变，防止严重浪费资源，走可持续发展的新型城镇化道路。即从粗放型发展向集约型与再生型发展转变，改变片面重视政绩、忽视社会和生态成本、不考虑社会公平、不能持续发展的城镇化模式；从二元结构向一体化发展转变，加快户籍制度改革，让农民工转变为新市民；从转移农村贫困向开发农村智力转变，加强农村职业教育与城市农民工的职业培训，大力促进准备转移的农民与农民工的智力开发，增强农民进入城市较高级劳动力市场的能力；从“夹生饭”向城市全面发展转变，加强对“城中村”的综合治理与开发建设的力度。

目　录

附录一：典型案例参考

第一章

城镇化建设概况

- 第一节　城镇化建设的内涵与应有之义
- 第二节　城镇化建设的发展道路选择
- 第三节　城镇化与可持续发展的关系
- 第四节　城镇化可持续发展的总体思路

城镇化是伴随着工业化进程的一种经济现象，是经济发展的重要引擎，还是衡量现代化程度的重要标志。党的十七大报告明确指出："走中国特色城镇化道路，按照统筹城乡、布局合理、节约土地、功能完善、以大带小的原则，促进大中小城市和小城镇协调发展。以增强综合承载能力为重点，以特大城市为依托，形成辐射作用大的城市群，培育新的经济增长极。"改革开放以来，中国演绎了波澜壮阔的城镇化史诗。中国人口城镇化率从1978年的17.9%提高到2012年的52.6%，34年提高了34.7个百分点，城镇化水平以年均1%的速度提升。截止到2012年，我国拥有7.1亿城镇人口，除了有660个设市建制的大中小城市之外，还有近20000个小城镇，已初步形成以大城市为中心、中小城市为骨干、小城镇为基础的多层次的城镇体系。我国的城镇化在祖国大地上史无前例地高速发展，城镇化全面推动了我国经济和社会的巨大发展，并在很大程度上改善了城乡人民的生活水平和住房条件[1]。

第一节　城镇化建设的内涵与应有之义

城镇化建设目前是全国非常热点的话题，也是学术界研究的热点领域。在十八大报告和新一届中国领导人讲话中，城镇化作为中国经济增长的一个主要动力，被提到了非常醒目的位置。

一、城镇化的定义

城镇化一词起源于拉丁文Urbanization的概念，最早源于1867年西

[1] 温家宝：《在全国人大会议上的政府工作报告》，2012年3月8日。

班牙工程师赛达（A.Serda）的著作《城镇化基本理论》，这一概念被用来大致描述乡村向城市演变的过程。至20世纪，这一名词已经在全世界范围内被多数学者所接受，在世界范围内得到了广泛的使用。对于Urbanization一词，国际上通常或较多使用"城市化"概念。1970年代后期，Urbanization一词被引入中国学术界并被接受。相对于城市化而言，城镇化在我国比较普遍使用。城镇化和城市化现象是一个同质但稍有差异的人口高度集中的区域化现象。中国城市与区域规划学界和地理学界于1982年在南京召开的"中国城镇化道路问题学术讨论会上"，明确指出城市化与城镇化为同义语。

目前理论界对于城镇化的概念，尚有争议，还没有统一公认的定义，不同学者或不同学科对此有不同的看法。就目前来说，对城镇化的概念主要是分别从人口学、人类学、社会学、生态学、经济学、地理学和城市规划学等角度进行阐述。

（一）人口学对城镇化的定义

人口学认为城镇化是农村人口转变为城市人口的过程，即以农村人口不断向城市迁移和聚集为特征的一种历史过程。人口向城镇地区集中，一方面增加了城镇数量，另一方面每个城镇人口数量也在不断增加。最能直接形象地表现城镇化进程的是大量乡村人口向城镇地区集中，由农业人口变为非农业人口，由此引起人口地域结构发生变化，在总人口中农村人口比例下降，城镇人口比例上升。

（二）人类学对城镇化的定义

人类学认为城镇化是"城市性"生活方式形成、强化和传播的过程。农民变为市民之后，在思想、观念、生活方式、文化素养、法律意识、社会地位等方面全面转化、进化、提升。

（三）社会学对城镇化的定义

社会学认为城镇化主要是城市文明覆盖农村，农村社区的生产生活方式向城市社区的生产生活方式转化的过程。城镇化是一个变传统落后的乡村社会为现代的城镇社会的自然历史过程。人们不断被吸引到城镇中，纳入城镇的生活组织中，进而城镇生活方式不断改变和强化。显然，社会学家强调城镇化是农村居民在城镇能够享受到城市居民的物质和文化生活方式的过程，引导农村居民从以前的生活方式中摆脱出来，让更多的农村居民享受城市文明。因此，社会学家注意的是城市地区人们生活方式的转变及人与人之间的相互关系对城市的影响。

（四）经济学对城镇化的定义

从经济学角度看，城镇化则是由农村传统的自然经济转变为城镇所代表的社会化大生产的过程（即生产方式的转变），是农村经济要素向城市经济要素的转化过程。城镇化是工业化的必然结果，是区域经济发展到一定阶段的产物，是人类生产活动从农业向非农产业转换，生产要素向城镇流动集聚的过程。城镇的形成和发展就是二、三产业产生和发展的过程。当社会经济处于以农业为中心的阶段时，城镇集聚还不具备产生的条件。随着非农产业的发展，社会上出现了产业专门化，也就出现了人的职业社会分工和空间场所的分工。这就带来了两个显著变化，一是随着农业生产力的提高，产生了一定的农业剩余产品和劳动力，二是非农产业的发展增加了就业机会，促进了农村劳动力和生产要素向城镇集聚。因此，从经济学角度考察，城镇化就是产业的非农化以及劳动力从业的非农化和社会分工的细化，经济学家强调了城市集聚经济与规模经济的效应与作用。

（五）地理学和城市规划学对城镇化的定义

地理学认为城镇化是农村地区转变为城镇地区的过程。地理学把城镇化理解为地域空间上的转换，包括乡村地域向城镇地域的转化、城镇地域向外扩张和城镇内部地域不断演替的过程。由于地域空间组织过程涉及自然、社会、经济、政治、文化的诸多要素，因而地理学对城镇化的解释是综合性的。城市地理与区域规划学家约翰·弗里德曼认为，城镇化是国家或区域空间系统中的一种复杂的社会过程。并将城市化过程区分为城市化Ⅰ和城市化Ⅱ。前者包括人口和非农业活动在不同规模城市环境中的地域集中过程、非城市型景观转化为城市型景观的地域推进过程，即物化了的或实体化的过程；后者包括城市文化、城市生活方式和价值观在农村的地域扩散过程，即抽象的、精神上的过程。由此可见，城镇化Ⅰ是城镇化的数量过程，称为狭义的城镇化；城镇化Ⅱ是城镇化的质量过程，称为广义的城镇化。可以看出，城市规划与城市地理学家则重视城市形成与发展，尤其是城市职能、用地扩展引起的城市化空间过程。

（六）其他定义

在生态学家看来，城镇化是人类及其生存环境由农村向城市演变的过程。从系统论的角度来理解，城镇化是物质、能量、信息、废物等输出由农村转向城市的无序到有序的过程。

（七）政府部门对城镇化的定义

原国家建设部 1998 年颁布的《城市规划基本术语标准（中华人民共和国国家准 .GB/T50280—98）》对所列词条“城市化”的解释是：“城市化——人类生产和生活方式由乡村型向城市型转化的历史过程，表现为乡村人口向城市人口转化以及城市不断发展和完善的过程。又称城镇化、城市化。”这一定义，大致与弗里德曼的解释相同，以“城市化”为词目，同时兼容了“城镇化”和“城市化”两种不同的说法。党的十五届四中全会通过的《关于制定国民经济和社会发展第十个五年计划的建议》正式采用了"城镇化"一词。这是近50年来中国首次在最高官方文件中使用"城镇化"。2001年公布的《中华人民共和国国民经济和社会发展第十个五年计划纲要》中首次提出"要不失时机地实施城镇化战略"。为统一说法，与国家公布的正式文件的提法相一致，之后我们党的全国代表大会文件和政府工作报告等，都是使用"城镇化"这一概念，教材在表述上也使用了"城镇化"。

这些对城镇化概念的定义都是从某一学科领域或某一个角度来揭示城镇化的某一个层面的本质特征，而城镇化现象，实际上正是由于生产力发展所导致的一系列社会经济现象的有机组合。

二、城镇化的内涵

城镇化的本质就是就业方式、居住方式、交往方式的一种改变，它涉及人口、社会、经济、文化、技术等一系列的转型与变革。真正科学认识和理解城镇化的内涵，需要从以下五个方面来进行全面把握：

（一）产业结构和社会结构的转换

产业结构不断由低层次向高层次演进，城市工业的集聚以及服务于城市的第三产业高度发展，提供了大量的就业机会，劳动力从第一产业向二、三产业转移，人类社会从传统的农业社会向工业化社会转变。即城市化的实质过程就是经济结构不断变化的过程，也就是农业人口不断转变为非农业人口，专门从事非农业生产活动的过程[1]。这是城市化的重要内容，也是城市化过程的基本动力。

（二）城乡人口分布结构的转换

经济活动主体伴随着经济活动的扩展而转移，在农业内部推力和非农

[1] 虞孝感、吴楚材：《长江三角洲地区国土与区域规划研究》，科学出版社，1997年版。

产业外部拉力的双重作用下，越来越多的人口由分散的农村不断向城镇集中，农村人口逐步转变为城镇人口，引起城镇数量不断增多和城镇规模不断扩大。这就是城市化形成演变的主体内容。

（三）城镇空间形态的变化

城镇化最直观的表现是地域景观的变化，城镇建成区扩大或者城镇化在一个地区出现后，促进着这一个地区的自然景观转变为现代化的建筑景观，具有现代文明特征的城市载体形成和交通、通信等基础设施的不断形成与完善，各种生产要素和产业活动向城镇地区聚集以及集聚后的再分散。城市景观的扩展，以人口、产业高度集聚为特征的城市地区范围不断扩大，居民点、建筑物等面貌向城市型转变[1]。

（四）人们价值观念和生活方式的转换

城镇文化、城市生活方式和价值观念向农村地区渗透和扩散，传统乡村文明走向现代城镇文明，最终实现城乡一体化和“人”的城镇化和现代化。生活方式城镇化是一个更深刻、更全面的变革过程，是一种在经济、产业结构、人口、空间城市化进程中体现出来的城市化。在生活方式的城镇化过程中，既有进入城市的人口慢慢接受、学习城市的生活方式、行为习惯和价值观念等，也有城市影响的扩散对周围乡村生活方式的改变。

（五）经济要素集聚方式的变迁或创新

在技术创新和制度创新的双重推动下，人口、资本等经济要素更健康、高效地在城乡之间流动、重组。应该说，城镇化的这五个方面既相互独立又相互促进，缺少任何一个方面的城镇化都不是真正意义上的城镇化。由此可见，城镇化是整个城乡的经济社会、文化、政治结构的转型和变迁。

---

[1] 姚士谋、张泉源等:《江苏城市化问题及其对策研究》，中国统计出版社，1997年版。

这也就是说，城镇化并不是仅仅由城镇的出现和存在这一唯一指标来衡量，而是一个综合的经济社会发展过程，城镇化体现的是整个国家或区域的全面变化和发展。它既包括人口和非农产业活动向城镇的转移、聚居、强化和分异，以及城市景观的地域推进等实体变化过程，也包括城市经济、社会和技术变革的扩散并进入乡村地区乃至城市文明、城市生活方式和城市价值观念向乡村地区扩散、渗透的精神变化过程。

三、城镇化建设的应有之义

2010年经济工作会议指出：积极稳妥推进城镇化建设，提升城镇发展质量和水平。“十二五”时期推进城镇化建设，要贯彻落实科学发展观，树立正确的城镇化观念，按照城镇化的内涵要求，加快推进城镇化建设，不断提升城镇化建设的质量内涵。

（一）做好城镇建设和发展规划

推进城镇化，必须考虑到资源、环境、公共设施的承载能力，采取自愿节约、环境友好型，城市群、大中小城市和小城镇协调配合发展的发展之路，走中国特色城镇化道路。城镇化建设应当做到科学规划、打造特色。

（二）大力发展二、三产业，为城镇化提供产业支撑

要坚持把经济发展放在城镇建设的首位，以工业化推动城镇化，以城镇化促进工业化和现代化，实现良性互动、协调发展。有产业就有就业机会，而相对充足稳定的就业是城镇化的基础，要让农民家庭进入城市定居，最基本的条件是能够就业、在城镇有基本稳定的收入。

（三）加大户籍改革推动城镇化

确立以改善民生为目标的城镇发展方式，以改革城乡分割的户籍制度

为切入点，使已进入城镇多年且有稳定职业的农民工及其家属在城镇定居，并将其纳入城镇居民基本社会保障体系，扩大国内消费需求，推动经济发展由数量、速度型向质量、效益型转变。

（四）努力实现城乡统筹发展

加快推进城乡基础设施一体化建设，加快城乡公共服务与社会福利一体化，加快推进城乡就业保障一体化。

（五）建立节约土地资源、水资源和能源的新机制，发展资源节约型低碳型城镇，增强城镇化建设的质量内涵和城镇可持续发展能力

城镇化建设是一个涉及方方面面的复杂的系统工程，必须提高其科学性、预见性和规划水平。政府高层已确认未来几年新型城镇化建设路径：一是放宽中小城市和小城镇落户条件，把符合条件的农村转移人口逐步转为城镇居民，享受与原城镇居民在医保、社保、子女教育、住房租购等方面的平等待遇。考虑到城市承载能力，北京、上海、广州等特大城市的人口规模仍将受控。二是构建以陆桥通道、沿长江通道为横轴，以沿海、京哈京广、包昆通道为三条纵轴，以轴线上若干城市群为依托、其他城市化地区和城市为重要组成部分的城市化战略格局，促进中国经济重心由东向西、由南向北延伸。三是增强城镇综合承载能力，全面提升交通、通信、水电气暖、污水垃圾处理、医疗教育、文体等基础设施和公共服务水平，并从户籍、土地、住房、财税、地方投融资、行政区划等多个方面入手，进行体制改革和政策制定，为城镇化快速健康发展提供强有力的制度和政策保障。

第二节 城镇化建设的发展道路选择

城镇化建设的发展道路是指实现城镇化的动力、机制、原则和方式，所要解决的是怎样实现城镇化的问题。城镇化建设的发展道路的内容包括城镇化发展模式的选择、城镇化类型的选择、城镇化动力和实现机制的选择及城镇发展方式的选择。

一、国际经验

城镇化发展并没有一成不变的固定模式。不同国家、不同的城镇化模式所获取的成功经验和深刻教训，值得我们研究、汲取和借鉴。

（一）自由放任的城镇化发展——美国

美国是当今世界最发达的资本主义国家，也是市场经济的典型代表。在市场经济的发展过程中，美国的发展速度一直很快，市场经济在美国的城镇化和城市建设中发挥了至关重要的作用。美国相对民主和自由的政治体制也决定了其城镇化建设有着极大的自主权，城市规划及其管理属于地方性事务，联邦政府调控手段有限、力量薄弱，加之政府也没有及时对以资本为导向的城镇化发展加以及时准确的引导，造成城镇化发展的自由放任。相对自由的城镇化发展给这个走在发展前沿的国家带来了很多问题。其突出的表现就是过度郊区化，在空间格局上表现为城市沿公路线不断向外低密度蔓延，城镇建设无序，空间和社会结构性问题日益突出。20 世纪

90 年代以后，美国政府、城市规划者、学者和居民都开始意识到低密度城市空间布局所带来的问题，提出了“精明增长”（Smart Growth）的概念。其主要内容包括强调空间紧凑，用足城市存量空间，减少盲目扩张；鼓励乘坐公共交通工具和步行；加强土地利用的混合功能，保护开放空间和创造舒适的环境；通过鼓励、限制和保护措施，实现经济、环境和社会的协调。

（二）以市场为主导，政府调控为辅的城镇化发展——西欧

以西欧为代表的发达的市场经济国家，主要采取市场为主导，政府调控为辅的发展模式，客观来说应该算是卓有成效，政府积极采取合适的法律、行政和经济手段引导城镇化健康发展，保证国家的城镇化、工业化、市场化步调一致，三者相互促进，三者在总体上是一个比较协调互动的关系，是一种同步型城镇化。在西欧的城镇化过程中，各国政府强调对市场竞争和社会保障进行必要的国家干预，通过健全法制、制定和实施国家城镇化战略和公共政策、开发建设区域基础设施、改善城市环境、提供公共服务设施等引导城市和农村变革同步推进。并在此过程中，政府用行政、财税、规划等各种手段补足了市场经济的不足，使得与城镇化建设相关联的各种要素能够自由配置和流通，体制机制的不断完善使得城镇化的水平上升较快。相比美国完全市场化的城镇化发展模式，西欧国家的城镇化通过政府调控，更好地处理了城镇化与经济、社会、环境等各方面协调发展的关系。

（三）过度城镇化——拉美、非洲

拉美地区的国家城市化的快速发展开始于 20 世纪 50 年代。战后拉美国家进口替代工业化战略的实施，加快了重工业的发展，而且这些资本密集型的工业集中布局于几个大城市，国家的城市建设投入也集中于这些大城市。在农村，一方面农业资本主义的发展提高了土地和资本的集中度；

另一方面，国家对农业和农村的低投入造成了农业部门的衰退和农村生活环境的恶化，大量人口难以在农村维持生活。在此背景下，大量农村人口涌入城市，而且主要是几个大城市，造成拉美城市人口的增长速度远远超过其他国家。拉美、非洲国家的城镇发展是典型的过度城镇化，这些国家的工业化水平与发达国家相当，但经济水平、人民生活水平却不及西方发达国家的十分之一，主要原因是城市发展与经济发展严重脱节，以及忽视了传统农业的改造与广大农村地区的发展，使得城乡差距拉大，大部分农村人挤进城市。因此，要杜绝过度城镇化现象，不仅要关注城镇化、工业化的发展，更应该统筹城乡发展，缩小城乡差距。

（四）亚洲新兴工业化国家和地区：城乡交错发展

20世纪50年代以后，东南亚一些国家和地区选择“出口导向”发展战略，迅速推进了工业化和城镇化进程，并形成了以大城市和周围地区的高速增长为基本特征的经济、技术和社会发展模式。中心城市的空间范围迅速扩张，在城市边缘出现了规模庞大的城乡交错地带。同时由于交通基础设施的发展，不仅使过去独立发展的城市之间发生了密切的联系，而且沿城市之间的交通线形成了新的工业走廊。

亚洲新兴工业化国家和地区出现的人口向少数大城市集中的趋势，是与其人多地少的基本国情密不可分的。特别是东南亚新兴经济体，在面临巨大人口压力和在国际产业分工中处于不利地位的条件下，依托人力资源优势实施出口导向战略，结果是劳动密集型加工制造业在大城市周边地区蔓延，出现了大量“似城非城，似乡非乡”的“灰色区域”。

二、关于中国城镇化道路学术研究上的争鸣

关于城镇化道路，多年来一直是理论界争论的热点问题。概括说来，

主要有：小城镇战略、大城市战略、中小城市战略、城市群组战略等四种观点。在理论和实践方面，这几种城镇化战略都有充分的理由来支持。

（一）小城镇战略

改革开放以后，在农村经济体制改革的大背景下，解决乡镇企业发展和农村剩余劳动力的就业问题的现实需要，使得重点发展小城镇的观点成为中国城镇化战略选择的主流理论。同时，小城镇也是特殊历史条件——城乡分割体制下的产物。小城镇是城市与农村的结合点，它加强了城乡之间的联系，将城市中的高科技、文化、经济联系推向农村，协调了城乡之间的均衡发展，而小城镇本身的发展也为大中城市的发展奠定了坚实的基础。1980 年经国务院批准实施的中国城镇发展基本方针是“控制大城市规模，合理发展中等城市，积极发展小城市”。1983 年费孝通发表了《小城镇，大问题》的长篇报告，以小城镇为主要内容的农村城镇化成为这一时期中国城镇化的主流观点。

随着社会经济的发展，受诸多因素的限制，小城镇发展战略具有诸多局限性。第一，由于我国东中西部地区历史上就存在农村工业基础不均衡，东部地区农村工业有一定的基础，而中西部地区农村工业基础薄弱。因此，小城镇普遍适用性不强，发展战略不能从根本上解决农村改革与发展的问题。第二，小城镇发展战略忽视了大、中小城市在城镇化过程中的作用。第三，小城镇发展战略忽略了我国各个地区的区域差异。第四，小城镇发展战略存在着严重的资源浪费和环境问题。小城镇基础设施较差，以资源的粗放投入生产为主，排污量大、治污能力不强，并且，一旦污染就难以治理。

（二）大城市战略

近年来，我国学术理论界由于小城镇战略弊端的显现，又提出大城市优先发展的理论观点，即认为：我国城镇化道路的重心，应当放在发展大城市或特大城市上。

大城市战略的主要理论基础是城市的规模效益，在我国现阶段人均国民生产总值较低，资金和技术力量严重不足的情况下，城镇化战略理应以大城市为重点，集中有限的资金和技术力量，重视大城市的发展。大城市是经济活动、商业交往的中心，商业、服务业的需求和消费数量巨大，聚集效应造成了经济的高度繁荣，经济繁荣和人口密集也创造了无数的就业机会。欧美日等国在工业化过程中都充分发挥了大城市的特殊作用，在资本聚集、人口聚集、规模效应、辐射带动效应及经济高速、持续增长方面都对这些发达国家的经济发展起到了难以估量的作用。

但另一方面，也存在对大城市战略的批评态度。有些学者认为这种模式造成交通拥挤、能源供应不足、环境污染等所谓的“大城市病”问题，所有发达国家出现过的城市病几乎都在发展中国家重演。

（三）中等城市发展战略

《经济学动态》编辑部于 1984 年组织召集一批业界学者共同研究探讨中国城镇化的发展道路问题，首次提出了“中等城市论”的观点。中等城市是对“小城镇”和“大城市”之间的折中和调和。为了避免“城市病”和“农村病”，依托县城（包括县级市）发展中小城市，把一些条件较好的中等城市扩展成百万人口的大城市，适当保留、改制和建设一些重点小城镇。

中等城市战略的理论依据主要是，中等城市兼具小城镇和大城市的优点，又能够相对地避免它们的缺点，可以实现经济效益、社会效益和生态效益的统一。鉴于大城市的优点和缺点，以及小城镇的优点和缺点，再考虑到中小城市的功能和作用，不少学者成为中小城市战略的倡导者。但在实践上，中等城市虽然有一定发展，但数量、规模、质量等都有待于提高。

（四）城市群组战略

目前，我国正在形成以广州和深圳为中心的珠江三角洲、以上海为中心的长江三角洲、以北京和天津为中心的环渤海三个集中联片的城市区域，因而，城市带、城市群组理论应时而生。

城市群组战略的主要理论依据是，其一，实践结果表明，无论专注于大城市、小城镇或中等城市的哪一类的发展，都难以解决我国城市化问题。在此情况下，只有借鉴当今世界城市化的先进经验，从系统论的观点出发实施城市群组战略，才能克服以上不足；其二，从经济活动在空间的扩展演变规律来看，其顺序是由“点”到“线”到“面”，当城市集中到一定的程度时，就出现了城市集群；其三，21 世纪是全球合作与竞争的世纪，以纽约、伦敦、巴黎、东京等大城市为中心形成的大城市群正成为国际竞争的主角。因此，我国要能够真正参与到国际竞争中，就必须依赖大城市、大城市圈、大城市群。

三、城镇化建设的发展道路在我国运用的具体模式

（一）以大城市带大郊区发展的成都模式

其主要做法是对土地确权颁证，建立农村土地产权交易市场，设立建设用地增减指标挂钩机制。以发展较好的区域作为起步点，确立优势产业，形成以市场为导向的产业集群。另外再配以农民的公共服务和社会保障，提高农民的生活水平。

（二）以宅基地换房集中居住的天津模式

天津的小城镇发展主要又分为四种子类型：整体推进型、都市扩散型、

开发拓展型和“三集中”型。其主要做法为乡镇政府主导的“以宅基地换房”，先解决搬迁农民的安置问题，然后通过土地集约增值的收益发展地区产业，解决农村居民的就业问题。将农民的集中居住与城镇化、产业化有机结合。

（三）通过产业集聚带动人口集聚的广东模式

广东模式又可以分为两条主线：一是珠三角模式，即以乡镇企业和民营企业集中的中心镇为发展依托；二是山区模式，即围绕着县城，发展专业镇。珠三角模式的主要做法是通过产业集聚带动人口集聚，进而实现城市周边地区的快速崛起。珠三角地区在城镇化过程中，政府强化对工业布局的规划，集约土地资源，使土地与资本得到合理配置，以工业化带动城镇化，以产业化促进城镇化。

（四）以乡镇政府为主组织资源的苏南模式

苏南地区采取以乡镇政府为主组织资源方式。政府出面组织土地、资本和劳动力等生产资料，出资办企业，并由政府指派所谓的“能人”来担任企业负责人。苏南模式的主要特征是：农民依靠自己的力量发展乡镇企业；乡镇企业的所有制结构以集体经济为主；乡镇政府主导乡镇企业的发展。

（五）以个体经济为主的温州模式

温州地区通过内源性的经济发展，以市场化带动工业化、城镇化。温州城镇化是以市场为导向，发展个体和私营企业起步的，也是通过大力发展家庭手工业实现温州地区农村劳动力就业的非农转化的。以家庭工业和专业化市场的方式发展非农产业，从而形成小商品、大市场的发展格局。温州城镇化模式的特点是典型的“小商品、大市场”。

总而言之，在坚持稳步推进渐进式城镇化道路的总原则下，我国的城镇化道路要走市场推动与政府引导下的城镇化道路，要走社会和谐发展的城镇化道路，要走大中小城市和小城镇协调发展的城镇化道路，要走城乡统筹发展的城镇化道路，要走保护资源环境、集约发展的城镇化道路，要走生态型城镇化道路，要走可持续发展的城镇化道路。

四、政府对于我国城镇化发展的道路选择与调控目标

2006年《中华人民共和国国民经济和社会发展第十一个五年规划纲要》规划指出，“坚持大中小城市和小城镇协调发展，提高城镇综合承载能力，按照循序渐进、节约土地、集约发展、合理布局的原则，积极稳妥地进行城镇化，逐步改变城乡二元结构”，明确了我国的城镇化发展道路。2009年中央经济工作会议在部署2010年经济工作的主要任务时提出，要积极稳妥推进城镇化，提升城镇发展质量和水平。要坚持走中国特色城镇化道路，促进大中小城市和小城镇协调发展，着力提高城镇综合承载能力，发挥好城市对农村的辐射带动作用，壮大县域经济。综合前面的理论，并结合我国城镇化发展的实践，走中国特色城镇化道路，应根据“五个统筹”系统展开，并依赖现代城市规划的功能，从宏观、中观、微观三个层次建立适当的调控目标。从宏观调控角度来看，要努力实现工业化与城镇化同步发展；从中观调控角度来看，要培育区域中心城市，形成“发展极”和等级序列，带动城乡协调发展；从微观调控角度来看，要注重城市的跨越式发展阶段的机遇性，适时进行规划布局的调整。

第三节　城镇化与可持续发展的关系

关于城镇化与可持续发展的关系可以从以下几个方面加以把握。

第一，实现可持续发展必须与农村城镇化有机结合。可持续发展大体上可以分为经济可持续发展与社会可持续发展，而要实现经济的和社会的可持续发展，就必须把经济、社会、资源和环境问题结合在一起，把生产方式与消费方式结合在一起，制定可持续发展的战略、政策和行动措施。而无论是经济可持续发展还是社会可持续发展，都涉及城镇化问题。城镇化是我国现代化建设的重要组成部分，在城镇化的过程中，应当兼顾人与自然的和谐，实现经济发展和人口、资源、环境相协调，保证资源一代接一代地永续利用，保证人类一代接一代永续发展，这其实也是在要求城镇化的发展应当是可持续的。因而，需要将可持续发展问题与农村城镇化问题结合在一起进行研究。

第二，城镇化发展方向：城镇化的可持续发展。1987 年世界环境与发展委员会报告《我们共同的未来》提出了可持续发展的经典定义："满足我们这一代需求的同时不能损害未来一代满足自身需求的能力。"可持续发展的理论与实践为城镇化发展奠定了坚实的基础，促使城镇化可持续发展成为城镇化的未来发展方向。城镇化可持续发展就是以"以环境为本"为原则，充分考虑资源条件和环境承载能力，节约和集约利用土地、淡水、能源等重要资源。城镇化进程必须遵循自然环境的可持续发展规律，正视我国城镇化进程与自然环境可持续发展的现实冲突，引入西方生态社会主义生态危机意识、生态效益观和生活消费观，建立城镇化可持续发展理念，保证城镇化与自然环境的协调发展。在城镇化建设进程中，有序推进过程中的城镇集群、产业集聚、人口集中、土地集约、生态集化、科技集成的“六集”互动发展过程以及相应的制度支持。在城镇化推进过程中，有效控制经济速度，合理开发、利用土地（尤其是耕地），有效利用日益稀缺的水、矿产资源等，正确协调人与自然、人与人之间的关系，达到经济效益、社会效益和环境效益的统一。无论对于城镇化水平较低的区域，还是城镇化处于加速或成熟阶段的区域，城镇化可持续发展才是真正意义上的城镇化。

第三，可持续性是城镇化可持续发展的本质特征。可持续性强调处理好城镇化发展过程中发展与稳定之间的关系。发展控制的缺失将对一个城市区域的居住和开发空间产生负面影响，城镇化也将表现出不可持续性。也就是说，城镇化的发展速度要“适度”，在适度发展的同时兼顾城镇化发展过程中的结构性问题。比如，我国一些相对落后地区城镇化的速度时快时慢，政府意志至上，科学发展滞后，导致大量耕地流失，不可再生资源匮乏，失地农民越来越多，结构性矛盾日益增多，城乡收入差距逐年拉大。一些沿海城市经济城镇化发展过快，人口城镇化严重滞后于工业化的发展，导致转型面临历史性困难。这些都是因为没有处理好城镇化过程中发展与稳定之间的关系，表现出城镇化发展的不可持续性。社会主义新时期的这些“农村病”和“城市病”是城镇化发展不可持续的具体体现。所以，可持续性要求城镇化发展的长远考虑和科学预测，是城镇化可持续发展的本质特征。

第四，城镇化是实现经济可持续发展的引擎。一是城镇化可以引发消费需求，提高消费水平。一方面，城镇化为非农就业创造了更多的就业机会，另一方面，城镇化有利于实现“更多想种田能手集中”，通过农业的规模化经营有效提高农民收入。二是城镇化可以刺激投资需求，扩大民间投资。

城镇化进程中不仅需要交通、通信等为主要内容的经济性基础设施建设，也需要医疗卫生、商业金融服务为主要内容的社会性基础设施建设，这些都意味着巨大的投资需求。三是能促进传统的农村生产方式、增长方式转变和产业结构高度化。城镇化使得沉淀在农村的大量剩余劳动力从土地上转移出去，缓解了中国人多地少的矛盾，有利于农业生产由粗放式经营向集约化经营转变。城镇化促进了乡镇企业向城镇的集聚，本身就能产生巨大的生态效益和经济效益。人力、资本、技术、信息等生产要素不断向城镇集聚，有利于转变企业生产方式，促使企业由劳动资本密集型向知识技术密集型转变。四是城镇化有利于实现安居乐业市民梦，培育创业者和新型农民。五是城镇化有利于消除二元结构，统筹城乡发展。在城镇化进程中，不同层级城市和重点镇，一方面使得辐射范围内的农村作为中心城市的扩散地，接受中心城市的扩散，另一方面又作为周围农村地区的增长极，成为沟通城乡间的桥梁、农民向大中城市迁移的缓冲带，通过与农业相关产业的发展带动广大农村地区的发展，从而构筑开放有序、互补共享的城乡协调发展体系。

第五，城镇化与可持续发展之间的冲突。虽然，城镇化有利于可持续发展，但在我国的实践中，城镇化与可持续发展也存在着一些矛盾和冲突，主要体现在：一是缺少统一、科学的规划。城镇体系规划上下结合的比较少；城镇空间布局规划缺乏对城乡一体化的考虑；重视城镇的硬件建设，忽略政策和社会环境发展规划；规划太细、太死，缺乏弹性；规划的稳定性差。二是土地粗放利用，浪费土地资源。城镇土地市场配置机制不健全；城镇扩展占用耕地现象严重；城镇土地利用结构不合理，绿地面积少，城镇生态环境差；城镇人均用地水平偏高；土地利用效率低，浪费严重；土地征用后农民补偿不到位。三是产业同构，重复建设。一些城镇通过行政区划调整扩大辖区面积，但是这些“城镇区域”的产业结构并未转型，缺乏产业支撑力，基本上没有相应的基础设施供应。四是冒进式城镇化给资源、环境带来巨大压力。城市化进程中的冒进现象，有四个明显特征：土地的城市化快于人口的城市化，许多城市郊区化泛滥，许多单位大量占用土地，尤其是开发区、大学城；经营城市管理城市的冲动超越了客观经济发展规律，政出多门，相互攀比；自然资源开发型企业过度发展，使得一些矿体、岩石、森林和植被被滥采滥伐，资源消耗过快；城镇化进程中也对自然遗产、历史文化遗产造成了很大的破坏。

第四节　城镇化可持续发展的总体思路

围绕城镇化可持续发展这一主题，有的学者强调农村城镇化的可持续发展，有的学者强调城市可持续发展，还有的学者强调城乡统筹一体化发展。

一、城镇化可持续发展的提出

城镇是生活水平得到提高的农民，在农村的地域空间内实现就地城镇化而形成和发展起来的。其可持续发展的主要表现就是要为未来转移农村人口创造条件，保证城镇人口增长与其就业容量、基础设施和环境承载力、投入和管理机制之间的协调发展。根据可持续发展的涵义，城镇化可持续发展应是以当代人口需要的可持续性为核心，在不危害后代人和其他区域满足其需要能力的前提下，实现城镇人口、社会、经济、自然的协调发展。只有实现城镇化的可持续发展才能缓解目前日趋紧张的人地关系，促进人与自然的和谐相处，才能使经济发展更持久和健康。

二、我国城镇化可持续发展的总体思路

我国城镇化可持续发展的总体目标是以科学发展观为指导，坚持城乡统一协调发展、产城互动共同发展、规划优先引导发展，不断提高城镇综合承载能力，积极稳妥地推进城镇健康可持续发展。这个总体目标明确以后，关键问题是如何才能达到这一目标。

（一）以科学发展观为指导，坚持大中小城市、小城镇和农村统筹协调发展

科学发展观是以胡锦涛为总书记的中央领导集体在总结我国长期传统粗放型不可持续的增长方式基础上提出来的，科学发展观的核心内涵就是坚持以人为本，全面、协调、可持续的发展观，是促进经济社会和人的全面发展的发展观。

要加快城镇化可持续发展，首要的是要以科学发展观为指导，坚持大中小城市、小城镇和农村协调统筹发展。城镇化发展过程，就是资源配置效率和使用效率不断提高的过程，而要提高资源配置效率就必须充分发挥市场机制的作用，在市场机制作用下，资源合理配置在各个产业。这也就是说城镇化发展内在要求各产业紧密耦合，各种生产要素资源得到充分利用，这种产业紧密耦合、生产要素有效配合充分利用的过程。这就要求我们构建网络化的城镇体系，集中发展具有竞争力的国际性城市，适度发展区域性特大城市、大城市，大力发展具有一定经济规模的中小城市，有选择地发展专业化城镇、具有特色的小城镇，引导城市群、城市连绵带、城市圈的形成和发展。在综合性经济中心城市快速发展的同时，城镇更加强调特色和分工合作。以中心城市为“龙头”、以县级小城市为主体、以中心城镇为基础的网络化城镇体系，不断提高城镇化的聚集效应，使大中小

城市与小城镇之间产业高度融合，充分发挥城市和中心镇对农村的辐射力和影响力。

因此，以科学发展观指导城镇化发展，就是要求在城镇化发展过程中坚持以人为本，充分发挥大中小城市、小城镇与农村之间经济社会资源的互利效应，实现城乡间、区域间、经济社会间、人与自然间、国内发展和对外开放的统筹协调可持续发展。

（二）实施城镇化多元化、开放化发展模式

第一，实现资源流动的开放化。城镇化发展的资源流动应该面向国内外两个市场，充分利用国内外人力、物力和财力资源。第二，城镇化主体多元化。政府是城镇化的调控主体，居民和企业是城镇化的投资主体和实现主体。居民和企业不但是主要投资主体，也是城镇化的具体实施主体，城乡产业的发展融合、文化科技资源的传播，主要是依赖于居民和企业的自主创造性和自觉投入，没有城乡居民和企业的自主参与，也就不可能真正实现农村城镇化。第三，城镇化发展模式多元化。城镇化发展模式的多元开放型就是要求各区域城镇化发展既要立足于本区域实际，体现本区域特点，又要不断地学习借鉴国外和国内其他区域城镇化的经验，形成开放化的具有本区域特色的城镇化发展模式。

因此，我国今后要加快城镇化发展，就要立足于国内外市场，充分利用国内外资源，最大限度地调动城乡居民和企业参与城镇化发展的积极性和自主性，广泛地吸纳社会资本、引进人才，充分实施多元开放型城镇化发展模式，不断提高城镇化结构开放效应，走城镇化的开放化、社会化、人本化发展道路。

（三）城镇化与新型工业化互动

党的十六大提出，坚持以信息化带动工业化，以工业化促进信息化，

走出一条科技含量高、经济效益好、资源消耗低、环境污染少、人力资源优势得到充分发挥的新型工业化路子。这条克服传统工业化道路种种弊端的新路子，中心任务是推进产业结构优化升级，处理好发展高新技术产业和传统产业、资金技术密集型产业和劳动密集型产业、虚拟经济和实体经济的关系，形成以高新技术产业为先导、基础产业和制造业为支撑、服务业全面发展的产业格局。这样的新型工业化为城镇化可持续发展打下了非常坚实的基础，也拓展了城镇化可持续发展的方向和空间，有效防止了未来城镇化发展进程中出现新一轮的滞后或超前问题。所以，我国今后要加快促使城镇化和新型工业化二者协调发展。

（四）重视技术创新和生态环境保护

我国城镇化已进入了加速发展期，要避免发达国家先建设后整治的老路，避免重蹈部分发展中国家城镇化带来的“贫民窟”的覆辙，要把城镇发展的经济效益与生态效益统筹起来，城镇化与生态环境协调统一，实现城镇化发展的质和量的高度统一。

为了实现城镇化发展的质和量的高度统一，一方面要扩大城镇产业规模、增加城镇人口数、增加现代农民数量、扩大城镇面积空间范围。另一方面要增强城镇产业技术创新力，加快技术升级换代速度；消除城乡的教育、就业、社会保障、户籍等制度性壁垒，实现城乡制度资源共享；集约利用资源，合理开发利用资源，提高土地的利用率；要考虑城镇空间的承载能力，调整优化功能布局，有效地解决空气污染和水污染问题，以合理的空间和优良的生态环境满足人的生产生活需要。

（五）实施城镇化制度创新战略

在新型城镇化发展过程中，政府的主要作为就在于构建一个相对平滑的制度平台，为企业和农民向城镇集聚打开通道。总体而言，要加快完善社会主义市场经济体制，创造城镇化可持续发展的体制环境。第一，推进户籍制度改革，消除体制制度障碍。放宽直至放开城市和城镇的户口迁移的准入限制，实行按居住地管理的户籍制度。加强社会管理配套制度改革，逐步剥离附着在户口上的不公平福利制度，促进基本公共服务均等化。第二，创新市政基础设施的筹资、运营和管理模式。按照适度先行的原则，加大市政基础设施投入，促进城市可持续发展。针对目前农村基础设施落后实际，统筹城乡基础设施建设，尤其是促进城镇设施为农村服务，提高城镇基础设施建设的效益。第三，提升创新驱动能力，增强城市发展后劲。着力在体制机制、服务功能、科技教育、创新主体、人才素质、政策引导、居住环境等方面提升城市创新功能，推动创新型城市建设，激发城市创新活力，增强城市创新竞争力。第四，创新就业制度。尽快废除现行的对农民工进城务工的各种限制，打破城乡分割，促进城乡劳动力合理有序流动，建立以市场为导向的城乡统一的劳动力市场。对进城农民工就业在制度设计上，要与城市劳动力机会和权利平等。第五，创新农地制度。尽快提高耕地占用成本，引导城镇建设利用非耕地资源和挖掘现有用地潜力。改革土地征用制度，把现行的强制性的行政征用行为转变为交易性行为，并提高土地征用补偿标准。第六，创新农村社会保障制度。在以工补农、以城带乡的新阶段，政府必须将农民纳入社保范围，完善农村养老保险、优抚安置、医疗保险、社会福利、社会互助等社会保障制度，逐步建立全国统一、覆盖城乡的社会保障体系[1]。

[1] 刘玉红：《新型城镇化需要制度创新金融创新》，载《辽宁经济统计》，2012年第9期。

第二章

合理规划城镇布局

- 第一节　城市规划在城镇化中的重要性和原则
- 第二节　当前中国城镇化建设中规划工作的主要问题
- 第三节　推动城市群的可持续发展
- 第四节　完善城市规模结构
- 第五节　强化交通对城镇化的支撑

第一节　城市规划在城镇化中的重要性和原则

一、城市规划的含义及其在城镇化中的重要性

（一）城市规划的含义

城市规划是指城市为了实现一定时期内城市经济社会发展目标，确定城市性质、规模和发展方向，合理利用城市土地，协调城市空间布局和各项建设所作的综合部署和具体安排。城市规划的根本作用是作为建设城市和管理城市的基本依据，是保证城市合理地进行建设和城市土地合理开发利用及正常经营活动的前提和基础，是实现城市社会经济发展目标的综合手段。城市规划是一项科学性、应用性和综合性很强的工作，通过规划，可以合理确定城市的发展方向，规模和布局，统筹安排各项建设，协调各方面在建设中的矛盾，使之逐步发展成为设施比较完善、环境清洁优美，有利生产、方便生活，并能适应人们日益增长的物质和文化需要的现代化新型城市。因此，城市规划对于城市经济的发展、特别是对于城市合理布局及城市的经济效益、社会效益和环境效益相互协调具有极其重要的意义。

（二）城市规划在城镇化中的重要性

城市规划关系各行各业，影响千家万户，涉及政治、经济、文化、社会的广泛领域，是一项战略性、综合性很强的工作。它起着协调城市各方面发展，对城市空间布局、土地利用、重大设施建设等进行综合部署和统筹安排的作用，集中体现了国家意志和人民利益。一个城市能否建设的好，管理的好，关键是要有一个好的规划。只有这样，城市的建设和管理才能依据规划科学的、有序地进行。否则，建设的管理就在很大程度上出现盲目性和随意性。因此，城市规划对于一个城市经济社会发展至关重要。

1. 城市规划是建设城镇和管理城镇的基本依据

城镇的建设和管理，首先取决于科学合理的城市规划，并以之为依据，指导城镇开发、建设和管理。城镇的合理发展，首先必须通过科学的预测和规划，明确城镇的性质、规模、发展方向和发展格局，在规划的指导和调控下，有步骤、分阶段地实现城市的发展目标。随着城市社会经济活动规模的扩大和城镇系统整体功能的复杂化，对城市规划的要求不断提高，城市规划的重要性也更加突出。

2. 城市规划是保证城镇化进程中资源有效配置和土地合理利用的前提和基础

城市建设是对公共资源的占用过程，政府在城市土地、空间配置中占有主导地位，并通过城市规划对城市土地和空间使用配置的调控，来对城市建设和发展中的市场行为进行干预，确定哪些用地用于公益性建设，哪些用地用于市场化开发，从而保障城市的合理有序发展。城市规划按照土地利用规律和开发项目的类型、特征、对外部环境的要求及对外部的不良影响等，确定各项控制指标和约束条件，从而使商业开发行为受到严格约束，也使商业开发主体的合法权益受到保障。当城镇规模较大、系统较复杂时，规划引导了城市空间结构和总体布局。

3. 城市规划是实现城镇化可持续发展的重要手段之一

城镇化可持续发展思想不仅指导着城市规划的编制与政策方案的制订，还指导着城市规划的管理工作与具体项目的审批，甚至也还指导着城市规划的体制改革与机制创新。同时，在城市规划实践中，林林总总的城市规划与城镇可持续发展战略的各组成部分形成一一对应关系，并以城市总体规划及各类专项规划将城镇可持续发展的总目标注意加以分解落实，使城镇可持续发展得以实施、实现。城市规划是对城镇各项资源在一定时间和空间范围内作出安排，规划涉及社会经济发展的方方面面，主要以对诸如农业人口的转化与文化素质的提高、城乡人口流动制度的建立和外来人口的增长趋势等一系列问题的分析与探讨，从而促进社会经济的可持续发展。

从一定意义上讲，一个城市发展速度的快慢，城市建设和管理水平的高低，一方面取于城市规划是否高起点，具有超前性、科学性、特色性；另一方面取决于建设与管理是否严格依据规划的要求，科学有序地进行，维护规划的权威性和严肃性。

二、城市规划在城镇化中必须遵循的原则

2007 年 4 月 24 日，《城乡规划法草案》首次提请十届全国人大常委会第二十七次会议审议，于 2007 年 10 月 28 日由十届全国人大常委会第三十次会议审议通过。推进城镇化应根据《城乡规划法》的原则科学布局、合理规划。具体而言，应注意以下几点：第一，应该将小城镇纳入分工明确、布局合理、大中小城市相结合的城镇体系之中进行全局性规划。第二，城镇内部要合理布局各个功能区，要从全局出发，使得各个功能区在空间布局上做到职能明确、主次分明、互相衔接，使城镇的总体功能大于单个功能区的功能之和。第三，城镇发展是一个循序渐进的社会经济发展过程，

受制于城镇的地理环境、人文素质、经济水平、城镇定位、发展目标等诸多因素，城镇规划必须符合城镇发展的个性要求，不能照搬别的地方的发展模式和发展道路，必须从实际出发，因地制宜进行规划。第四，城镇的规划必须具有超前性，城镇规划是以静态的规划满足于动态的发展，基础设施应当配套，包括道路、给排水系统、供电系统、学校医院等服务设施以及公共绿地的预留等，既要满足当前的发展需要，又要考虑未来发展的需要。

城镇的发展必须是以人为本的全面、协调、可持续的发展，必须要坚持用科学发展观推进城镇化，通过科学的规划调控，切实维护公众的合法权益，促进经济效益与环境效益、社会效益的综合协调。因此，在城镇规划建设中必须坚持科学发展观，按照“六个统筹”的要求做到科学规划和建设。

（一）遵循统筹人与自然和谐发展的原则

城市的自然环境是城市赖以生存的基础，又往往是城市发展的制约因素。可持续发展的城市规划，在综合考虑城市功能的前提下，必须慎重考虑这些自然条件。更多关注生态平衡与环境保护的可持续发展，将生态环境规划纳入城镇规划的范围，改被动的环境保护为主动的环境规划，从形成可持续的生态环境出发，确定生态空间的保护、控制、治理和开发范围，形成宜人的绿色生态环境。规划结合自然应该是城市规划设计的最高境界，也是彰显城市特色的主要设计手段之一，也是城市建设最经济的方法，更是对自然生态环境影响最小的方法，是可持续发展的城市规划首要的原则。

（二）遵循统筹城乡发展的原则

城市的可持续发展离不开农村的支持，而真正的可持续发展应该是可持续的城乡共同发展，因此规划建设中必须坚持统筹城乡一体化发展，使城镇化、农业产业化相互促进，加大社会保障、户籍制度等方面改革，彻底消除进城农民工生活、就业、就医、就学等方面的壁垒，推动城乡一体化发展，建设人人平等的和谐城镇化。

（三）遵循统筹区域发展的原则

任何一个地区、城镇都不是孤立的个体，与本地区的中小城镇、周边地市州的城市、全省乃至全国都会有联系，在规划中，必须将自身置于更大区域的农业、工业以及产业环境中加以统筹看待。将孤立与相对封闭的城市规划改造成有联系性的城际规划与区域规划，即以更加宽广的全局眼光来审视单一城市的规划，城市与城市之间应扬长避短、相互补充，避免重复建设、彼此雷同、资源浪费及恶性竞争。

（四）遵循统筹经济社会发展的原则

由于城市乃至某个区域是一个非常复杂而又庞大的系统，系统的优化是系统良性运转的基础。城市系统包括城市的生态系统、城市的经济系统、城市的文化系统、城市的物质循环系统等等。创造一个良性运转、互相促进的优化系统，是城市稳定、健康、快速发展的必要条件。因此，城镇化过程中，我们在规划产业支撑的同时，还要综合考虑文化教育、交通运输、电子信息、金融服务、社会保障、医疗卫生等全方位的支持。因此，城市规划有必要综合考虑和研究各种系统的特点与它们之间的互动关系，努力在城市物质形态空间的布局方面为城市各系统复合共生创造条件，营造一个和谐、美好、可持续发展的城市。

（五）遵循统筹国内发展和对外开放的原则

随着改革开放的不断深入，在城镇化过程中，我们的眼光也得放得更加长远，以国际化的视角来对城市进行规划。改变城市规划设计市场垄断与封闭局面，对外开放规划设计市场，引进国际竞争，包括国外规划设计技术与设计新理念、思想。尤其是那些能进入国际视野的城市更应把国内国际两个市场统筹起来，作为我国发展城市的大市场加以考虑。

（六）遵循统筹适度和高效的原则

“适度”的概念是针对“过度”概念而提出来的，凡事都应该有个度，超过了一定的限度，事物就发生了变化。城市规划由于前瞻性的要求，对很多问题的考虑都应该有一定的超前性。“高效”是一个经济的概念。城市各部门的经济活动和代谢过程是城市生存与发展的活力与命脉，也是搞好城市可持续发展规划的物质基础。因此，城市的各种物质空间的布局应充分考虑好他们之间的联系与互动，使城市各种活动高效运作。高效的城市交通系统，高效的能源供应系统，高效的城市废弃物的处理系统，高效的城市公共服务系统，高效的城市生活保障系统等等，这一系列高效率系统形成高效率的城市。

第二节　当前中国城镇化建设中规划工作的主要问题

城镇是人口大量聚集的区域，公共服务设施、工商业区、居民生活区等都需要科学严谨的规划布局。在城镇化进程中，规划不科学、不合理、不详尽的现象时有发生。主要是没有能够因地制宜，没有能够充分地发挥地方优势，或是一拥而上发展小城镇，或是一味跟风发展大都市，导致了土地城镇化快于产业城镇化，使得这些盲目发展的城镇缺少实质性的产业支撑，最终致使发展不可持续且造成资源的浪费以及对环境的破坏和污染。

第一，规划体制的部门分割，规划上下结合的比较少。目前我国各类规划政出多门，互不衔接，甚至相互冲突，已经严重影响了城镇健康发展。一方面，要么上级政府制定规划，下级政府执行规划，结果是下级政府的发展需要不能得到充分体现，规划与实际脱节；要么下级政府制定规划，上级政府认可规划，结果是下级政府想怎么发展就怎么发展，上级政府对下级政府制定的规划缺乏约束。另一方面，经济社会发展规划更多的是执行上级政府五年规划的翻版，许多指标是上级政府压下来的，而不是根据地方实际情况而制定的。

第二，规划编制工作整体滞后，缺乏前瞻性。许多地方城镇规划自成体系、各自为政、随意性较强，大部分城镇功能结构、产业结构、平面布局和建筑设计单调雷同，难以形成自己的风格。在地方利益驱动下，许多地方政府发展城镇、修编空间规划的目标就是扩张土地、拓宽财源，而不是吸纳人口、提供服务，地方利益驱动下编制的城镇空间规划，无法起到科学预测和合理安排公共资源的作用，考虑不到规划的科学性和城镇发展的长远目标。致使很多城镇规划滞后于城镇建设，在制定规划时比较随意，造成了某些问题的规划“空白”，比如规划没有充分考虑城镇内部资源的整合利用，规划把老城区的改造排斥在外，对城镇建设用地的布局缺乏通盘考虑，造成城镇建设中的用地矛盾等。

第三，规划管理薄弱，法律保障不足。乡镇一级大部分还没有成立管理机构，没有专业管理人员。规范城乡规划的法律体系不完善，规划制定的透明度不够，缺乏充分有效的公众参与；规划更改随意性强，违反规划的法律责任规定不完善，规划的法律效力不足；有的地方规划急于求快，规划论证不够审慎，导致部分地区城乡规划的科学性不足。

第四，城镇规划修编频繁，规划的稳定性差。我国许多地方的城镇（县城和建制镇）虽都有总体规划，但多数规划修编变动频繁，对有的城市而言，总体规划批准之日就是修编之时。当前我国正处于转型时期，城镇的发展速度日渐加快、发展规模不断变大，而城镇规划在编制过程中，过分依赖于工程技术标准，缺乏对城镇经济社会发展规律的把握，规划指标缺乏弹性。在现行体制下，城镇规划常常受到长官意志的影响，领导说变就变，规划实施性很差的情况普遍存在，没有真正起到规划的指导作用。

第五，重视城镇的硬件建设，忽略政策和社会环境发展规划。我国城镇规划对城镇土地利用、交通体系建设等硬件的规划普遍比较重视，而忽略对城镇发展政策、城镇社会发展、城镇环境建设的规划。具体表现在许多城镇规划侧重于对城镇景观、道路、建筑等硬件设施的建设和布局，诸多意在体现政绩的、视觉效果明显的大广场、大马路、行政办公中心等工程项目，成为城镇规划的主要内容，而这些工程项目的建设，往往不能满足广大人民群众基本公共服务的需求。对于有关产业发展、人口就业、居民基本生活、环境保护、防灾减灾等方面的规划缺乏深度分析，可操作性不强。同时，在规划中很少重视城镇化发展过程中外来进城务工就业的人口在职业培训、就业咨询、社会保障、子女教育、廉租房建设等一系列公共服务的规划。另外，一些城镇以牺牲物质文化遗产为代价进行扩建，使得城镇文化遗产遭受重创，也让城镇失去了历史文化特色。

第六，规划缺乏开放性，细则缺乏弹性。规划缺乏开放性表现在两个方面，一是城镇规划局限于封闭的地域，局限于国内，而不是开放地面向世界。二是由于计划体制的影响，我国规划的“谋”、“断”、“行”、“督”职能，集于政府一身，这就使规划决策陷入了一个相对封闭的体系。另外，城镇规划没有脱离计划经济的模式，总想把城镇发展所有的细节都规划得十分具体，以至于随着经济社会的发展，城镇发展规划建设不能进行动态调整。

第三节　推动城市群的可持续发展

城市化是我国目前经济增长过程中产生的一个客观现象。城市群的形成则是城市化达到一定规模和程度的必然产物。城市化进程中，某中心城市将带动城市周边地区以及周边城市的进一步发展，从而产生整体的规模效应，城市群业已形成。城市群作为一个建立在多个城市基础上的由自然环境、社会经济、人口等要素构成的复杂的运动系统，其可持续发展不仅对我国城市化进程有重要作用，同时对我们全面建设小康社会、促进中华崛起也具有举足轻重的作用。早在“十一五”规划执行期间，我国就把“城市群作为推进国家城镇化的主体形态，逐步形成以沿海及京广京哈为纵轴、长江及陇海线为横轴，若干城市群为主体，其他城市和小城镇点状分布，永久耕地和生态功能区相间隔，高效协调可持续的城镇化空间格局”。“十二五”规划再次提出“遵循城市发展客观规律，以大城市为依托，以中小城市为重点，逐步形成辐射作用大的城市群，科学规划城市群内各城市功能定位和产业布局”。

一、城市群的基本内涵及类型

从归类的角度来讲，城市群内涵有八种界定方法，如城市空间论、城市体系论、经济区域论、经济网络论、集合体论、功能地域论、城市圈论和区域系统论。虽然学术界对于城市群并没有一个统一的定义，但就其本质的内涵与外延而言，主要包括六个方面的内容：第一，它是一个多城市的概念，独立型的城市不能称其为城市群；第二，因各地自然生态环境存在着巨大的差异，因而城市群形状可能呈现出多样性；第三，城市群的形成和发展与市场经济的发展、社会的分工以及产业聚集天然地存在着密切的联系；第四，城市群内城市之间是一种竞争合作关系；第五，组成城市形成一个系统，系统内的城市功能分工明确；第六，一定程度上讲，城市群属于经济区域的范围[1]。

《2010 中国城市群发展报告》中将城市群定义为在特定地域范围内，以 1 个特大城市为核心，由至少 3 个以上都市圈（区）或大城市为基本构成单元，依托发达的交通通信等基础设施网络，所形成的空间组织紧凑、经济联系紧密、并最终实现同城化和高度一体化的城市群体。其核心内容包括十大同城化（规划同编、产业同链、城乡同筹、交通同网、信息同享、金融同城、市场同体、科技同兴、环保同治、生态同建）和六大一体化（区域性产业发展布局一体化、基础设施建设一体化、区域性市场建设一体化、城乡统筹与城乡建设一体化、环境保护与生态建设一体化、社会发展与社会保障体系建设一体化）。城市群是工业化和城镇化发展到较高阶段的全新地域单位，也是都市区和都市圈发展到高级阶段的产物。

按照不同的划分标准，城市群可以划分为不同的类型。按照规模等级，城市群可以划分为特（超）大城市群、大型城市群、中型城市群和小型城市群；按照空间布局形式划分，城市群可划分为组团式城市群、带状式城市群、分散形式的放射状或环状布局的城市群及群集式城市群；按照影响辐射范围划分，城市群可划分为国际级城市群、国家级城市群、地区级城市群和地方级城市群。

---

[1] 张贡生：《城市群内涵、外延辨析与新城市群建设》，载《经济管理研究》，2008 年第 4 期。

二、我国城市群发展中存在的问题

由于我国城市群正处于快速发展过程中，还不太成熟，同时受到发展阶段和体制、机制等方面的约束，难免存在着这样或那样的问题。当前的主要问题有以下方面。

（一）城市发展缺乏明晰的定位，中心城市功能偏弱

根据“极化—扩散”理论，一个城市群的发展必须有一个增长极。也就是说，城市群的成长，主要靠中心城市的主导和带动。同时，城市群发展的核心问题是推进一体化，关键是分工合作。然而，目前我国城市群一个突出的问题，就是中心城市创新发展的能力较弱，经济实力有限，对周边城市的辐射、集聚功能不能充分发挥，主导城市群发展的动力不足；城市群内部分城市没有分清自己的定位，在发展对外合作的同时，一定程度上忽略了区域内城市间的分工合作和协调发展。

（二）城市群产业竞争力不强，产业发展不协调

第一，我国城市群仍处在经济粗放式增长阶段，城市群经济快速发展在相当程度上还依赖高投入，技术和知识对经济增长的贡献率不高。第二，伴随着城市群地区经济的快速发展，其产业结构处于不断调整提高之中，但到目前为止，我国城市群发展中的产业结构虽然层次较高，但尚未达到高度化程度。第三，一个城市群要想立足于市场，群内各主要城市之间必须在产业上建立起结构性的分工与合作关系。我国城市群当前一个非常突出的问题，就是各城市在产业上还没有形成合理的分工，“小而全”、“大而全”必然带来建设的同构。例如，长三角城市群各城市间的产业同构率均在65%以上，尤其是电子信息、汽车、新材料、生物医药等支柱产业

的趋同率更高达 70%。

（三）行政色彩浓厚，城市群发展呈现行政区分割

城市群是在区域城市化水平较高（通常城镇人口比重要在 60% 以上）的情形下出现的，需要有坚实的物质基础。然而，我国城市群建设及范围界定上行政干预较多，主观成分较大。目前，城市群建设大多是由各个省区自行主导的（国家级城市群除外），往往人为地将相互毗邻且发展势头较好的几个城市拢在一起就构成城市群，期望成为区域发展的增长极。同时，我国长期的条块分割所形成的各自为政局面，使政府只考虑和解决行政辖区范围内的事务，很少考虑提供跨界需求服务。这就使得城市群中的城市难以形成统一的整体规划和开发，阻碍了城市群一体化发展。

（四）缺乏有效的空间管理机制和协调政策

我国城市群目前整体性还不强，没有形成有效的空间管理机制和城市群一体化发展的协调政策，导致空间结构和产业结构的不合理。对于省区城市群来说，群内各城市间的合作关系主要通过省级行政机构来协调，虽然渠道单一，但还能够解决些问题。对于国家级城市群来说，协调机制就更加薄弱。虽然目前也存在着一些行政上的联络机构，但作用非常有限。因而，各城市间的协调难度非常大，相互掣肘的因素很多。在许多城市群中，部门利益至上，地方保护现象盛行，市场流通严重受阻，多方合作非常困难。这是当前制约我国城市群发展的突出问题。

（五）人口密度过大，大城市“膨胀病”日益加剧

进入新世纪以来，尤其是在“十一五”时期，我国大城市活力得以展现，聚集资源、财富和人口的能力显著增强，城市群已成为我国高密度人口集聚区、高密度经济集聚区和高密度城镇集聚区。结果“膨胀病”进一步突

显，城市公共资源及公共服务设施跟不上需要。目前，“膨胀病”主要表现在人口拥挤、住房紧张、交通拥堵、生活成本快速上涨、社会治安恶化、城市无限制蔓延、环境污染加剧等多个方面。

（六）资源环境压力过大，环境问题具有复合性

城市群与单一城市相比，环境问题具有其特殊性。当前，推动我国城市和城市群发展的基本动力仍然是工业化。制造业是经济主体，因而，我国城市和城市群事实上已成为世界工厂，每天都在消耗着大量的资源和能源。资源供需矛盾已经成为制约城市群经济发展的瓶颈因素。制造业的迅速扩张导致了土地、水等自然资源的短缺，出现了所谓“地荒”、“电荒”、“水荒”等问题。城市群区域，城市与城市、城区与郊区之间排放源之间的污染扩散、混合或特大城市之间的羽流影响效应，构成区域性大范围污染扩散和混合现象。另外，城市群的发展使得生活垃圾成为新的难题。

（七）发展方式仍未发生根本性转变

虽然今天的城市与20世纪末相比，无论内在素质还是外部面貌上均已发生了显著的变化，但就城市群总体而言，并没有出现发展方式上的根本变化。我国城市群目前仍在延续外延扩张式的发展模式。事实上，多数城市群的快速发展，一方面依赖于通过行政的力量从周边地区获得垄断性的发展资源，另一方面在相当程度上还是依靠资源和资金的高投入来换得的。尤其是中西部城市群，这一特征更为明显。因而，我国城市群可持续发展的压力非常大，今后还需要做更大的努力来切实转变发展方式，以使城市群走上健康和可持续发展的轨道。

三、实施城市群可持续发展战略

（一）优化区域经济结构，发展低碳经济

调整经济结构，改造传统产业，积极发展高新技术产业，装备制造业，淘汰落后设备。城市群区域城镇整合，优化城市群区域的结构和功能，优化产业组织体系，提高产业聚集的效率。以循环经济作为发展理念，积极推行清洁生产，力争做到排放无害化，实现资源的循环利用。发展低碳经济，在全球经济发展与环境保护的博弈中，增强区域竞争力，促进经济的可持续发展。

（二）保护存量资源，拓展环境容量

资源的合理利用和环境可持续发展是城市群可持续发展的基础要求。为了实现城市群的可持续发展，实行资源节约型发展战略势在必行。牢固树立环境资源观、环境极限观、环境可持续观和环境建设观，转变经济增长方式，强化保护资源存量和有偿使用环境容量的政策导向，用生态补偿体现社会公平。增加对环境治理和保护的投入，全面治理大气污染，实行严格的污染物排放总量计划控制。加强在生态建设、环境保护、区域生态环境治理等方面的合作。通过市场准入、技术标准、排放标准和生态环境补偿等措施限制高污染企业进入，大力推行清洁生产，发展绿色经济。对于城市群来说，主要是要针对城市群周边地带环境的改善来采取措施。只有周边地带环境得到改善，才能实现对中心城市和整个城市群的有效保护，实现从乡村到城市的环境优化和经济社会的可持续发展。

（三）增强区内分工协作，加强城市群区域的统一规划

城市群内的每一个城镇都有自己的比较优势与作用，必须加强整个区

域的功能和资源整合，通过分工协作、功能上互补共进，产业链、市场链和城市链结为一体，才有可能做优做强。改革开放以来，我国城市群区域的城市化进程迅速，但是也带来了一系列的社会及环境问题，包括城市群区域城市增长和聚集的成本增加、大城市边缘区域生活环境相对下降、城市化造成的农业土地的快速流失、城市问题快速蔓延到农村、农村地区人口和资金持续迁出以及农村地区的相对衰退等。因此迫切需要把城市群作为一个整体进行规划，摈弃由于行政区域划分而带来的区域规划的“条块分隔”，在区域一体化战略的指导下，促进区域经济可持续发展。

（四）加强城市群政府间合作，实现城市群协调发展

城市群可持续发展是一个非常复杂的系统，牵涉到经济、环境、资源、人口和社会，关系到系统内外的每个团体和个人，而由于资源、环境等因素的“外部不经济”和社会公平等影响，作为公共利益的代表——城市政府，在合作与竞争的过程中应该发挥关键的协调作用。城市群协调发展是在内生与外生动力双重作用下系统秩序逐渐形成、整体发展能力不断增强的演进过程。实现城市群协调发展需成立一体化的协调领导机构，协调机构全面负责区域一体化建设的领导、组织和协调工作，研究制定产业布局、重大项目、基础设施、市场体系、生态保护和资源开发等战略规划，统筹经济区的重大建设问题。

实现城市群协调发展，需要城市群内部的各个城市之间相互开放，形成有利于资源和要素（人力、技术、资金、信息等）自由流动，实现资源和要素优化配置的环境；通过竞争优选或者政府推动，形成以产业分工和合作为主要内容的功能分化，依此形成日益密切的经济联系和发展上的依赖、互动关系；通过城市之间的平等协商或上一级政府的安排，共同解决跨区域的交通、通信、资源开发、环境保护等公共领域的问题，降低交易成本。

第四节　完善城市规模结构

一、城市规模及城市规模结构

（一）城市规模

所谓城市规模，是指在城市地域空间内聚集的物质与经济要素在数量上的差异及层次性，它主要包括三层含义：一是城市用地规模，即城市地域的空间范围；二是城市人口规模，即城市中所居住的居民人数；三是城市经济规模，即城市中所承载的产业规模和经济总量。一定的经济规模吸纳一定的人口规模，而一定的人口规模又要求有一定的用地规模，三者相互作用、互为因果。

在同一地区，由于城市用地规模、经济规模与人口规模成正相关关系，因而，可以由城市人口规模来表示城市规模的大小。对于城市规模大小的划分，各国的具体分级标准不尽一致。联合国将 2 万人作为定义城市的人口下限，10 万人作为划定大城市的下限，100 万人作为划定特大城市的下限。这种分类反映了部分国家的惯例。中国在城市统计中对城市规模的分类标准如下：市区常住人口 50 万以下的为小城市，50 万 ~100 万的为中等城市，100 万 ~300 万的为大城市，300 万 ~1000 万的为特大城市，1000 万以上的为巨大型城市。

（二）城市规模结构

城市规模结构的概念与城市体系的概念密切相关。城市体系是由一定地域范围内相互关联的、起各种职能作用的、不同等级的城市所组成的，具有一定的规模结构层次的城市集合体系。城市规模结构，指的就是在整个城市体系中的不同规模城市的结构比例，用来衡量某一地区城市体系是否合理、完善，能否实现区域经济的协调发展。城市规模结构反映城市体系的等级、层次结构。合理的城市体系结构要求在各规模等级城市之间保持合适的比例关系。

二、城市规模结构的影响因素及演变路径

（一）城市规模的影响因素

城市规模的影响因素可以归结为两大类，一类是政府的因素，另一类为市场的因素。一方面，从政府因素上来说，提高城市管理水平、增加城市交通等公共基础设施投资可以改善城市交通状况，从而促进人口的合理分布，在有限的空间内容纳更多的人口。另一方面，市场的因素又可分为集聚力和分散力。集聚力主要指的是通过规模报酬递增、地方化、专业化、城市化经济所带来的外部性收益对企业和人口的吸引力；分散力主要是指城市交通拥堵、环境污染、通勤成本、居住成本等因素对企业和人口迁移决策的影响。城市规模在政府与市场两类因素的共同作用下不断发生改变。政府城市管理水平提高，减少城市人口集聚中产生的污染、拥挤等负外部性，降低城市犯罪率，改善城市环境有利于提高城市居民的效用水平从而吸引更多劳动人口迁入；市场的集聚力大于分散力，集聚产生的外部性经济效益高于由此产生的外部性成本，城市规模就扩张。

（二）城市规模结构的演变路径

城市规模结构在世界各国普遍存在，主要包括金字塔型（单核型）、双核型、网络型等不同类型，不同国家的具体分布形式各不相同。其中金字塔型是普遍存在的统计规律性现象，即城市规模越大，城市的数量越少，反之，规模越小，城市数量一般也越多。

1. 一般范式

城市化水平与经济社会发展水平和阶段呈现高度相关性。在全球城市化发展过程中，处于不同经济发展水平和处于不同发展阶段的各个地区城市化水平和速度存在很大差异，发达地区明显要高于发展中地区，但是城市化速度相对缓慢。从历史演变来看，每个国家在不同的经济社会发展阶段也有着不同的大、中、小城市规模结构。

各个国家大城市比重随着城市化的发展几乎都呈现出不断增加的趋势，在这个过程中首先是城市数量的增加，继而体现为城市规模的持续扩张。

随着发达国家城市化水平日趋完善，大城市比重提高的速度普遍呈现出先递增后趋缓的趋势。

普遍存在整个城市体系规模越大数量越少、城市规模越小数量也越多的现象。

2. 大城市超先增长的共性规律

在世界城市化发展过程中，各个国家不同规模的各类城市在城市化发展的初中期阶段都体现为由小到大的进行性增长。特别是城市化发展的中期，所有城市规模都不断扩大，大城市自身不断增长。相应小城市不断发展为中等城市，中等城市不断发展为大城市，结果大城市体现出较快的发展趋势。

3. 城市规模结构的演变路径

单就演变路径而言，大多数国家城市规模结构的演变可以分别归纳为三种模式：第一种模式为收敛增长，城市化进程中新城市不断涌现，并且小规模的城市不断赶上较大规模城市，随着时间的推移，一个城市体系的规模结构更趋均衡；第二种模式为发散增长，大城市的规模膨胀速度快于中小城市，城市体系规模结构更趋不平衡；第三种模式则为平行增长，即城市体系中不同规模城市的增长速度保持相对稳定（BlackandHenderson，2003）。

三、我国城市规模结构现状分析（1998—2004 年）

（一）城市数量及结构变化的特点

从各级规模城市数量的绝对量上看，我国小城市数在逐年减少，大城市数在增加，并且数目增加最多；超大城市数量的增加超过了特大城市。从各级规模城市的结构看：小城市的比重下降得最快，大城市的比重上升得最快，然后依次是中等城市和超大城市。从所占比重看，尽管小城市在我国城市体系中仍然占有绝对优势，但其地位有所下降，有被中等城市代替的趋势。由于大城市及其以上规模城市数量发展较快，小城市不断向大城市晋级，数量在递减，城市等级规模体系已进于小城市发展向中等城市发展时期过渡的中后期。

（二）城市人口数量及结构变化的特点

从各级规模城市人口的绝对数量看，增加最多的是超大城市，其次是大城市、特大城市和中等城市，而小城市人口数量在减少。从各级规模城市人口的结构看，人口比重增加最多的是超大城市，其次是大城市，而小城市和中等城市的人口比重在降低。从城市人口结构看，超大城市人口已占主要地位，小城市人口比重在迅速下降。

（三）城市等级规模体系的区域差异

1. 城市数量及结构的差异

从各级规模城市的数量看，城市总数量还是呈东、中、西递减势态，并且中、西部差距远大与东、中部。除小城市外，东部地区在其他各级规模城市数量上都处于绝对优势，特别是特大城市和超大城市，东部地区的数量超过了中、西部之和。从各级规模城市结构看，东部地区除了小城市的比重低于全国的平均值，其他各级规模城市的比重都高于全国平均值。西部地区除小城市的比重高于全国平均值，其他各级规模城市的比重都低于全国平均值；中部地区的各级规模城市的比重大部分与全国的均值接近。

2. 城市人口数量及结构的差异

从城市人口的绝对数量看，由东向西呈递减势态。其中，东部地区超大城市人口最为突出，中部地区的小城市人口超过了东部地区。从城市人口结构看，东部地区的超大城市人口比重占绝对优势，小城市比重最低。中部地区城市人口比重最高的是中等城市，超大城市和特大城市的人口比重比较接近，其中特大城市的人口比重最低。西部地区超大城市人口比重最高，人口比重最低的是大城市。

从以上的分析中，可以发现我国不同规模的城市地区分布不均衡：东部地区超大城市、特大城市发达，大、中、小城市密集，城市规模分布体现出在较高水平上的均衡。中部地区的城市规模分布也比较均衡，但是城市规模分布只是在较低水平上实现了均衡。西部地区大、中、小城市均显不足，超大城市和特大城市较少，大城市严重匮乏，其城市规模结构在特大城市和中等城市之间出现了断层，较大城市和中、小城市之间人口规模差距较大，城市体系不发达。

四、完善我国城市规模结构的对策

（一）充分发挥政府调控功能，促进城市规模合理化

单靠市场的力量难以促使城市规模达到最优，要发挥政府引导、规划和引领的作用，研究和发现城市的最优规模，制定合理的城市发展政策，对城市发展出现的负外部性进行控制，减少由于城市过度发展而导致的公害、房价暴涨和城市发展不足出现的集聚效益不明显、经济发展不平衡等问题，促进不同规模的城市协调发展。但是，政府干预以不阻碍要素的自由流动为首要前提。

（二）提高产业集聚水平，促进城市向规模化方向发展

产业集聚可以促进人力、物力、财力向城市大规模聚集，从而使现有城市规模扩大。具体可以采取以下措施：制定国家产业集群战略与政策，激发城市经济潜力；增强产业集聚创新要素的优势，提高城市人口吸纳能力；推动产业园区建设，带动城市规模扩大。

（三）促进不同规模城市的协调发展

引导和鼓励教育、医疗、重点项目等资源流向中小城市，增强中小城市的吸引力。适当控制大城市的规模，防止过度膨胀而造成资源配置的恶化，同时积极发掘城市的承载能力。成立城市发展的协调机构并出台相关政策。在国家、城市群、省等成立相应的协调机构，通过构筑不同层级城市间的上下游产业转移、资源流动、项目流动等机制，促进大中小城市的协调发展。

（四）完善城市功能，发挥大城市及特大城市聚集效应

应该抓住城市发展的有利阶段，培育和完善城市功能，发挥规模优势。加强城市的聚集功能，同时，把城市基础设施的调整放在重要地位，以防出现由于城市规模过大而导致的交通拥挤、环境恶化、城市经济效率丧失的现象。利用市场手段，将城市可以用来经营的部分存量资产和生产要素推向市场，从中获得收益，再将其投入到城市建设新的领域，走以城养城、以城建城的城建市场化之路。

（五）积极发展大都市圈，发挥超大城市中心作用

积极发展大都市圈，充分发挥其在各自区域经济中的辐射效应。大城市极强的辐射扩散能力，会极大地带动周边地区交通条件的改善和经济发展，使得城市人口和经济活动可以由中心城市向外围和边缘地区扩散，由大城市向周边中小城市迁移和扩散，从而有利于实现超大型中心城市与周边地区的城乡联动发展，带动整个区域城市化水平的提高。

第五节　强化交通对城镇化的支撑

交通是城镇化发展的重要条件，交通发展对城镇化发展具有重要的支撑和引导作用。在国家“调结构，促转型”宏观背景下，需要贯彻落实科学发展观和构建“两型社会”（资源节约型社会、环境友好型社会）的要求，加强交通的引领作用，特别是需要加强秉持可持续发展理念的交通规划的引领，促进中国的城镇化健康发展。

一、交通运输系统对城镇化发展的影响与作用

（一）交通发展对城镇体系空间结构的影响

随着城镇化水平的不断提高，城镇体系空间不断拓展，而现代交通体系的建立和不断的完善，极大地降低了城镇间相互联系的空间约束力。

1. 对规模结构的影响

现代交通发展使城市的影响和辐射空间得到极大的扩展，特别是对区域城镇体系中处于顶端的中心城市而言，交通条件的改善使其城市的市场区域或腹地得以扩张。同时，一方面，交通成本的降低极大地增强了大城市的集聚效应，在集聚效应下，综合交通枢纽所在地区的规模得以扩大。另一方面，各种经济资源能以更低的成本、更大的规模流向具有更高经济效益的大城市。

2. 对功能结构的影响

现代交通的发展使得经济活动的空间集聚与扩散同时进行，其内聚力通过倍数效应不断增强，向外扩散的辐射力也随内聚力增强而增强。低廉的交通成本使经济资源的空间配置变得更有效，空间合作的成本也明显降低，因而各城镇的分工与专业化日益发展，并因此影响到城镇体系中各城镇职能、性质向异质化方向发展。

3. 对空间布局的影响

交通条件一直是影响城镇空间布局的最重要因素之一。随着交通体系的发展，网络化的交通使得城镇布局空间约束更小，城镇间的联系通道更多，不同区域、不同等级、不同职能性质的城镇间都存在密切的空间联系，从而使城镇体系向网络化方向发展。完善的交通网络不仅强化了城镇间的相互联系，区域资源的配置也因网络化交通变得更为合理，网络化城镇体

系空间结构打破了原有树状体系下的交通布局和城镇联系，增强了整个区域的通达性，保证了区域空间发展的最优化。

（二）交通在城镇化中的作用

交通运输系统的发展和城镇化相互影响，共同发展。一方面，交通运输系统需要满足随着经济发展而与日俱增的人与货物在空间上移动的需求；城镇布局、生产力分布等因素又为交通运输系统的规划和建设提供依据和资金等方面的保障。同时，城镇化也会促进交通方式的更迭。当其他因素促使城镇化快速发展时，城镇化也要选择相适应的交通方式来支撑其发展，因此，城镇化促进了交通方式由低级向高级的更迭。另一方面，交通运输系统也对经济发展、社会进步、城镇布局和生产力分布等具有巨大的反馈作用。交通基础设施是货物流通和人员往来的载体，通过交通基础设施的建设，加强区域之间的联系，鼓励经济发达地区与相对落后地区之间的交流，整合各种资源，加强城镇密集区内部各个城市之间的协调与合作，有效保障了经济运行效率，促进了城镇布局优化、加强了区域协调合作，促进了和谐稳定社会的建设。

二、城镇化发展对交通的要求

（一）持续发展的城镇化，要求综合交通基础设施适度超前

交通基础设施，一方面作为城镇和产业发展的先导和纽带，引导着城镇空间开发、产业布局以及整体空间格局的形成，另一方面作为建设社会公共设施的高沉没成本，具有长期性。这就要求我们在科学规划的前提下，着眼于战略全局，着眼于未来发展，按照各主体功能分区的人口、经济规模和产业结构，适度超前且有所差异地把握交通基础设施的建设规模、布局结构和网络密度，统筹各种运输方式发展，推进综合交通网络建设，以

适应城镇化快速发展的需要。

（二）空间优化的城镇化，要求综合交通网络合理布局

国家主体功能区规划提出“两横三纵”的城镇化战略格局，提出构建以陆桥通道、沿长江通道为两条横轴，以沿海、京哈京广、包昆通道为三条纵轴，依托跨区域综合运输通道，以轴线上若干城市群为重要引擎，实现大中小城市和城镇协调发展的城镇化战略格局。综合交通网络要按此战略布局，逐步推进城市群之间的区际通道、城市群内部的城际网络，以及城市内部、城乡一体的交通设施建设。

（三）集约高效的城镇化，要求综合交通网络注重效益

城镇化是促进经济增长的强劲动力。我国城镇化已经进入一个新的发展阶段，人们收入水平有了很大的提高，生活质量也有了很大的改善，对综合交通网络提出了新的、更高的要求。从人们出行来看，对客运服务的安全性、便捷性、舒适性和时效性都有了更高的要求；从货运来看，城镇二、三产业的发展使得货物运输需求也呈现多元化趋势。这些都要求交通发展方式要顺应其变。要坚持从实际出发，注重对产业布局、城镇分布形成的客货运输需求进行分析，注重各种运输方式的综合衔接配套，使得交通运输服务的供给与需求相匹配，提高综合交通网络的效益。

（四）绿色低碳的城镇化，要求综合交通网络节约环保

党的十八大报告提出建设中国特色社会主义“五位一体”的总布局，强调了建设生态文明的重要意义。城镇化的发展要树立低碳可持续发展和节能减排理念，这就对综合交通运输提出了绿色发展的要求。一方面，要求通过交通运输的差异化布局与配置，引导城镇化的开发方向，控制开发强度，调整空间结构，实现永续发展。另一方面，切实推进绿色交通系统

建设，努力控制交通运输领域温室气体排放，全面提高综合交通运输体系可持续发展能力，为城镇化的绿色低碳发展提供有效的支撑与保障。

（五）多元形态的城镇化，要求综合交通网络因地制宜

我国的城镇化道路是多元形态的城镇化，既包括作为主体形态的城市群，也包括大中小城市和小城镇。不同城市群的发展定位也有着明显区别，有需要全面提升的世界级城市群，有需要培育发展的新城市群，还有需要着力推进的区域性城市群。因此，要因地制宜地建设综合交通网络。

三、强化交通对城镇化发展的支撑作用

为更好地支撑城镇化持续健康发展，要全面贯彻实施综合交通网络各项规划和相关政策，加强体制机制创新，构建功能完善、结构合理的区际、城际、城市、城乡综合交通网络。

（一）落实规划，积极完善区际交通骨干网络

1. 重点构建“两横三纵”综合运输通道主骨架

城市群间交通网络主要依托区际综合运输大通道。《综合交通网中长期规划》和《“十二五”综合交通运输体系规划》两个规划确定了“五纵五横”综合运输大通道。“十二五”规划纲要提出的“两横三纵”城镇化空间战略格局，所依托的就是这“五纵五横”综合运输大通道。以综合运输大通道为主骨架的综合交通网络，加强了各城市群之间的沟通和联系，有效引领要素资源向轴线通道上的城镇群合理聚集、引导产业沿轴线通道上的城镇群科学布局。

2. 差异化推进城镇群内城际交通基础设施建设

《“十二五”综合交通运输体系规划》中明确提出：一是建设京津冀、长江三角洲、珠江三角洲三大城市群以轨道交通为主的城际交通网络。二

是推进重点开发区域城市群的城际干线建设，构建都市交通圈。三是充分利用区际通道运输能力，服务城际交通。因此，对于东部发育较为成熟的特大城镇群，应构建以轨道交通和高速公路为骨干的城际交通网络，同时需要加强东中部城市群之间骨干网络薄弱环节的建设，强化城市群之间交通联系。而对于海峡西岸、北部湾等重点开发区域的城镇群，重点推进城际交通干线建设；同时应该适度超前建设西部城市群的对外交通骨干网络，缩短整个网路在东中西不同区域建成的时间差距，促进全国城镇化协调发展。

（二）因地制宜，差异化建设发展城市群交通

1. 着力加快大城市公共交通基础设施建设进度

在城市发展中，直接影响着城市运行效率和承载能力的，首先就是城市交通系统。目前我国城市交通问题越来越严重，面临着十分巨大的压力，特别是特大城市、大城市的交通拥堵问题，已经到了难以容忍的程度，而且逐步向中小城市扩散蔓延。因此，必须坚持“公交优先”的发展原则。对于大城市，要积极发展多种形式大容量公共交通，根据不同城市的特点，有序推进地铁、轻轨、有轨电车等城市轨道交通网络建设。对于中小城市，要加快提升市内交通的通畅、通达，选择合适的城市交通模式，重点发展公共交通和改善自行车、步行出行环境条件。同时，要着力改善中小城市的对外交通条件。

2012年12月，国务院发布了《关于城市优先发展公共交通的指导意见》，这是在我国城镇化加速发展、城市交通面临新挑战的历史阶段，出台的专门指导城市公共交通发展的具体意见。《意见》进一步树立了公共交通优先发展的理念，将公共交通发展放在城市交通发展的首要位置。优先发展城市公共交通必须要高度重视综合交通枢纽的建设，尤其要加强城

际铁路等集约化公共客运，发挥客运枢纽在城市内外交通衔接、各种方式便捷换乘的关键作用。

2. 强化衔接，积极推动城乡交通一体化发展

随着我国城镇化推进，对城乡交通发展提出了新的更高要求。为适应城镇化发展需要，要强化城市交通与农村交通的便捷衔接，统筹城乡交通一体化发展。要在完善区域干线网络的基础上，继续推进农村交通建设，提高农村公路的通达深度、覆盖广度和技术标准，形成以市为中心辐射到各县、以县为中心辐射到各乡镇、以乡镇为中心辐射到建制村的城乡一体化交通网络。

（三）量质共进，全面提升运输服务能力水平

顺应客货运输需求的时代变化，加快建立高效、安全、便捷的综合运输服务系统，通过运输服务供给能力的增加与品质的提升，有效满足城镇化发展所派生的客货运输需求。依托运输服务模式创新，如一体化服务、电子化服务、同城化服务等，实现运输服务向高端化、高效化的转变，助推经济社会生产、生活模式的升级。加大公共运输服务供给力度，推进基本公共运输服务均等化，普遍提高运输服务能力与水平，适应低收入人群和偏远地区运输需求。

（四）多管齐下，加强绿色交通规划引领

从“被动配套”的交通规划转变为突出“主动的绿色交通规划”，改变交通规划在整个规划体系中地位偏弱的现实。实现“资源约束型”（资源紧约束）的交通规划和“以人为本”的交通规划观念。将绿色交通概念注入城市规划与交通规划的相关法规中，确保交通规划成果落实于具有强制力的法律文件控制性详细规划中。建立一个一体化的区域绿色交通体系，系统梳理绿色交通规划的各个要素在编制流程中的对应关系。积极推动城

市规划与交通规划（特别是土地利用与交通布局）之间的互动研究，加强轨道交通形态规划及其组织运营规划的同步程度。

（五）创新模式，不断健全交通发展体制机制[1]

我国的城镇化发展以城市群为主体形态，部分城市群突破了目前的行政区划，比如，长三角城市群涵盖上海、江苏、浙江“两省一市”，长江中游城市群涵盖湖北、湖南、江西三省。城市群综合交通网络一旦突破行政区划，在规划尤其是建设、运营等方面都会遇到很多问题。所以有必要对这个问题专题研究，推动建立跨区域、跨行业的协调与合作机制，协调交通网络衔接、项目合作、土地利用、投资融资和环境保护等事宜，逐步形成多层次、全方位的协作机制框架，为城市群综合交通网络建设发展提供有效的体制机制保障。在这方面，发达国家有很多经验，如英国的伦敦都市圈、法国的巴黎都市圈、日本的东京都市圈在发展的过程中都有相应协调合作机制作为保障，非常值得我们学习借鉴。

[1] 徐宪平：《围绕推进城镇化发展，加快完善综合交通网络》，载《综合评述》，2013 年第 1 期。

第三章

土地利用的集约高效化

第一节　城镇化面临的土地资源约束

城镇化是经济和社会发展的产物，是人类社会不断走向文明与进步的重要标志。作为一个发展中国家，我国正处于城镇化加速发展的阶段，城市人口的增加和城市规模的扩大必然会伴随着一定自然资源的消耗。城镇化进程要以土地资源作为依托，但由于土地资源的稀缺性，使其供给与城镇化进程对土地需求之间的矛盾日益突出，土地资源逐渐成为城镇化推进的“瓶颈”。随着经济的高速增长和城镇化的快速发展，土地资源的约束越来越突出。

一、土地资源供给的总量约束

我国土地资源相对贫乏，且地貌复杂，山地、高原多，平原少。据国土资源部公告，截至2011年底全国耕地面积为18.24亿亩，比1997年的19.49亿亩减少了1.25亿亩。我国是世界人口的最大国，人均土地资源远远低于世界平均水平，仅及世界人均占有量的1/3。我国以不到世界10%的耕地，承载着世界22%的人口。目前，我国人均耕地仅1.35亩，不到世界平均水平的1/2、发达国家的1/4。我国耕地总体质量不高，中低产田面积合计12.8亿亩，占全国耕地面积的70.5%，优质农田与劣质农田的粮食产量相比，差距达2—3倍。更为严峻的是，我国有限的耕地资源还在继续减少，尤其是东南沿海优质耕地大量流失。据统计，改革开放以来，我国耕地面积共减少了1.8亿多亩，平均每年减少700多万亩。由于多年高强度的土地开发，我国耕地后备资源已经十分有限，扣除生态环境建设重点区域，可开发的耕地后备资源已由2000年的700多万公顷锐减至不足500万公顷，且分布不均衡，全国集中连片、具有一定规模的耕地后备资源少且大多分布在生态脆弱地区，补充优质耕地越来越难。全国土地资源中，流动沙丘、戈壁和海拔3000米以上目前人类难以利用的土地等无效土地面积约有3.487亿公顷，约占全国土地总面积的36.3%，所占比例相当大。

二、土地资源利用约束

（一）土地利用结构失衡

土地利用结构反映城市各用地单位用地的比例关系。我国城市土地利用结构长期处于不合理的状态，结构失衡现象严重。一是从城市建设用地区域结构上来看，主要是城市化体系结构的不合理。大城市以“摊大饼”的方式急剧向外扩张；小城镇遍地开花，过度分散。二是土地利用空间布局不合理。用地大都采取盲目的外延式扩张，尤其一些小城镇“沿路爬”的现象严重，不注意利用地下空间和地上空间。很多城市没有明显的功能分区，人地关系不协调：中心商务区用地被侵占，行政办公用地和工业用地占据城市的黄金地段，使得优质土地不能充分发挥其区位优势作用；住宅用地混杂于其他类型用地之中。三是城市内部用地比例不协调，突出表现在：工业用地等生产用地普遍过大，生活用地偏小，城市道路、广场、绿地等公用设施用地不足。现阶段，我国政府力量远远超出了市场力量，市场配置土地资源的作用不能够充分发挥出来。由于政府垄断干预土地市场，体现的是不公平的竞争，公众监督机制缺乏，导致对土地利用不合理。

（二）存量土地利用效率低下

随着城市外延扩展，大多数城市内部依然存在一定数量的闲置土地。即使在一些土地利用率较高的老城区，也存在一定数量的闲置地。有相关资料显示，我国城市土地约4%~5%处于闲置状态，40%左右土地被低效利用，城市规划整体容积率一般为0.4~0.45，而实际上容积率不及规划容积率的70%，只有0.3左右，而我国建制镇单位土地面积的容积率还不到0.2。按照低效利用相当于1/4闲置推算，空闲地将占城市用地的15%，约400万亩。从目前城市土地利用效率看，不同地区、不同城市存在一定差异。经济发达省区和大城市建成区土地利用效率比较高，这与大城市区位土地价值高密切相关。但在某些大城市郊区、大学城、中小城市以及县镇建设中，土地利用总体比较粗放，土地利用效率不高的现象是普遍存在的。粗放利用土地的根源在于政府征地容易，且价格很低，也与“城市规模愈大，发展愈快，政绩愈大”有关。

（三）农村非农用地的土地资源浪费[1]

伴随城市化和工业化，大量乡镇企业纷纷出现。一方面，大部分乡镇企业布局过于分散，而且在建设中普遍对集体土地粗放利用，占地规模过大，超过工业用地正常标准，土地资源浪费严重。这种现象在我国尤其是东南沿海的乡镇普遍存在。另一方面，农村乡镇企业中污染型的工业所占比例较大，这些企业技术设施简陋，缺乏环境保护意识，致使工业“三废”未经处理就随意大量排放，最终造成乡镇企业污染严重，土地破坏和周边生态恶化。另外，在农村，农民建房片面追求建筑面积，建设缺乏统一规划，这种传统的住房理念造成了农村土地资源的浪费。同时，在城镇化进程的推进下，大量农民进城务工，或富裕后大量异地建设新房，或搬迁到城镇居住，原有的破旧房

[1] 刘晓田：《城市化进程中的土地集约利用问题研究》，中国海洋大学，2010年。

屋被遗弃，造成大量土地浪费，“空壳村”现象很突出。一些城市和县镇搞一些政绩工程，盲目兴建开发区，搞大学城、盖政府大厦，大量圈占农林耕地。有些地方不顾人多地少的现状，修宽马路、建大广场、高尔夫球场，有的地方甚至圈上千亩土地搞花园式广场。与此同时，小城镇建设用地浪费也很严重。这些直接导致农村非农用地的土地资源浪费严重。

（四）城乡土地利用缺乏统筹

城乡土地在管理和利用上都呈分割状态，缺乏互动，城镇建设用地属国有土地，可以进入市场流转，农村建设用地为集体所有，依法不能流转。由于城乡在土地利用与管理上的二元结构，农村“空心村”、闲置的宅基地大量存在，却无法进入市场，使得农村建设用地整理集中改造难度较大，农村建设用地低效粗放利用状况不易改变。这种二元结构也是城乡土地利用在收益上存在巨大差异的主要原因，农业土地利用效益明显低于城市，造成城镇用地扩张迅速，耕地保护困难重重。因此，这种二元结构严重影响城乡土地利用的统筹，制约着城乡的协调发展。

第二节　城乡用地布局和结构问题

城乡建设用地结构和布局，关系到我国城市化进程的速度，对我国经济发展和社会的进步具有重大的推动作用。随着我国社会经济的发展，特别是城镇化、工业化的兴起，人口数量的增加和人类活动范围的扩大，土地资源的经济供给稀缺性与其社会需求增长性之间的不协调发展，以及不合理的土地利用结构方式引起生态环境恶化等问题日益暴露出来。人类利用土地资源创造了巨额的物质财富，与此同时也付出了惨重的代价。我国面临的人口、粮食、资源、环境等重大问题，都与土地利用结构和布局不当有关。

一、相关的基本概念

（一）城乡用地

城乡用地是指市域范围内所有土地，包括建设用地与非建设用地。建设用地包括城乡居民点建设用地、区域交通设施用地、区域公用设施用地、特殊用地、采矿用地以及其他建设用地等，非建设用地包括水域、农林用地以及其他非建设用地等[1]。根据《优化城乡用地结构与布局研究的思路和要求》（全国土地利用规划修编工作委员会），城乡用地是指人们生活、进行生产活动的主要场所，其特点是相对聚集、面状分布，主要包括城市、建制镇、居民点及工矿四类用地。

（二）城乡用地布局和城乡用地结构

城乡用地布局主要是指土地在空间上的分布状况，包括城镇体系分布格局和分布特点，影响布局的主要有交通、河流、自然资源和地理位置等要素。土地利用布局指不同的土地利用类型在空间分布上都各有其相应的部位，但彼此之间在分布上又是相互联系的，即构成了一定的空间组合形式。

城乡用地结构既包括城市用地规模与乡村用地规模之间的关系，还包括城市内部用地结构和乡村内部用地结构。城乡用地结构是指城乡内部各种功能的用地比例和空间结构及相互影响、作用的关系。城乡用地数量结构是从定量角度研究城乡用地发展问题的主要工具，指在某一区域内，城乡内部各种土地利用类型在质和量上的比例关系以及它们组合而成的一定

[1] 中华人民共和国住房和城乡建设部：《城市用地分类与规划建设用地标准》，中国建筑工业出版社，2011 年版。

格局。也可以说，城乡用地数量结构是指城乡范围内各类用地的搭配关系。而空间结构是从定位角度研究城乡用地发展的主要工具，指城乡用地在空间上的分布格局。城乡用地数量结构和空间结构是相辅相成的，一方面用地数量要落到空间上，另一方面空间布局决定了不同区域的用地数量结构，同时空间发展时序是用地数量投放时序的依据。

二、优化城乡用地布局与结构的原因分析

（一）优化城乡用地布局与结构是应对建设用地不断增加，农用地不断减少的关键

根据联合国《世界城市化展望》资料，预计 2050 年我国城市化水平将达到 72.9%，这意味着中国每年有 1000 多万农民变成城镇人口。未来几十年里，城市新增的居民将产生史无前例的建筑需求。这有可能带来城市的大肆蔓延、土地开发加剧和拥挤程度加强。现有耕地将继续受到威胁，在最坏的情境下，耕地面积将减少 20%。到 2025 年，将有大约 10 亿中国人居住在城市。届时，中国将出现 221 座百万以上人口城市（目前欧洲只有 35 座类似规模的城市），其中包括 23 座 500 万以上人口的城市。未来很长一段时间，建设用地需求旺盛，农用地将继续减少。而土地资源的有限性与建设用地的不可逆转性特征，要求在城镇用地规模扩大中优化用地结构、合理布局，尽量保护耕地[1]。

（二）优化城乡用地布局与结构是解决城乡用地中存在的结构不合理、布局缺乏规范的重要手段

首先从城乡建设用地结构上看，农村建设用地所占的比例过大，使城

[1] 王洪霞：《优化城乡用地结构与布局研究》，湖南农业大学，2008 年。

乡建设用地总体利用效率随经济发展逐步提高的趋势得不到体现。从城镇用地结构看，公共设施用地、道路广场用地和绿地的比例呈增加之势，工业、仓储用地呈减少之势，总体上用地结构有所改善，但同发达国家城市相比，前三项用地比例仍然偏低，后两项用地比例明显偏高，城市工业用地比重虽已减至21%左右，但仍明显高于发达国家水平（不超过15%）。在农村建设用地中，教育、医疗等公共设施用地明显偏少。由于缺乏有效的区域统筹协调，各个城市都盲目扩张用地，产业结构趋同，重复建设严重，无序竞争，竞相压低地价，不仅造成土地资源浪费、土地资产流失，更严重的是由于土地利用结构失调，进而易造成经济结构的失调。在布局上，许多城市“摊大饼”，建制镇沿交通线分布，农村建设用地布局混乱无序，乡村工业遍地开花。用地布局上的不合理，不仅造成土地资源的浪费，也造成人类居住环境恶化。

（三）优化城乡用地布局与结构是缓解用地矛盾、提高土地利用综合效率的战略性选择

国土资源部权威专家指出，面对人地矛盾十分尖锐的基本国情，我们必须对有限的土地资源精打细算，严格控制建设用地供应总量，坚决遏制盲目投资和低水平重复建设等行为。优化城乡用地结构和布局，不仅可以有效地组织经济活动，也可以节约、合理利用各种资源包括土地资源、水资源、能源等，避免资源的浪费，提高城镇和农村的可持续发展能力。在耕地保护日益严峻的形势下，应加强通过城乡用地在空间上的合理布局与结构调整，减少对耕地占用方面的研究，提高土地资源的利用效率，缓解用地矛盾。优化城乡用地结构及其空间布局，可以有效地配置各类用地的面积，提高存量土地的经济效益和集约度，减少不必要的侵占耕地，从而缓解耕地需求压力。

（四）优化城乡用地布局与结构是实现我国土地资源可持续利用的重要途径

城乡用地结构及其布局是土地利用结果的具体体现，土地可持续利用则是土地利用的目标，两者相互制约，又相互促进。城乡用地结构及其布局变化是在一定政府行为或土地利用政策引导下，用地者为追求土地利用收益的最大化，调整区域土地利用的结构；而用地者这种土地利用行为所带来的用地结构变化不一定符合土地可持续利用的目标，只有当城乡用地结构及布局变化结果同时也符合土地利用的生态建设目标和社会公益目标时，才能实现城乡土地的可持续利用。否则就要调整区域社会经济发展目标，并据此调整政府行为，重新调整土地利用政策，优化城乡用地结构及布局，以使土地利用者行为同时符合经济可行性、生态合理性和社会可接受性三个目标体系[1]。

三、优化城乡用地布局与结构的相关理论基础

（一）系统论

系统论最早由美籍奥地利人贝塔朗菲于19世纪40年代提出，称为一般系统论，也叫普通系统论，简称系统论。系统论认为：系统是相互联系的若干要素组成的复合体。如果组成系统的元素本身也是一个系统，则这些元素称为子系统。系统论原理指出，系统在发展与演化过程中，存在内部各要素间互相影响、内部要素影响整个系统以及系统制约其内部各要素的多重关系。系统论将土地作为一个自然—社会—土地生态的复合系统，土地利用则是这个复合系统的子系统，在土地利用中应遵循系统的协调论和系统的整体论，从而达到城乡用地的优化。

[1] 张宇：《优化城乡用地结构及布局研究》，南京农业大学，2007年。

土地系统整体论是适应土地利用系统的要求，把土地的自然供给与人类需求看作一个整体予以协调。土地系统整体论以土地数量与土地质量供给为依据，保证人类活动与自然之间的平衡、协调，使人与自然能够长期共存。系统论原理要求，在进行区域建设用地结构和布局优化的时候，要确定科学合理的结构和布局，注重区域整体功能的增强和效率的提高。

（二）区位理论

区位是一个综合的概念，强调自然界的各种地理要素和人类社会经济活动之间的相互联系和相互作用在空间位置上的反映。区位理论包括农业区位理论和工业区位理论。农业区位理论认为，农业土地利用类型和农业土地经营集约化程度，不仅取决于土地的自然属性，而且更依赖于其经济状况，其中特别取决于它到市场的距离。工业区位理论认为，工业产品成本最低的点为工业布局的最佳区位，为了找到这个点，核心工作是通过运输、劳动力、聚集三个因素相互作用分析计算。

自杜能农业区位理论提出后，经历了一个多世纪，土地区位理论也得到了进一步发展。区位理论已经从对单个经济单位的区位决策研究发展到对地区总体经济结构及其模型的研究；从抽象的纯理论模型研究转而力求进行接近实际的区域分析和建立在实践中可以应用的模型，为实际决策提供依据。区位理论特别是工业区位理论对建设用地的布局具有指导意义，尤其是工业用地的布局。建设用地的布局，必须结合地方实际全面考虑区位理论中的消费中心、运输、劳动力、聚集等各因素，做到充分利用现有区位条件，适当改善区位条件，如合理规划建设交通设施。

决策者必须充分考虑区位因素对土地利用布局和土地经济、社会效益的影响，在选择时应该尽量发挥区位优势。例如城乡交错带是联系城市与农村的重要通道，具有明显的区位优势，交通便利，各项服务配套设施齐全，应注意该区域农村居民点的整理工作，加强中心村建设，促进土地的集约利用与规模经营。

（三）土地稀缺性原理

相对于人类的无限需求，资源总是稀缺的。土地的稀缺性，是指适合一定用途的土地的供不应求。为了说明土地稀缺性原理，首先介绍土地自然供给和经济供给的概念。土地的自然供给是指土地以其固有的自然特性供给人类使用的数量。这个数量包括已利用的土地资源和未来一段时间可供利用的土地资源，即土地后备资源。土地的自然供给是相对稳定的，不受任何人为因素或社会经济因素的影响。土地的经济供给是指在土地的自然供给基础上，一定时间与区域范围内，投入劳动进行开发整理后，可供人类直接用于生产、生活等各种用途的土地数量。

在某种意义上，土地的自然供给和经济供给都是有限的。随着经济的发展和人口的增长，人类对土地的需求越来越大，对某种用途的土地提出了更多要求，例如，需要更多的耕地和建设用地。这样，适合某种用途的土地就供不应求，因而产生了土地的稀缺性。土地的稀缺性是土地有价的原因之一，也是节约和集约用地的重要原因，而要节约和集约用地就必须优化建设用地结构和布局。优化城乡用地结构及布局间接增加农用地经济供给，增强农用地供给弹性，提高土地经济供给的稳定性。

（四）土地可持续利用理论

土地可持续利用理论是 1990 年在印度召开的国际土地持续利用系统研讨会上首次提出的。1991 年和 1993 年，分别在泰国和加拿大召开的两次国际会议上都提出了土地可持续利用的理论。这种理论目前已被世界各国普遍认可，并且逐渐渗透到整个社会、政治、经济以及人们生活的各个领域。土地的可持续利用是指不断提高城市居民生活质量和居住环境，达到土地供需的持续平衡。即通过各种途径和措施实现土地的合理利用和优化配置，使有限的土地资源不断地满足人们日益增长的需要和城市可持续发展。土地可持续利用的核心内容是土地利用方式、土地利用强度以及土地与城市生态环境因素的协调程度。重点强调的是土地的可持续利用在不断增加人类产出效益的同时，又不妨碍土地利用系统在运行能力上的提高。土地可持续利用也体现了人与自然的协调和发展。

可持续发展的核心是人与自然、发展与资源的协调问题，而传统的土地利用模式，割裂城乡，粗放利用，易导致土地利用系统的不稳定，因此，土地的可持续利用应立足于建设用地城乡一体化，统筹利用，协调发展，使土地利用系统产生从无序到有序、从低级到高级的演化，并逐步形成更新的系统结构和功能。而建设用地城乡统筹就是为了解决城乡建设用地之间的协调性，以可持续发展理论为指导，着眼城乡全局，优化结构、调整布局，实现土地资源的可持续利用，为经济发展提供更好的持续的支持。

（五）城乡统筹理论

城市和乡村是构成社会两个密不可分的组成部分。城乡关系是社会生产力发展和社会大分工的产物，城市产生后，城乡关系便随之而产生。城乡关系是广泛存在于城市和乡村之间的相互作用、相互影响、相互制约的普遍联系与互动关系，是一定社会条件下政治关系、经济关系、阶级关系等诸多因素在城市和乡村两者关系的集中反映。城乡统筹发展的实质是改变城乡相对隔离的二元经济结构，促进以城带乡、以乡促城、城乡互动的良性的现代化城乡结构的形成。

在县域土地利用总体规划中，必须要统筹城乡经济社会发展，把城市与农村经济和社会发展作为整体统一规划，通盘考虑，把城市和农村存在的问题及其相互因果关系综合起来统一纳入规划这个大框架里，树立城乡一盘棋的总体思想，发挥城市和中心城镇的辐射带动优势和城乡之间关联优势，依据规划、通过市场，合理分配土地资源，实现城乡统筹发展。市域范围内，这种城乡间的互动主要体现在四个方面：一是城市对周边地区的辐射和带动作用；二是小城镇对中心城市的辐射和扩散的吸纳作用以及作为“城之尾、乡之首”所起的传递力；三是农村地区由于农业的发展，人口向城市迁移的推动力；四是各种区域性的基础设施加强城乡间的相互联系。区域性的建设用地空间布局必须以城乡统筹理论为指导，在中观尺度上，加强城乡各类建设用地布局的调控，使城乡建设用地成为一个有机的整体。

在优化城乡用地结构、合理布局的过程中要遵循城乡关系发展的客观规律，推动城乡发展的融合，最终实现城乡一体化，实现城乡社会、经济和生态、人口的可持续发展，促进乡村可持续发展和城市可持续发展的协调。从世界发展趋势来说，无论发达国家还是发展中国家，都有向城乡融合逼近的趋势。

四、城乡用地布局和结构的原则

（一）整体协调，坚持可持续发展原则

进行建设用地布局时，要与国土规划、国民经济及社会发展规划、城市及城镇总体规划等重要政策和规划相衔接，保持区域发展的整体有序性。建设用地的增长，要坚持尽量少占耕地，尤其是避免占用基本农田保护区土地。建设用地空间布局既要考虑合理的分区，又要考虑功能相近的用地彼此的包容性。根据可持续发展要求，土地利用在支持经济发展的同时要担当保护和改善生态环境的历史重任，要通过优化城乡用地结构及布局，形成良好的地域土地生态经济结构，为土地利用的良性循环创造条件。

改变目前人口增长导致的人地关系恶化问题，除了加大人口控制力度之外，优化城乡用地结构及布局是重要的方面。要通过土地利用分布的改变来引导人口分布，形成合理的人口流向，通过各类用地向人口稀疏地区流动，开拓新的生存空间，改变人口过于集中于东南部地区的局面，为实现人地关系地域系统的相互协调创造有利条件。

（二）统一配置资源，体现效率原则

优化城乡用地结构及布局应本着综合效益最大的原则，全面考虑土地利用的经济效益、社会效益、生态效益，将一定量的土地资源配置给资源利用效率最大的使用者。换言之，就是要通过土地的配置机制选择那些能达到同样的资源使用效果而消耗最少的使用者。

（三）统一空间发展战略，体现城乡统筹原则

以全面协调和整合城乡利益关系为着眼点，充分发挥城市在产业、市场、信息等方面对农村的带动作用，促进城市文明向农村延伸，促使城乡之间人口和生产要素的合理流动和优化配置，努力实现城市与农村在社会、经济、文化、生态、空间等要素上的交融与协同，逐渐消除城乡二元结构。通过统一规划城乡建设，形成以城带乡、以乡促城的城乡协调发展格局。既要考虑城镇化推进中城镇用地的扩大，也要安排部分建设农村所需的用地。

第三节　土地利用的集约式发展道路

土地作为城市建设的重要资源，已经成为影响城市化发展的主要因素

之一，忽视土地合理利用将会导致资源浪费和环境恶化。土地作为不可再生稀缺资源，必须建立在土地节约集约利用基础上，保障城市化和社会经济持续健康发展。

一、相关概念

（一）土地利用

目前学术界对土地利用的概念主要集中在把其定义为一种活动或一种过程，代表观点有：土地利用是人类通过与土地结合获得物质产品和服务的经济活动过程；土地利用是指在一定社会生产方式下，人们为了一定的目的，依据土地自然属性及其规律，对土地进行的使用、保护和改造活动；土地利用是指由土地质量特性和社会土地需求协调所决定土地功能的过程；土地利用属于一种永久性或周期性的人类干预活动。由于土地支持着整个生态系统，因此，土地利用是人类为了从土地中获取相关利益，用一种相对系统性的方式，对生态系统中的关键因素进行人为控制的应用。

土地利用有两种方式：一种是从土地利用广度扩展，不断扩大土地利用面积，并强调外延扩散以提高土地的利用率，属于粗放型土地利用；另一种是向土地利用深度挖潜，增加投入，强调内涵增长以提高土地的产出率，属于集约型土地利用。

（二）土地集约利用

“集约”与“粗放”是相对的概念，集约经营最早来自于对农业土地利用的研究，原指农业土地的一种经营方式，是大卫·李嘉图等古典政治经济学家在地租理论中首先提出来的。著名的土地经济学家理查德·T·伊利（Richard.T.Ely）在其所著的《土地经济学原理》中指出：“对现在已利用的土地增加劳力和资本，这个方法叫做土地利用的集约。”我国农业经济学家刘书楷先生认为："土地利用的集约经营，是农业生产向广度和深度发展的产物，它有三个最基本的条件：一是要有较高的经济发展水平，可向土地开发利用提供足够的物质投入；二是要有充裕的劳动力，可提供足够的工人；三是要不断采用先进的科学技术与管理手段。"

土地集约利用实质上是土地投入产出的关系，实质是提高土地的质量和生产力或产出率。集约节约利用就是投入更多的劳动和资本，以替代有限的土地资源。土地集约利用内涵可以概括为：（1）土地集约利用的前提是合理利用，即布局合理、结构优化，是宏观与微观相统一的过程；（2）土地集约利用的途径是增加单位土地投入，改善经营管理，提高土地利用效率；（3）土地集约利用的目标是使土地利用达到良好的经济、社会和生态效益，就是说，城市土地集约利用的生态效应，逐渐得到强调；（4）从时序特征看，土地集约利用是一个动态优化过程；（5）从系统的角度看，不同层次的系统土地集约利用的含义、标准、评价指标体系及应用目的不同。

二、我国土地利用的集约式发展道路的必然性

（一）我国土地利用集约化程度低

我国土地资源利用大多为粗放利用。从农用地利用状况看，耕地中中低产田占了2/3，产量较高地区也还有相当的增产潜力。不少地方农作物布局不合理，没有实行区域化种植，生产潜力没有充分发挥出来；林地利用率也很低，全国有林地面积只占林地面积的62%，单位面积蓄积量和生长量只及世界平均水平的75%；已利用牧草地中，优质草地仅占27%，单位面积畜产量只及美国的1/3；耕地缺少规模经营，地块小而分散，渠埂路等占地面积大，实际种植面积小，粮食等农作物产量较低，经济效益较

差；园地面积较大，但产量低，品质差，布局不合理；草地利用程度低而且不平衡，产草量以及肉、奶、毛、皮产量都很低，草地牧草转化率只有0.7左右。城镇土地资产闲置、浪费十分严重，建设用地以外延扩展为主，占地数量大，建设用地总量失控，利用率低，缺乏集约利用方法引导和措施约束，不合理建设项目普遍存在。交通运输等基础设施建设匹配性差、开发区过滥盲目发展、农村建设用地分布散乱、工矿建设和生产造成的废弃地复垦率低等。

（二）当前土地利用方式与经济发展转型之间的矛盾

随着经济发展方式的转变，工业化和城市化水平的提高以及产业结构的演进，土地和资本等要素的相对价格不断变化，土地利用水平由粗放型向集约型的转变也是一个客观规律：在初级经济阶段，由于资本短缺及技术水平低下，市场发育欠缺，主要通过大量投入土地、廉价劳动力等要素资源来实现经济的起步，土地利用呈现粗放的态势；进入工业化初期阶段后，经济数量上的增长是经济发展的主要目标，虽然资本短缺现象有所缓解，但是资金短缺依然是很多地区面临的难题，很多地方政府选择了低地价招商引资的策略，土地利用集约水平虽有所提高，但总体上还处于较为粗放状态；进入工业化中期后，随着资本短缺问题的缓解，尽管由于工业的快速发展，建设用地呈快速增长趋势，但土地利用方式已开始从粗放型向集约型转变，土地集约利用水平比前面两个阶段大大提升；进入工业化后期后，资本已经相当充裕，而土地资源却显得日益稀缺，政府和土地使用者倾向于以资本和技术替代土地，土地被高度集约利用。

我国当前土地利用与转变经济发展方式之间还存在很多矛盾，包括土地资源浪费、闲置严重，土地单位产出偏低，人均建设用地面积过大、容积率偏小，土地利用科技含量低、能源消耗较高、环境污染严重等，这种土地利用方式与转变经济发展方式的内涵是格格不入的，也不符合土地利用的客观规律，必须要向土地集约利用方式转变。

三、土地集约利用的影响因素

（一）人口驱动力

人地关系是影响土地利用集约度的重要因素之一。一般而言，在人多地少的地区，由于土地的稀缺程度较高，投资者会倾向于用更多的资本、劳动力等相对充裕的要素来替代土地，从而导致较高的土地利用强度和较高的土地投入产出水平，即土地利用的集约度较高。而在人少地多地区则相反，土地的利用相对粗放。人地关系的变化主要由人口数量和人口质量的变化来决定。

人口数量的增长，必然会增加对食品、住房、交通等的需求，进而对土地等要素资源产生巨大压力。在人口数量增加的同时，当人口质量也同步上升时，新增人口能迅速成长为人力资本，这有助于促进技术进步，提高土地利用集约度。但是，当人口数量的增长并未伴随人口质量的提升时，人口增长不利于资源的集约利用。

（二）经济驱动力

不同的经济增长阶段和经济增长方式决定着土地的利用效率。而工业化、城市化发展的不同时期，土地资源配置的方式及利用效率也有所差异。

1. 经济增长与土地集约利用

经济增长的不同阶段对应着不同的经济增长方式，在经济增长方式由粗放型向集约型转变过程中，土地利用的形态将呈现不断的变化和整合，影响着土地集约利用。

美国哈佛大学迈克·波特（Michael Porter）教授从要素竞争和增长推动力的历史演变角度，将经济增长划分为四个不同的阶段：第一阶段为要素推动阶段，依赖于初级生产要素的数量增加来推动经济增长，带有明显的粗放型增长特征；第二阶段为投资推动的发展阶段，依靠大规模的投资推动经济增长，经济增长既有集约的特征，又有粗放的特征，为准集约化集约方式；第三阶段为创新推动阶段，通过技术创新来推动经济增长，是典型的集约经济方式；第四阶段为财富推动阶段，人们的经济行为以最大地创造财富和获得最好生活质量为准则。由此可见，不同的经济增长阶段对应着不同的经济增长方式。随着经济增长阶段的提高，经济增长的方式势必由粗放型增长向集约型转变。

2. 工业化发展与土地集约利用

工业化发展对土地集约利用的影响主要体现在工业化的发展将带来产业结构的演变，而产业结构的演变必然引起土地利用结构的调整和土地资源配置效率的变化。在工业化初期，第一产业的比重比较高，第二产业的比重较低；随着工业化的推进，第一产业的比重持续下降，第二产业的比重迅速上升，而第三产业的比重缓慢提高。也就是说，产业结构在工业化进程中具有不断从低级结构向高级结构演进的规律性。产业结构的演变相应地引起土地利用结构的变化，并影响土地资源配置效率和土地利用的集约水平：初级产品阶段（传统经济），第一产业的比重较高，决定了土地利用结构中农用地的比例较大，地均产值较低。同时，在此阶段，劳动密集型工业占主导地位，其对土地利用的集约度是较低的；工业化初级阶段，第二产业的比重超过了第一产业，地均投入产出效率有了较大提高，土地利用的集约度有所上升；工业化中级阶段，第一产业的比重持续下降而第二产业的比重迅速上升，意味着土地利用结构中更多的土地进入了建设用地市场，较之于用作农业用途，单位土地利用效率较高。同时，随着工业化发展，煤炭、钢铁、石油等重化工业部门先后兴起，资本的依赖性增强，资本密集型工业比劳动密集型工业对土地利用的集约度有所提高；工业化高级阶段，三大产业中以第二、第三产业为主且第二、第三产业的相对地位也发生了变化，第三产业的比重逐渐接近并超过第二产业。产业结构的升级进一步提升了土地利用的效率。此阶段工业行业生产以技术密集型为主，行业的性质和生产技术效率决定了土地资源配置和利用效率的提高。由此可见，工业化发展对促进土地集约利用具有积极的意义。

3. 城市化进程与土地集约利用

城市化是一个过程，这一过程在生产力发展和产业结构升级的原动力下通过聚集与分散市场力量的驱动表现出一定的规律。美国地理学家诺瑟姆把城市化分为初期、加速期和后期三个阶段。

在城市化率为 20%—30% 的城市化初期阶段，人口、产业等资源为寻求聚集效益而向城市集中，但城市一定空间的土地潜在效益并未能够充分发挥，土地利用呈现粗放状态；在城市化率为 30%—70% 的城市化加速期阶段，人口、产业等资源由聚集状态到高度聚集状态过渡，并逐渐走向分散。在这一阶段的早期，经济将继续聚集并对存量土地的开发、充分利用起到重要的驱动作用；但是，聚集状态发展到成熟后期和高消费期时就将带来聚集的负面效益，表现为经济建设对土地的过度利用，过分追求经济效益而忽略生态环境和社会效益等。与之对应，土地的利用呈现粗放利用、集约利用并存的状态；在城市化率高于 70% 时为城市化后期阶段，人口、产业等将继续分散，向外形成新的聚集，产生新的城市聚集区。此时，原有城市的人口、产业等的聚集状态得到了相应的疏解和调整，土地的承载力也得到一定的控制，土地的利用除考虑经济效益外，还兼顾生态和社会效益，土地利用的集约度得到合理调整。

（三）技术驱动力

技术进步对提高单位土地的利用效率，对促进土地集约利用具有正向的驱动作用。技术进步对土地集约利用的正向驱动影响主要体现在直接和间接两个方面：在直接驱动影响方面，技术进步的作用，就是使原有数量和质量的经济资源的组合生产出比以前更多更好的产品；或者说，使用比以前更少的经济资源组合量，生产出同以前一样多的产品。技术进步意味着资源利用效率的提高；在间接驱动影响方面，技术进步的作用，就是通过促进经济增长，引导产业结构升级、改变产品结构和层次等而间接提高土地利用的集约度。

（四）制度变量驱动力

1. 政府管制与土地集约利用

（1）政府管制土地利用的方式与途径

政府对土地利用的管制可分为直接管制和间接管制。直接管制是政府利用行政强制权直接干预市场主体的行为，表现为：主要通过直接规定用地的容积率、建筑密度、单位面积、土地投入强度等硬性指标来控制土地利用的集约度。间接管制是以形成并维持市场秩序为基础，不直接介入经济主体决策，而是从外部约束那些妨碍市场机制发挥作用的行为。间接管制表现为：通过相关制度、政策来约束土地利用过程中所涉及的供地主体和用地主体的行为，以间接促进土地的集约利用。其中，对供地主体行为的约束制度主要是征地制度；对用地主体行为的控制制度主要是规划制度和生态环境保护制度。

第一，征地制度需明确界定征地主体的资格、征地范围、合理的征地补偿标准、较高的公众参与度等内容。征地制度可以对建设用地总量进行有效控制，能激励用地者集约利用存量土地。因此，征地制度的合理制定和有效实施对促进土地集约利用具有重要意义。第二，通过规划的合理编制和实施，对土地利用进行分区规划，强制用途管制，合理预测土地需求，控制土地利用的用途、数量、利用强度等，从而对用地者的行为进行有效监管，以促进土地的集约利用。第三，生态的保护要求土地利用集约度满足宏微观条件：宏观方面是环境容量的限制；微观方面是土地利用的负外部性控制。环境容量在一定意义上决定了土地利用集约程度的最高强度，是土地集约利用的上限控制标准。

（2）政府的管制与土地集约利用

政府对土地利用的管制主要是为了弥补土地市场本身存在的缺陷，矫正市场机制在土地资源配置中的失灵，从这个意义上来说，政府的管制对于提高土地资源配置和利用效率具有积极的意义。但是，政府在管制活动中还存在一定的“越位”和“缺位”。政府对土地利用不恰当的管制，不仅不利于提高土地资源的配置和利用效率，反而会由于政府失灵，形成土地配置利用中市场与政府双重失灵并存的局面，从而加剧土地资源配置的低效，导致土地的更粗放经营。因此，适度合理的管制能有效弥补市场机制的缺陷，优化土地资源的配置，促进土地集约利用；而过度的干预则会扭曲市场配置资源的基本机制，降低土地资源的配置和利用效率，导致土地粗放式经营。

2. 土地市场建设与土地集约利用

土地集约利用水平的提高，是土地价值得以显化的重要表征。而一个发育完善的土地市场则是规范土地交易、显化土地价值的重要保证。但市场的发育是一个渐进的过程，市场机制的建立、完善及其在资源配置中的作用也是渐进的，不同的土地市场发育程度将影响着土地资源的配置和集约利用的状况。

无市场状态下，土地资源的配置完全依靠政府的行政指令，信息的不完全、行政指令制定与落实中存在的时滞将造成资源配置效率低下，土地粗放利用；市场化进程中，土地资源配置中的市场机制和政府干预机制具有一定的消长演变规律，但这种演变始终未能有效消除资源配置的低效率和城市建设用地规模过度扩张，土地粗放利用现象的根本原因在于市场和政府都是不完善的；只有在完善的土地市场中，产权清晰、市场体系完备、市场机制健全，在价格、竞争、供求等机制的引导下，土地资源会自发实现帕累托最优配置。而用地者由于取得土地时付出了相当的代价，因而又激励在实际用地过程中节约集约利用，实现土地的最佳配置和利用。

四、强化土地集约利用的主要途径

（一）以可持续发展思想为指导，坚持科学发展观，转变土地利用模式

人们对土地利用的观念、意识等直接影响土地利用的结果。城市化过程中各产业对土地的需求不断发生变化，需要人们尊重土地利用规律和生态功能，同时，树立和落实科学发展观，就要牢固树立珍惜和节约资源的观念，努力建设资源节约型国民经济体系和资源节约型社会。

我国在推进工业化、城市化发展的过程中，形成了土地资源的粗放利用模式。应坚持以可持续发展思想为指导，把土地利用从以外延扩张模式为主转变为以内涵挖潜为主的用地模式，即把粗放利用转变为集约利用；在城市发展规模上要改变过去重数量、轻质量的粗放型发展道路，积极推进城市土地功能转换，优化用地空间布局，盘活存量土地，科学合理地利用城市立体空间，从而提高城市土地的产出水平，走出一条适合城市集约用地的道路。

（二）创造良好的土地市场环境，充分发挥市场机制的作用

土地也是一种商品，具有价值和使用价值，可以在市场上进行交易，因此，土地资源的优化配置必须遵循市场在资源配置中的基础作用，建立和完善土地配置的市场机制。政府则可以根据市场价格信号控制土地一级市场供给，调节土地的需求，使土地利用结构合理化，实现供需平衡；应用级差地租原理，推进土地置换；积极推行土地有偿使用制度，建立高效和公开透明的土地标售系统，建立并完善工业用地出让最低价标准统一公布制度；大力发展二、三级土地市场，充分发挥市场的供求机制、价格机制和竞争机制；建立统一的土地价格体系，促进土地资源的流动，从而提升土地市场的整体竞争性与土地资源的配置效率；规范土地中介服务市场，建立严格的中介自律机制，促进土地市场健康发展。

（三）完善土地宏观调控体系，加强集约用地的宏观控制

土地参与宏观调控，实质上就是政府通过土地政策的制定、实施、调整和完善，对土地市场进行实时、合理、适度的干预。因此，政府有必要建立完善的土地宏观调控体系，包括土地利用规划和计划编制、土地用途管制、土地储备、土地收益调整等。其中，编制科学的土地利用总体规划，就应该在宏观上确定城市用地控制规模，调整和优化产业布局结构、调控资源供应总量和结构，制定合理的用地标准，提高存量土地的利用率。规范开发区土地集约利用的规划引导机制，创新土地征用制度，加强土地集约利用的动态监察预警机制，以切实提高土地的利用效率，促进集约用地。

（四）建立适宜的土地集约引导机制，提高集约用地的主动性

在市场经济条件下要促进土地节约集约利用，还须建立起适宜的导向型的土地集约利用机制，既包括激励型土地集约利用机制，也包括约束型土地集约利用机制。具体包括：制定各种优惠政策，鼓励各类实际用地主

体在符合城市规划的条件下，将利用程度较低的土地通过增加投入，提高土地使用强度，调整土地用途；建立土地节约集约利用考核制度，科学评价土地集约利用状况，提高用地主体节约集约利用土地的积极性和主动性；提高新增建设用地的土地有偿使用费标准和实行土地出让金，约束随意扩大征地范围的行为；定额化供地标准，规范划拨或协议出让土地行为和范围；实行农村建设用地减少与城镇建设用地增加挂钩的政策，鼓励政府部门积极开展村庄整治，促进农村集体建设用地节约集约利用。

（五）推进相关配套制度的改革，优化土地集约利用的市场制度环境

土地资源配置和利用效率的提高，除需推进我国土地市场创新，深化土地市场化改革，更重要的是推进相关配套制度的改革：深化财政体制改革，维护中央财政的主体地位，适当下放部分税收征收和调节的权力，建立起真正的地方财政；坚持事权与财权相结合，以事权为基础划分各级政府的收支范围以及管理权限；推进干部任免考核制度改革，将地方经济的持续发展、地方耕地保有量以及建设用地（特别是工业用地）土地利用效率等融入地方官员考核制度内，以激励地方政府优化资源配置、集约利用土地；协调产业政策与土地利用政策，设置合理的产业用地门槛，加强产业用地供应管理，优化产业空间布局，促进土地高效集约利用。

第四章

城镇生态环境体系建设与综合承载力提升

第一节　生态环境恶化与环境保护战略

一、城镇化进程中生态环境恶化

城市作为人类聚居地的一种形式，带来了人口集中、产业集中、资源能源消耗集中、需水量增加、不透水地面增多、绿地减少等一系列生态环境的变化。2007—2011 年，我国大陆城镇人口由 5.94 亿增加到 6.91 亿，城镇化率由 44.94% 上升到 51.27%。城镇化日益成为扩大内需、调整产业结构、转变生产方式、推动经济社会发展的强劲动力。但与此同时，当人口高速向城镇大规模聚集时，也会增加“三废”排放，降低环境自我恢复能力，增加城镇的环境压力。

（一）城镇化过程中“三废”加剧

1. 高速城镇化加剧了水污染

人口向城镇迅速集聚，城镇生活污水排放剧增。从 2000 年到 2010 年城镇新增人口 22809 万人，而与此同时新增人口生活污水累计排放量增加 695.55 亿吨，占污水新增排放量的 97.54%。根据相关数据显示，全国 90% 城市的地下水不同程度地遭受到有机和无机有毒有害污染物的污染。

2. 高速城镇化加重了大气污染

随着城镇人口迅速膨胀，非农产业迅速发展，城镇中工业与生活废气（包括二氧化硫、烟尘、粉尘等）排放量明显增加，导致大气污染加重。

其中，工业废气的排放是大气污染的主要原因，我国工业废气排放量占废气排放总量的 85% 以上，而城镇化引起的非农产业集中与快速增长又是工业废气排放增加的主要原因。

3. 高速城镇化增加了固体废弃物污染

高速城镇化会使工业与生活固体废弃物产生量剧增。以 2000 年为基点，截至 2010 年，我国工业固废产生量累计增加 68.5 亿吨。

（二）农村环境污染加剧

1. 高污染的企业向农村地区转移

在高速城镇化过程中，城镇土地日益稀缺，“生态门槛”日益提高，大量污染企业为降低生产成本向农村转移。但是在缺乏法律监管的情况下，污染企业迁移到农村后很少进行治污设施投资，排污力度不减反增，从而导致越来越多受污染地区的农村居民饮的水、吃的食物、呼吸的空气中致癌物质不断增多。“怪病村”等现象在我国频频出现，与高污染企业向农村地区转移密不可分。

2. 污染物向农村转移与扩散

在高速城镇化过程中，我国很多城镇生态系统不堪重负，为缓解自身生态压力，把污染物直接向农村转移与扩散。一方面是大量未经处理或虽经处理但不达标的工业废水与生活污水排入江河，引起农业灌溉用水和农村居民饮用水恶化；另一方面是九成以上的城市垃圾在郊外或农村堆放或填埋，逐渐污染周围农村的水、土壤与大气环境。

（三）大规模基础设施建设影响了生态环境

高速城镇化伴随着大规模的交通、供排水、供热、供气、防洪、园林绿化等基础设施建设。这些基础设施的建设和使用对生态环境既有不利影响，也有有利影响，其中不利影响尤其应引起重视。

1. 对水环境造成了不利影响

基础设施建设过程中会产生大量生活污水、生产废水，增加了污水排放量。除园林绿化、环境卫生外的大部分基础设施建成后会导致城市硬化地面增加，暴露土壤量减少，使得雨水向地下渗透大为减少，从而导致三个较严重的后果：一是降水形成的地表径流量会增大，并且容易被硬化地面上的垃圾等污染。二是容易引起城镇内涝。三是容易引起地下水补充不足。当前越来越多的城市地下水过度开采，出现地面下沉，这与大规模基础设施建设导致城市过度硬化、无法留住天降雨水有很大关系。

2. 对植被形成了不良影响

园林绿化、环境卫生之外的基础设施建设会破坏原有植被，减少植被覆盖率。且基础设施建成后造成大面积硬化，减少雨水渗透，使植被的生长环境恶化。如森林覆盖率达到38%、远高于全国18%平均水平的广州市区已无原生植被。广州城镇建设用地和道路等交互切割，导致其北部山地的森林植被破碎化，无法形成一个完整的森林网络系统。

3. 对大气产生了不良影响

基础设施建设过程中会产生大量的烟尘以及二氧化硫、二氧化碳等气体，增加了大气污染或者温室效应。建成之后有的建筑物会源源不断地释放有害气体，继续增加大气污染。

二、实施城镇化环境保护战略

（一）影响城镇化建设的环境制约因素

1. 城镇生活垃圾的处置问题

随着经济的发展，人民生活水平的提高，产生了大量的生活垃圾和建筑垃圾，给城镇的环境带来极大的破坏，如何处理好垃圾问题是小城镇建设中的一个重要问题。目前，城镇的生活垃圾只做简单的集中堆放，基本上是没有经过处理的，给城镇环境带来了严重的污染，直接威胁人民群众身体健康。

2. 城镇环境基础设施十分脆弱

由于历史的原因，城镇建设中重经济发展、轻环境保护，重城镇建筑、轻环境基础设施建设的现象较为普遍，致使环境基础设施建设远远滞后于城镇化建设。城镇的生活污水、垃圾得不到有效的处理，给城镇化建设带来严峻的挑战，城镇人口的快速增长与脆弱的环境基础形成巨大的反差，严重制约了城镇化进一步发展。

3. 城镇规划的滞后性，严重制约了城镇化进程

城镇要发展，规划要先行。合理的规划是发展小城镇的前提。从城镇目前实际看，由于规划不合理，造成了工业区和居民生活区相混合，功能区划不规范，各项布局不合理的现象，产生了大量的问题。大部分城镇都从自己的局部出发，各自搞一个规划，没有从全县、全市、全省乃至全国的范围考虑问题，缺乏长远性、整体性、系统性和指导性，给今后的再发展设置了障碍，留下了后患。

4. 传统的发展模式导致严重的环境问题

长期以来，追求以经济增长速度和产值为主要特征的传统发展观，忽视经济增长质量和以经济效益、环境效益、社会效益为核心的综合效益。这种“高消耗、高污染、高投入、低产出”的传统粗放型经济增长方式，偏重资源和能源的数量投入，忽视资源支撑和环境承载，对环境造成了严重的污染和破坏，使本应造福人类的能源和资源不但未能转化成预期产出，反而异化成为致害人类的污染物，造成了水质污染、大气污染、固体废弃物污染、噪声污染以及生态破坏等环境公害。

（二）城镇化建设中环境保护所坚持的原则

1. 坚持城镇建设与环境保护并重的原则

在城镇化建设中，由于只重视经济建设，重生产发展，环境保护没有得到相应的重视，致使一些地方城镇建设上去了，环境问题却日益突出，各种环境污染纠纷问题大量涌现，给环境保护工作带来相当大的被动，不得不还以前的旧债。因此，在城镇建设过程中，必须坚持开发建设与环境保护并重，努力扭转“经济上去了，城镇建设上去了，环境问题却多起来”的局面，确保两者协调发展。

2. 必须坚持统筹兼顾，综合决策的原则

要杜绝小城镇建设中严重的盲目性和随意性。以往在城镇建设中片面强调经济效益，忽视了环境效益，把环保与经济发展相对立起来，这违背了自然规律，给城镇生态环境造成了极大的破坏。因此，要重视市政建设与周围环境建设的协调一致，不要人为地造成环境破坏与生态问题，以提高环境质量来提高人民物质和文化生活水平，改善人们的居住条件。

3. 必须坚持污染防治与城镇发展并举的原则

不少城镇在小城镇发展过程中，都经历了由无序到有序，由忽视环境保护到重视环境保护，先污染后治理的过程，并为此付出了一定的代价。在城镇建设初期，不少城镇一哄而上，无序开发，只追求城镇建设，忽视环境保护，没有考虑到城镇生活污水的处理问题，市政设施不配套，地下管网系统不完善，没有实行雨污分流，给今后的城镇生活污水处理造成了相当大的被动。

4. 必须坚持城镇污染治理与郊区生态环境整治一起抓的原则

环境保护工作中重城镇轻郊区、重污染防治轻生态保护、重项目治理轻污染源管理的情况较为普遍。从社会经济发展的现状看，环境保护工作的难点在郊区。我们在切实抓好城镇环境建设的同时，特别要注意城郊结合部生态环境的综合整治。城镇郊区大中型养殖场、秸秆焚烧污染等问题已开始显现。特别是生态破坏问题、农业污染问题突出。在城镇建设中，在抓好城区范围内的环境保护工作基础上，着重抓住重点地区的重点生态环境问题，分类指导，全面推动城乡环境保护工作。

5. 必须坚持工业污染源与生活污染源同步控制的原则

在积极开展对工业污染源限期治理，减轻工业污染源对环境的破坏作用的同时，我们应该注意到生活污水的排放量已超过工业污染源排放量，随着工业污染源限期治理工作的完成，生活污水将成为另一重要污染源。因此，在城镇建设过程中，不仅要抓好工业污染源整治，而且要着重抓好生活污染源的治理工作。

（三）城镇化建设与环境保护的协调发展

1. 全面树立可持续发展观

由于传统的发展观、粗放型增长方式是不可持续的，因此，探索和追求新的发展观和发展模式就成为我们这代人的神圣使命。在城镇化建设中，对可持续发展要从以下三个方面去认识：首先，要认识生态可持续性。发展应该“不超越生态环境系统更新能力”，使经济发展与环境承载能力保持平衡。其次，要认识资源可持续性。发展应该“在保持自然淘汰的质量”和“自然资源永续利用”的前提下，使经济发展获得良好的经济效益和环境效益。最后，要认识社会可持续性。发展应该建立在“资源在当代人之间以及当代与后代人之间公平合理地分配”基础上，保持发展的“代际”公平性。

2. 建立适应可持续发展要求的城镇建设环境保护调控体系

传统发展违背了经济规律、自然规律和社会发展规律，破坏了人类赖以生存和发展的环境，与可持续发展要求背道而驰。因此，必须树立可持续发展观，实行环境与发展“双赢”的环境保护政策创新、机制创新、制度创新、技术创新和措施创新，建立适应可持续发展的环境保护法律保障体系，赋予社会公众参与环境保护行动的权利，鼓励舆论媒体对破坏环境的行为给予揭露和批评，形成社会各界关心环境、保护环境的健全的社会支撑体系。“既要金山银山，又要碧水青山”应成为城镇建设中共同遵守的一个准则。

3. 建立城镇环境基础设施建设投资决策体系

增加投入，加快城镇环境基础设施建设，改善城镇环境“脏、乱、差”的现象。特别是要加快城镇环境功能区划，实施污染物总量控制，禁止创办重污染、高能耗的污染企业，大力推广清洁生产工艺，建设优美环境风景线，创建城镇环境示范小区，促进城镇环境保护跨越式发展。

4. 建立适应城镇化管理的环境宣传教育阵地

不断提高各级决策者和广大人民群众的环境意识，抓紧培训各级领导干部和城镇管理机构人员、企业经营管理人员，努力提高社会各阶层群众的环境法制意识，鼓励公开参与城镇环境保护，建立居民区环保目标责任制，推行绿色消费，建立绿色学校。

5. 根据城镇实际特点，合理规划

现代化城镇的建设要把规划做在前头，做好充分的调查研究，正确估量未来可能的发展前景及可能遇到的困难。如东部沿海地区特别要着重研究水资源的保护与利用对策。对城镇内及周围的河道要按污染物的分类进行专项质量评价和容量预测。根据不同情况，将其划分为不同的功能区，在各功能区内发展相应的产业。注重城镇与周边乡村的关系，将周边环境划分为相应不同类型的工业园区，将无污染、轻污染、重污染的企业分别分类进驻不同的工业园区，防止出现“经济发展翻番，城镇范围扩大，环境污染也翻番，污染范围也随之扩大”的现象。

第二节　转变高耗能高污染的发展模式 构建城市生态环境评价体系

一、转变高耗能高污染的发展模式

随着环保问题的升温，雾霾和 PM2.5 已经成为了当下大家最熟悉的热词，那么 PM2.5 都来自何处呢？据上海的一项研究显示，当地的 PM2.5 主要来自于工业和投资活动：其中机动车船等排放占了 25%；石化、化工、工业喷涂、钢铁和建材等工业工艺过程占 15%；工业锅炉、工业炉窑占 11%；电站锅炉占 10%；建筑工地、道路和堆场扬尘等占 10%；这五项的合计占比达 71%。既然空气污染与工业投资活动有着如此直接的关联，那么，我们在规划经济发展时应更加重视这一点，不再沿用过去粗放型甚至是高污染高能耗的发展方式。

我国经济的高速发展，消耗了大量的能源，其中主要以煤和石油为主，并因此产生了大量的污染，这是导致雾霾的主要原因。要从根本上解决这个问题，就要转变发展方式，在“十二五”期间，应尽量减少对高耗能高污染行业的依赖，对于原有的高耗能高污染行业，要严格规范环保方面的标准，加强在环保方面的执法。

（一）发挥政府政策引导作用

由于当前我国城镇化进程中通过高投入、高消耗、高污染来换取高增长的发展惯性依然很大，因而必须以有效的政策引导促其转变。为此，政府要制定促进低碳、绿色经济发展的财税、金融、价格等激励政策，依靠市场机制让清洁能源更便宜，创建以市场为基础，以政府为主导，以企业和民众为主体的互动体系。还要建立健全发展低碳、绿色经济的衡量指标、评价体系等，同时完善干部的政绩评价标准，用充分反映资源环境代价的“绿色 GDP”核算体系来衡量地方的经济发展水平，进而加快形成有利于经济社会更好更快发展的体制、机制。由于低碳、绿色经济具有一些公共产品的特性，因而明确的政策、技术、资金支持，以及传播媒体的宣传和政府部门的规划相配合，才能形成促其良性发展的有力保障。

（二）加快产业结构调整和升级

当前正处在发展经济和保护生态环境双重任务都十分繁重的特殊阶段，生态效益与经济效益的矛盾十分突出。无论是从科技竞争加剧的趋势看，还是从资源环境恶化的压力看，已经到了必须加快产业结构调整，更多依靠科技进步、提高劳动者素质和管理创新等带动经济增长的阶段。

（三）优化能源结构

在我国能源消费结构中，一次能源中 69% 靠煤，发电 80% 以上来自于火电，能源转型势在必行。推进能源消费结构由石化高碳型黑色结构向低碳化洁净能源绿色结构转变，关键是一方面要研发新技术，推进石化能源排放低碳化。另一方面是构建低碳化的新能源体系。

党的十八大提出了“美丽中国”的构想。可是十八大之后出现的雾霾天气使我们陷入“雾霾中国”的尴尬境地，环境问题不能不令人担忧。比如北京，1 月份共 31 天，有 26 天处在雾霾状态，这种污染状况有害于个人的健康，也不利于经济和社会的发展。环境污染背后根本的症结是我们的发展理念被污染了，我们的发展就是高物耗、高能耗、高污染。现在的中国经济，一年消耗了全世界一年钢铁总量的45%、煤炭的46%、水泥占了60%，我们现在一年消耗的能源占了世界一年能源消耗总量的20%多，但国内生产总值也就占世界总值的16%高一些。现在的这条路没有可持续性，我们目前面临着十分严峻的环境问题。所以从这个角度来讲，治理环境迫在眉睫，转变经济增长方式也是刻不容缓。

二、构建城市生态环境评价体系

城市生态系统是人类起主导作用的生态系统，人类活动对城市生态系统的发展起着重要的支配作用。

（一）城市生态环境评价体系特点

与自然生态系统相比，城市生态系统的生产者绿色植物的量很少；消费者主要是人类，而不是野生动物；分解者微生物的活动受到抑制，分解功能不强。城市生态系统是物质和能量的流通量大、运转快、高度开放的生态系统。

城市中人口密集，城市居民所需要的绝大部分食物要从其他生态系统人为地输入；城市中的工业、建筑业、交通等都需要大量的物质和能量，这些也必须从外界输入，并且迅速地转化成各种产品。城市生态系统不论在能量上还是在物质上，都是一个高度开放的生态系统。这种高度的开放性又导致它对其他生态系统具有高度的依赖性，同时会对其他生态系统产生强烈的干扰。城市生态系统中自然系统的自动调节能力弱，容易出现环境污染等问题。城市生态系统的营养结构简单，对环境污染的自动净化能力远远不如自然生态系统。城市的环境污染问题包括生态破坏、大气污染、水污染、固体废弃物污染和噪声污染等。

（二）城市生态环境评价的原则

一是政策相关性。城市生态环境评价过程中，指标应当：对环境状况、环境所受的压力或者社会的响应进行有代表性的描述；简明、易于理解；存在一个阈值或参考值，可以与之进行比较，以便使用户能够对与之相关的数值的显著性作出判断。二是易于分析。这些指标应当：理论上具有坚实的技术和科学基础；以国际性标准及其有效性的国际共识为基础；自身可以同经济模型、预测和信息系统联结起来。三是可测定性。这些支持指标所需的数据应当：已经可得或者可以通过一个合理的费用效益比来取得；适当的存档，确保质量；以可行的步骤定期更新。

上述标准仅仅描述了一个“理想”的指标所应满足的条件。实际工作中，受到各方条件的限制，指标并不能完全满足上述条件。此外，在目前的研究中，研究人员也提出了许多城市生态环境质量评价指标体系的设置原则，比如：科学性、系统性、可操作性、可评价性、可比性、独立性、相关性、完备性、简易性、代表性、稳定性以及动态与静态相结合的原则、定性与定量结合的原则、数量和质量相结合的原则等。这些原则也是在进行指标选择的工作中应考虑的一些因素。

（三）城市生态指标体系的设计步骤

一个完整的指标体系内容非常丰富，它是连接抽象理论和具体实践的桥梁，不仅要包括具体的指标选取，还应该包含后续的评价方法。为了能更加全面地、科学地反映理论知识，城市生态文明建设的指标体系应该严格按照以下步骤进行设计。

1. 确定评价对象和评价目的

城市生态指标体系的评价对象首先是城市的生态文明建设，以城市为评价主体，衡量一个城市的生态文明建设的效果。评价的目的是为了客观、准确评价人与自然的和谐程度及其文明水平，为正确决策、科学规划、定量管理和具体实施等提供科学依据。只有尽快建立生态文明的指标体系，我们才能进入生态文明建设实际的操作层面。城市生态指标体系的建立是社会主义生态文明建设的核心内容，不仅为资源、环境和发展的协调程度提供了评价工具，而且起到了一种导向作用。

2. 拟定评价指标和评价指标体系

明确评价对象和评价目的后，紧接着就是指标体系设计最核心的环节——拟定评价指标。一般而言，评价对象过于抽象，内涵丰富，需要抓住评价对象的本质，进行层层分解。就城市生态文明建设指标而言，可以根据既有的理论基础，从不同的维度来分析，如生态经济文明、生态社会文明、生态环境文明、生态文化文明、生态制度等。我们称之为"一级指标"，一级指标的设计往往要借助于专业理论作为支撑。但一级指标还是不够具体，需要进一步分解，直到分解的指标可以直接从生活中观察取证为止。最后，城市生态指标体系的作用在于评价和比较各个区域的生态文明发展水平，为此，评价对象的界定是与指标体系直接相关的。统计指标的选取是否合适，直接影响到评价的结论。但指标不是选取的越多越好，太多了会使重复的指标相互干扰，太少了可能缺乏足够的代表性，应该严格按照指标选取原则进行。

3. 确定评价方法

一般而言，分解到最后的指标都是反映某一地区某一方面建设情况平均水平的指标，它们从各个方面衡量了一个地区的生态文明建设水平，同时也方便与其他地区进行比较。为了很好地对某地生态文明建设情况进行衡量，还得进一步有对数据进行处理的方法，使得根据繁复的系统指标得以计算出每个子系统的综合评价指数以及一个总的综合评价指数，设定评价目标值，从而能直观地反映生态文明城市的建设状况。

（四）我国城市生态环境评价体系的发展模式

1. 厦门生态环境评价体系模式

厦门生态文明建设指标体系主要包括四个系统，分别是：资源节约系统，反映各地发展生态经济，建设资源性社会的努力程度；环境友好系统，反映各地改善生态环境，提高生态意识，建立环境友好型社会的努力程度；生态安全系统，反映强化生态治理，维护生态安全的努力程度；制度保障系统，反映各地执行生态治理，建立生态制度保障体系的努力程度。厦门生态文明建设指标体系从资源节约、环境改善、生态安全和制度保障四个方面对城市生态文明进行了分解。上述四方面均为一级指标，为了让指标体系落到实处，每个系统都设定了具体的、可操纵的指标来量化。这四大系统的指标体系，引导厦门市积极发展生态经济，改善生态环境，提高生态意识，建设生态伦理，实行生态善治。

2. 贵阳生态城市环境评价体系模式

2008 年 12 月 24 日，《贵阳市建设生态文明城市指标体系及监测方法》正式发布，标志着贵阳市生态文明城市建设在不断实践中进行理性提炼后，进入了在成熟理念指导下的具体实践阶段。该套指标体系将生态经济、生态环境、生态文化、民生改善、基础设施、廉洁高效等生态文明建设中的理论和概念，量化成一项项“看得见、摸得着”的具体指标。

3. 天津生态城指标体系的基本框架

中新天津生态城的发展模式是我国城市生态文明建设未来的发展方向，是城市生态文明建设的新路标，其指标体系的设立，对我国未来城市生态文明建设进程具有很高的指导意义。中新天津生态城指标体系依据选址区域的资源、环境、人居现状，突出以人为本的理念，涵盖了生态环境健康、社会和谐进步、经济蓬勃高效等三个方面 22 条控制性指标和区域协调融合的 4 条引导性指标，将用于指导生态城总体规划和开发建设，为能复制、能实行、能推广提供技术支撑和建设路径。指标体系按照科学性与实用性相结合、定性与定量相结合、特色与共性相结合和可达性与发展性相结合原则，保留传统城市规划指标的精华，提升传统城市规划的相关标准，反映生态建设的新要求，突出原生态的保护和修复，建设生态结构合理、服务功能完善、环境质量优良的自然生态系统和协调的人工环境系统。

第三节 推广低碳生活方式和绿色消费模式

党的十八大报告提出要把生态文明建设放在突出位置，这是经济社会发展大势所趋，是城市未来发展之路。建设生态城市是一项涉及多领域、多层面的复杂系统工程，需要政府、企业、运营商和科研机构的共同参与。住房城乡建设部门作为推进新型城镇化、指导城市规划建设的重要职能部门，要把生态城市建设理念融入城市规划、建设和管理中，大胆探索创新，推进生态城市建设，积极发挥统筹协调作用。

以粗放型、外延式增长为主要特征的传统经济发展方式建立在自然资源掠夺式开发和生态环境毁灭性破坏基础上，经济发展与资源节约、环境保护不协调、不统一。这种人与自然割裂的发展方式反映到城镇化发展上表现为：城市规模盲目扩张，交通拥堵严重，公共服务设施不足，生产生活成本居高不下；城市绿地和水面日益减少，自然景观过于单调，环境污染严重，居民生产生活环境恶劣；城市建设随意性强，缺乏科学的规划、建设和管理，资源和资金浪费严重。基于人与自然的和谐相处，建设资源节约型和环境友好型社会，就需要打造低碳城镇，将低碳理念贯穿于城镇化全过程和各方面，以城镇低碳化推动低碳城镇化，实现城镇发展方式从高能耗、高污染、高排放向低碳、绿色、环保转变。

一、转变低碳生活方式

在全球气候变暖和能源资源短缺的背景下，打造低碳城镇成为推进新型城镇化进程，从而加快转变经济发展方式的重要途径。这就要研究制定完整的低碳城镇规划和政策，明确重点城镇的节能减排目标，强化责任分工，将低碳城镇建设作为系统工程来推进。鼓励发展公共交通系统和快速轨道交通系统，加快发展电动汽车及其充电站等配套设施，减少交通的碳排放和城镇空气污染。大力发展低碳建筑，包括采用外墙节能、屋顶节能等低碳技术，选用隔热保温的建筑材料，合理设计通风、采光、取暖和制冷系统等。结合山体、河湖、坡地、林地、水面等优化城市布局，完善城市绿地系统，塑造山水交融、绿树成阴的优美自然景观。积极开发和推广使用核能、风能、太阳能、水能和生物质能等可再生能源，减少煤炭在能源消费结构中的比重。倡导和推行清洁生产、低碳消费、绿色办公等，让低碳城镇建设成为全社会的自觉行动。

低碳、绿色经济的发展不仅是企业、行业的生产行为，也是民众的生活方式。一方面，要在生产环节降低对碳能源的消耗，在流通环节降低碳资源的污染，在消费环节降低对碳的依赖。国有企业和垄断产业要带头履行环保生态责任，建立低碳、绿色经济的新体制和机制。另一方面，从科学发展观的战略高度弘扬低碳、绿色经济的民众生活新风尚，是对传统生活方式的挑战，即要在社会生活层面宣传保护共同家园，倡导绿色生活方式，如完善城市多层次的公共交通系统，优化公共交通线网规划，优先发展快速公交、轨道交通、地铁、推广新能源汽车，实现道路资源在公共交通和机动车之间的平衡配置，形成更换便捷、链接高效的多层次、网络状公共交通运营和管理系统。在城市住房建设中以经济和法律手段限制大面积、豪华型住宅的开发等。要在居家生活层面吸引民众的广泛参与，因为这种急需建立的绿色生活方式，对于民众来说不是能力问题，而是一种生活习惯和态度问题，如家庭尽量使用节能灯、乘公交车出行、少用一次性筷子和塑料袋、节约用水电、控制空调温度、多植树等。养成节能环保的良好生活习惯，践行返璞归真的人与自然活动。

政府有责任引导鼓励“低碳消费”健康发展。实践证明，低碳生活方式消费与低碳经济密不可分。倡导“低碳消费”，发展“低碳经济”，政府责无旁贷。一是加强宣传引导力度：政府及有关部门要强化以“文明、科学、责任”为主的低碳新消费观的宣传教育，切实发挥国民消费教育中心的作用，各成员单位要依据职能优势，针对不同群体，开辟多种渠道，以“戒除传统陋习，力推低碳消费”为主要内容开展国民消费教育，使其成为“新消费运动”的新内涵。二是发挥政策扶持作用：政府要从舆论导向、政策扶持、用土用电、税收减免、资金融通、招商引资等方面支持发展低碳经济，要在市场准入、财政支持、税收优惠、技改立项、用地用电等方面优先扶持发展低碳经济。同时，对发展低碳经济审批项目要简化办事程序，提高办事效率，主动为低碳经济发展搞好服务。

企业有义务发展环保绿色“低碳消费”产品。中国消费者协会在《良好企业保护消费者利益社会责任导则》中明确要求：“产品的生产和使用有利于节约资源，不以牺牲子孙后代的福利为代价”，企业在推动“低碳消费”中有义务，也应有作为。一是实现自身的低碳生产：新办企业要坚持“高效节能、绿色环保”原则，“低能高排”的老企业，要加快产业结构调整，进一步通过优先发展能耗低、科技含量高的产业，并坚持与科研、院校联姻，开展高新技术的研究开发，嫁接科研院所的科研成果，逐步淘汰“低能高排”产业。二是促进社会的低碳发展：通过“低碳消费”产品的生产与推广，让消费者潜移默化地转变到“低碳生活方式”中来。

消费者要有信心树立正确的“低碳消费观”。调查显示，人们对低碳消费的意义认识不足，要改变消费者不利于低碳消费的陈规陋习。一要倡导以消费观念体现生活品质：广大消费者要崇尚自然，保护生态，要从少排一点二氧化碳做起、从自我做起、从点滴做起，如少开一天汽车，少用“一次性用品”，少抽一支烟，少用一只塑料购物袋，少养一只宠物等。要破传统的“面子消费”，立科学、理性的消费观念；破价高就一定好、价廉就一定差的错误认识，立经济适用就是好的实用观念。二要用低碳消费承担社会责任：广大消费者要争做低碳消费方式推动者，要利用手中的货币“选票”，选择未被污染或有助于公众健康的绿色产品，推进社会转变消费观念，注重环保、节约资源和能源，为实现经济社会可持续消费做出应有贡献。

二、倡导绿色消费模式

传统消费是以满足人的需求为中心的，不管这种需求是否合理、适度，也不管这种需求对生态环境是否造成破坏。在传统消费理念下，人们为满足自己无限膨胀的私欲，疯狂地掠夺大自然，破坏生态环境。绿色消费则以满足人的基本需求为中心，以保护生态环境为宗旨。在绿色消费理念下，人类在开发利用自然资源时，对人类的行为自觉地加以约束和限制，把人类消费行为对自然的破坏降到最低点，直至消失。

传统消费的着眼点是满足当代人的需求。为满足当代人的需要，大量开采有限的自然资源。这种行为不顾及子孙后代，剥夺了本应属于子孙后代所享有的那部分资源。绿色消费则着眼于可持续性，追求消费公平，这种公平既包括代内消费公平，也包括代际之间的消费公平。

传统消费追求奢华，倡导高消费、多消费和超前消费。在传统消费理念和消费方式下，消费水平的高低，成为衡量人们身份与地位的标准。因此，人们常常不是为满足人的需要而消费，而是为了“面子”而消费，其结果造成极大的浪费。绿色消费则崇尚自然、纯朴、节俭、适度，主张满足人的基本需要，但它不是倡导禁欲过苦行僧的生活，而是倡导在现有社会生产力发展水平下，在合理、充分利用现有资源的基础上，使人的需要得到最大限度的满足。

传统消费已经带来了资源短缺、生态破坏、环境污染的恶果。绿色消费则把环境保护和生态平衡放在首位。在绿色观念指导下，生产消费过程将实施清洁生产技术，生活消费首先是消费绿色产品，其次在消费过程中，不给环境带来污染。

因此，我们需要转变传统消费模式。传统消费模式本质上是一种资源耗竭型的消费模式。在这种模式下，经济系统致力于把自然资源转化成产品以满足人的需要，用过的物品则被当作废物抛弃。随着人口的增多以及人们生活水平的提高，消费规模日益扩大，废弃物不断增多，造成了资源的耗减和环境的恶化。20 世纪 30 年代至 60 年代，西方国家发生了一系列严重的环境污染事件，造成巨大经济损失，危害人们的健康和生命安全。发生这些环境污染事件，一个重要根源是不可持续的消费方式：一方面，人们为了满足自己无限膨胀的欲望，肆意掠夺大自然，破坏生态环境；另一方面，人们又不顾及生态环境自身的“净化”能力，对消费所带来的废弃物处理不当，严重污染了生态环境。建设“两型社会”，应认真吸取历史上的教训，转变传统消费模式，大力发展绿色消费。发展绿色消费，可以在一定程度上抵制破坏生态环境的行为，促使生产者放弃粗放型生产模式，减少对环境的污染和资源的浪费，逐步形成可持续生产模式；可以引导消费观念和消费行为，使人们注重保护自然，形成科学、文明、健康的消费方式，促进生态环境的优化。

首先，提倡绿色消费。绿色消费是一种高层次的理性消费，是带着环境意识的消费活动，它体现了人类崭新的道德观、价值观和人生观。事实上，绿色消费已得到国际社会的广泛认同，国际消费者联合会从1997年开始，连续开展了以“可持续发展和绿色消费”为主题的活动。在国内，原国家环保总局等6个部门在1999年启动了以开辟绿色通道、培育绿色市场、提倡绿色消费为主要内容的“三绿工程”；中国消费者协会则把2001年定为“绿色消费主题年”。党的十七大报告也提出了建设生态文明的目标，并指出要基本形成节约能源资源和保护生态环境的消费模式。2012年“六五”世界环境日主题为“绿色消费 你行动了吗？”这一主题旨在强调绿色消费理念，唤起社会公众转变消费观念和消费行为，节约资源，保护生态环境。

其次，构建绿色消费模式。绿色消费模式包括：消费者在消费中，选择未被污染或有利于自身和公众健康的绿色产品；注重生态环境保护，在生产、消费和废弃物处理过程中注重保护环境；注重资源节约，包括资源的节约和重复利用等；树立可持续消费观，使消费行为不仅立足于满足当代人的消费和安全健康需要，还着眼于满足子孙后代的消费和安全健康需要。由于人口众多，我国是世界上人均自然资源占有量和环境容量水平很低的国家。发展绿色消费，构建绿色消费模式，有利于合理利用资源，提高资源利用率，化解我国人口、资源、环境的巨大压力，实现人与自然和谐相处。

最后，大力发展绿色消费。一是提高全民绿色消费观念。思想是行动的先导。政府部门和领导干部应带头树立绿色消费观，新闻媒体应大力宣传绿色消费观，使人们认识到发展绿色消费既保护自身健康，又保护生态环境；既提高消费质量，又引导发展转型；既造福于当代，又造福于子孙后代。应将绿色消费教育融入公民教育之中，以提高社会成员维护公众利益和生态环境的自觉性与责任感。二是大力发展绿色产业。发展绿色产业，开发绿色产品，是发展绿色消费的前提条件。应运用科学技术和科学管理，开发绿色产品，提高产品质量，降低生产成本，努力为广大消费者提供丰富实惠的绿色产品。建设绿色产品基地，运用各种经济杠杆扶持绿色产业。建立绿色产品营销体系，方便消费者购买。加强对绿色产品的监测、监督和管理，维护正常的市场秩序。三是培育优美的生态环境。优美的生态环境是绿色消费赖以存在和发展的根基。应加强国土绿化，提高森林覆盖率，从源头上保护好空气、水、土壤等；转变经济发展方式，形成有利于节约资源和保护环境的经济发展模式，遏制环境污染；加强法制建设，为保护生态环境提供法制保障。

第四节　提升城市综合承载力

随着城市化进程的加快，人类正面临着资源、人口、经济、生态环境等问题。城市是人口分布、资源消耗和环境、城市自然资源承载力、污染的集中区域，是一个区域社会经济发展的重要载体，城市可持续发展是区域可持续发展的重要内容。随着城市人口的急剧增长及城市规模的迅速扩张，城市综合承载力对城市发展的约束日益引起人们的关注。城市可持续发展如何与城市综合承载力相协调，不仅关系到城市未来自身的命运，也关系到其周边地区能否顺利实现可持续发展的目标。

一、城市综合承载力的内涵

城市承载力是一种城市要素与人类活动相适应的能力。而城市综合承载力是城市的自然资源、经济资源和社会资源的结合而产生的不同承载能力，也是对最初的人口规模逐渐扩展到对人类活动的效率、人民生活水平等方面的承载能力。城市综合承载力主要包括城市资源承载力、城市环境承载力、城市生态系统承载力、城市基础设施承载力、城市安全承载力、公共服务承载力这六种承载力。它们不是简单地相加，而是有机地结合。这里主要介绍一下城市资源承载力和城市环境承载力。

城市资源承载力包括土地资源、水资源、森林资源以及矿产资源等自然资源承载力，还包括经济资源承载力和社会资源承载力、城市安全承载力、公共服务承载力，它们在城市综合承载力中起着越来越重要的作用，如就业岗位承载力等都是在城市综合承载力评价中必须考虑的关键因素。资源的可承载力在城镇化进程中起到举足轻重的作用。一是资源承载力是城市化和工业化发展的关键约束因素。资源占有程度、占有水平和开发程度依然是决定区域社会经济发展的基本前提，地区城市化和工业化必须建筑在资源基础的平台之上。二是资源对人口容量的约束不仅取决于资源丰裕程度，更重要的是取决于资源开发利用方式。传统的发展模式不重视资源的合理开发和利用，造成资源的浪费与短缺并存，而事实上，如果能转变资源开发利用方式，在很大程度上能够缓解资源的约束。为此，在新的发展阶段，必须深入实施可持续发展战略，大力发展循环经济，全面推行清洁生产，提高资源利用效率。三是城市规模扩张要高度重视人口资源环境的协调发展，必须推进资源安全保障体系的建设和完善，要逐步建立以资源安全管理信息系统为基础、与经济社会和生态环境发展相适应的资源预警应急机制，确保人口与资源安全。

城市环境承载力是自然环境对城市人口、经济、社会发展提供综合支持能力的过程中人类活动与城市各类资源之间长期作用关系的综合体现。城市人类活动强度必须小于城市环境承载力。当城市环境承载力改变时，会引起城市生态系统结构和功能的变化，从而推动城市生态系统正向演替或逆向演替。只有当城市人类活动强度小于环境承载力时，城市生态系统才会向着结构复杂、能量最优利用、生产力最高、功能完善的方向演化即正向演替，城市也才有可能持续发展。

城市环境承载力是一个客观表现环境特征的量，是城市环境系统的客观属性，是客观存在的，它是一个有机统一体，总是处于不断运动中，不断与外界交换能量与物质，在相互适应的调节状态下，其功能结构的稳定性是相对的。人类社会可以通过自身行为，在人类掌握了城市复合环境系统变化内在规律的基础上，在一定范围内有能力控制城市复合环境承载力的变量和变化方向。同时，不同的城市有不同地域差异和空间格局，本身资源和与之相联系的其他系统资源的时空分配会呈现明显的不均匀性，因此，不同城市维系其城市本身生态系统平衡和生态系统安全最基本因子所需的基本阈值也有很大差异。城市环境承载力的对象是人类活动。人类活动有方向、强度、规模之分，这就决定了环境承载力具有矢量性。在一定的环境状态下，根据环境标准、社会普遍认可的思想和重要指标，可以确定城市复合环境承载力的量化指标，并对一定时期、一定范围的城市复合环境承载力进行计量和预测，分析所测算城市的可持续发展能力，科学预警城市的潜在问题。城市环境系统是一个不同于其他系统的复杂动态系统和开放系统，有时、空、量、序的变化。因系统的资源量、可塑性和适应性相对于庞大的城市活动显得十分有限。

城市承载力主要的条件是能源、环境，这些所谓的要素都可以通过投入生产技术、生产管理，提升环境的容量来实现；水资源使用方面可以通过饮水、蓄水、中水回用、海水来实现；空间利用可以通过立体空间来解决土地的约束问题；环境可以通过循环经济和治污来提升承载力。集约化、规模化为城市化发展的大趋势已是目前公认的观点，同时，世界大城市资源也是需要节约的，一个城市的发展，一个城市的承载力正表现为一种收益与成本平衡的关系，如果收益成本比例高了，城市的发展就是有效的，资源就是相对集聚的，承载能力就会提升。大城市的集聚发展，人口集聚化是未来的重要趋势，也是解决承载问题的关键。

经过改革开放 30 多年的高速发展，资源环境被严重透支，从而使其承载力达到了一定的极限。但其实我们没有注意到另外一个问题，经过 30 多年发展，资源在消耗，同时，我们的城市承载力也大大增加了。以深圳为例，经过 30 多年发展，从一个小渔村成为了一个千万人的大城市。一个城市的承载力，经济是关键因素，只有快速发展，经济实力增长以后，才能够通过经济手段、经济实力增强投入资本，投入先进的生产来改善环境。

二、城市综合承载力与可持续发展

（一）城市综合承载力与可持续发展的关系

可持续发展和承载力在某种意义上是相一致的。二者的概念都是人类面临人口、经济、资源与环境矛盾日益突出的情况下提出的，都强调经济发展与人口、资源、环境之间的关系，解决的核心问题也都是资源与人口、经济发展、环境之间的关系问题。承载力是可持续性发展的重要依据；承载力的不断提高是实现可持续发展的必要条件；承载力是区域可持续发展能力的组成部分。

可持续发展是城市综合承载力理论研究的指导思想和理论基础。对城市综合承载力的研究，要考虑到城市综合承载力研究的现实与长远意义，考虑到城市系统对地区人口、资源、环境和经济协调发展的支撑能力，把城市综合承载力置于可持续发展战略构架下进行，离开或偏离社会持续发展模式是没有意义的。城市综合承载力是可持续发展理论在城市系统的具体体现和应用，是经济社会可持续发展的重要指标之一。

（二）城镇化中的可持续发展问题

1. 资源日益短缺

第一，水资源严重短缺。我国是水资源严重短缺的国家，人均水资源不足世界平均水平的 1/4。随着城市的发展，城市缺水问题将持续存在并更加突出。同时，资源性缺水进一步受到污染、地下水超采、浪费等现象被人为放大。城市水污染主要来自工业废水和生活污水，而且城市生活污水不断增加逐渐成为城市水污染的主要原因。适量开采地下水是解决地表水资源不足的方法，但许多城市超量开采地下水，导致地下水资源剧减，并引发地面沉降和裂缝等地质灾害，威胁城市安全。随着城市化的推进，我国城市面临着水资源短缺、污水处理和水环境治理三重压力。

第二，土地资源紧张。城市用地的巨大需求与可供土地的严重短缺的矛盾日益尖锐。在土地资源紧缺的情况下，土地利用方式粗放，土地利用效率低下。我国城镇建设用地增长快于城镇人口增长，城市土地利用结构和布局不合理。主要表现在公共服务设施、基础设施用地和生态环境用地不足，城市中工业用地比例过大。

第三，城市能源问题。在能源方面，我国城市可持续发展面临的挑战主要是能源短缺、环境污染和低效利用问题。能源短缺问题主要表现为城市需要的优质能源供应不足，尤其是石油和电力。我国经济进入了新一轮的高速增长时期，重化工业、城市人口数量的增加和城市居民生活质量的提高，对清洁优质能源的需求大幅增加。城市能源消耗快速增长的同时，还伴随着能源利用效率低下的问题。

2. 城市生态赤字普遍增加

我国城市化迅速推进，一方面大量消耗自然的产品和服务，另一方面排放大量废弃物到自然中，需要自然去消纳、背负的生态压力日益增加。生态足迹分析法是衡量一个国家或区域的生态可持续状态的常用工具。一些学者对我国不同城市的生态足迹进行了计算，发现大部分城市的人均生态足迹已超过人均生态承载力，人均生态赤字严重。2005至2008年，我国生态足迹增长速率较之前五年总体有所放缓，生物承载力持续增加；同时，我国人均消费水资源足迹不到全球人均水平的一半，我国对水资源的消费总体上相对节约和高效。然而，对于我国这样一个人均生态资源稀缺、经济快速发展的发展中国家，生态足迹增加的速度远高于生物承载力的增长速度。与2000年至2005年期间相比，2005年至2008年期间我国多数省份的生态足迹增长速度有所减缓。在北京，这个趋势归功于更稳定的城市化速度、节能措施，以及从制造业向服务业的经济转型。WWF（世界自然基金会）2012年12月12日发布的《中国生态足迹报告2012》指出：自1985年以来，中国人均消费的增速逐渐超过生态效率的提高速度；从2003年开始，人均生态足迹增长成为驱动中国生态足迹总量增长的主要因素。为应对这一挑战，中国必须在提高生态效率的同时，转变消费方式。

3. 城市基础设施建设滞后

大城市和特大城市由于经济实力强，基础设施新建、更新改造力度较大，总体状况好于中小城市。但由于历史欠账多、资金需求大、建设周期长、运行效率低等原因，城市基础设施条件仍然滞后于经济社会发展需要。突出表现在交通设施软、硬件严重不足，交通拥堵状况严重；城市供水、排水、供气管网不能适应城市发展的需求。中小城市及小城镇城市基础设施不足表现尤为突出。基础设施运营管理方法、手段、理念落后往往造成已建成的设施不能充分发挥作用，是城市基础设施有效供给不足的一个原因。规划、设计不善也是造成城市基础设施供给不足的另一原因。

4. 城市与区域发展差距扩大

城市与其辐射影响的周围地区之间，包括城市与乡村地区以及城市之间，需要协调发展。可持续发展不但强调同一发展单元在纵向发展时序之间的递延关系，也要求同一时间横断面上各发展单元之间的共荣关系。从这个意义上讲，我国城市与区域发展存在失衡现象。

从宏观层面看，城市化的区域发展不平衡。多年来城市得到快速发展，但东中西部发展很不平衡，城镇结构也不尽合理。

从城乡关系看，城乡差距不断拉大，城乡二元体制约束了城市化进程。根据国家统计局 2013 年 1 月公布的数据显示，城乡居民收入比为 3.10:1，这已经是 10 年来的最低值。城市化是解决城乡差距的重要方法，但在我国却表现为城市化进程与城乡收入差距同向增加，这种不正常的现象尤为引人深思。

从城市之间的关系看，区域内城际关系不协调。目前已经形成的几个城市群内部缺乏城乡统筹规划，在城市建设、产业结构等方面存在无序竞争。无序的竞争只会带来资源浪费、重复建设和产业同构，加剧区域性环境污染。

5. 城市治理能力偏弱

在我国的城市化过程中，政府起着决定性的作用。然而，随着城市化进程的进一步深化，城市治理能力不足的缺陷日益凸显，阻碍了城市化向深层次发展。城市化建设需要政府的主导推动，但现实中政府对城市化的主导变成了强制性推动，政府占据了市场应该在城市化中的作用空间。城市化过程中的产业选择与土地征用，产业规划与土地流转宜以市场为主，而现实却是由政府决定，忽略了企业和公众的参与权，既给企业的发展带来盲目性，也容易损害农民、市民的利益，导致“政府失灵”。

6. 西部地区城镇化进程中环境资源瓶颈

我国西部的矿产资源优势比较突出，成矿地质条件优越，已有探明储量矿产130种，在全国45种主要矿产资源的潜在价值中西部占了接近四成；能源矿产也很丰富，可望成为我国重要的战略性能源接替基地。然而，虽然西部矿业产值占其工业产值的比重有一半的省（区）已超过1/4，但受地理、气候和环境等方面的不利条件制约，西部的矿产资源开发难度大，开发程度还很低。目前严重影响西部人口生存、生活和生产的，是那里极为不利的耕地资源和水资源条件。

脆弱的生态环境决定了西部较低的资源人口承载力，而西部由于少数民族人口集中（西部聚集了45个少数民族，占全国少数民族人口的56.5%），农牧民多，人口生育控制较松，生育率和人口自然增长率一直位居全国最高水平，结果这个地区的生态环境恶化的趋势不但得不到有效遏制，相反生态环境破坏的范围仍在扩大、程度仍在加剧、危害日益加重。

三、提高城市综合承载力的方法途径

由于城市资源的有限性、生态系统的脆弱性，我国必须从传统的资本拉动型、资源消耗型、管理粗放型的发展模式中走出来，把节约资源放在首位，发展循环经济，保护生态环境，落实节能减排工作，优化能源结构，开发可再生能源，注重城市建设和资源综合利用的有机统一，改造提升转换城市的产业结构，实现城市的可持续发展。

（一）构建资源节约型、环境友好型城市

第一，合理构建资源价格体系，用价格杠杆调整激励节约资源。以科学方法计算水、能源的生产力与成本，通过公众讨论协商与监督制定适用于不同的消费者、企业、政府部门、公益事业单位的用水、用能标准和价

格体系，建立合理利用资源、提高资源利用效率的资源价格体系。

第二，加快开发推广节能、节水、节材技术，推行资源节约的市场机制。开发资源节约型技术，推广节约型新产品和新工艺，提高资源利用效率。对新型节水、节能产品的开发者及使用者实行政策倾斜，提供低息贷款或财政补贴。对当前已有的优惠政策进行清理、规范和合并。加大节能基金投入，扩大节能基金适用范围。建立适应市场经济体制要求的节能新机制，积极推行国外普遍采用的综合资源规划、电力需求侧管理、合同能源管理、能效标识管理、自愿协议等节能新机制。

第三，正确引导消费需求，提倡适度消费、公平消费和绿色消费。鉴于城市化水平的提高和居民生活消费质量的改善，使得对资源环境的消费总量持续快速增加，浪费、奢侈性消费必须得到有效遏制，倡导适度消费。需要研究合理的消费结构，建立相应的价格体系和税收政策，改革现行以生产税为主的税收体系，加大消费税的征收范围和强度；倡导简化包装、绿色包装；控制一次性生活用品的滥用，大力推行废旧物品的再生利用；提倡与地球的承载能力相适应的绿色生活方式，通过环境友好的消费选择带动环境友好产品和服务的生产，形成绿色消费与绿色生产之间的良性互动。

（二）控制环境污染，加强城市承载力建设

在城镇化建设进程中，要控制环境污染，加强城市承载力建设，首先要科学测定城市环境承载能力，加强可持续发展监测、环境承载力测定的技术和方法学研究，为可持续发展决策服务。其次，要明确中央、地方环境部门的管理职权和管理范围，促进清洁生产。再次，要创新污染防治制度，减少污染防治成本。最后，要推行清洁生产，促进循环经济。引导和鼓励企业采用清洁生产工艺和技术，注重资源回收和利用，同时大力发展

环保产业。同时，推行并逐步扩大生产者延伸责任制和适用范围，以法律规定生产者对部分产品、包装物实行强制回收制度。加强固体废弃物综合利用和安全处置的研发水平，提高固体废弃物的再利用率。采取综合手段引导废弃物的减量化、资源化和无害化。

（三）解决城市承载力的人口问题

提到城市承载力就绕不开人口这一话题，但控制人口并不是解决承载力的根本。人口是承载力的结果，去控制结果对承载力的加强是没有实际意义的。承载力表现在可以承载多少人口以及承载多少人口的潜力。实际人口总量、人口结构的决定因素是由一个城市的社会经济因素决定的，是由一个城市的资源禀赋决定的。现在城市发展人口主要以机械人口增长为主，机械人口增长主要来自于就业。经济增长了，吸引的就业人口多了，人口就会迅速增加。同时也应看到，因为经济增长，对环境、资源的破坏加剧，环境、资源变差，相应成本提高，产业就可能被转出，经济实体也就转出了。因此，控制人口政策，一定要遵循城市发展的规律，要用城市发展的规律来预测人口的发展。以北京为例，2005 年批准的城市总体规划中，对人口的预计控制是到 2020 年为 1800 万，但 2009 年就基本突破了这个极限。由此可以看出，人口的承载力问题并不是通过控制人口来体现的，而是通过社会经济的转型控制，通过一个城市的经济结构和产业结构转型来实现的。

（四）切实做好城市规划工作

在做城市规划时，注重城市的协调发展，根据城市的经济社会发展水平、区位特点、资源禀赋和环境基础等客观条件，根据城市资源承载力和环境生态承载力来合理确定各地城市发展规模、发展目标和发展可能。从整体和长远利益出发，合理、有序地配置空间资源，发挥城市聚集效益和辐射效益，增强城市的辐射力和带动力。城乡区域统一规划，统筹发展，注重优化整合城市群，全面促进大中小城市和小城镇协调发展，同时处理好城市与乡村统筹发展的关系，实现城市的可持续发展。

第一，加强城市规划科学性与权威性，体现可持续发展理念。一是要端正城市规划指导，避免城市定位超越经济发展阶段和资源及环境的承载能力，盲目追求高速度和高标准。二是城市规划要考虑城市与环境、人与自然的和谐统一，避免城市建设、产业发展对生态环境的破坏，体现可持续发展理念。三是在城市总体规划修编的过程中，要立足城市文化的挖掘，突出气候、人文、地理、历史、经济、民族特色，避免“千城一面”。四是城市规划要注意与区域规划、土地利用总体规划、城市产业规划等有效地衔接。五是积极推行公众参与城市规划的决策、实施、监督全过程。

第二，加强参与制度建设。建立广泛的公众参与制度是以人为本思想和民主管理思想的基本要求，既可以使政策决策透明公开，有利于监督，同时由于有广泛的社会基础而有利于政策贯彻实施。一是要完善和推广“听证会”制度，对涉及城市发展全局的重大事项，要广泛征询意见，充分进行协商和协调；对专业性、技术性较强的重大事项，要认真进行专家论证、技术咨询、决策评估；对同群众利益密切相关的重大事项，要实行公示、听证等制度，使各方的利益需求得到有效表达，扩大人民群众的参与度。二是要建立和完善实绩考核标准和体系，把决策权力和决策后果挂钩，执行权力和执行后果挂钩。三是要建立决策失误责任追究制度，健全纠错改正机制。四是要实行政府信息公开制度，强化社会监督的作用，使市政公共工程项目公开招标，实现透明、公平竞争，保证公共资源合理利用。

第三，加强城市管理法制建设、运用法律规范来调节城市利益主体的活动和行为，实现城市管理法制化。建立健全城市管理法规体系，提高立法质量，注重法规配套，突出环境管理的规范化、制度化建设。明确执法职责和责任，加强执法监督，完善城市管理执法机制。坚决制止有令不行、有禁不止的现象，提高执法监督的效率和公正水平。注重法规普及和引导公众守法。

（五）加强城市基础设施建设

完善的基础设施对加速社会经济活动，促进空间分布形态演变，提高城市综合承载力起着巨大的推动作用。建立完善的基础设施，特别要注重公共交通的建设，提高交通效率，加强地下管网设施和地下空间的开发利用，加大市政公用事业市场化改革力度，充分发挥市场配置资源的基础性作用，增加市政公用产品和服务供给能力。

（六）坚持大中小城市和小城镇协调发展，促进城市群发展

坚持大中小城市和小城镇协调发展。大城市和小城镇均在城市化进程中具有非常重要的作用。中国的城市化道路，应在充分考虑国情的条件下，以创造良好的人居环境为目标，以城镇化与工业化和经济发展相适应、城镇与乡村协调和可持续发展为准则，以制度创新为动力，坚持大中小城市和小城镇协调发展。

建立有利于城市群发展、促进城市之间协调发展的政策和机制。优先发展大中城市和城市群，以大城市为主导推进城市化，发挥其生产要素聚集效应和辐射作用，有效降低交易成本，深化分工，提高生产率，集约化使用各种资源。建议跨省区的城市群建立相关政府与有关部门之间的协调机制和机构，统一组织编制城市群区域规划，统筹规划各层次城市的空间组织，统一规划区域内大型公共服务设施，合理安排城市之间的快速交通系统，实现区域交通一体化和其他公共设施的共享，就规划实施中的有关问题进行协调。

统筹兼顾，促进城乡和地区协调发展。要打破城乡分割和地区分割的

体制和思维模式，立足于协调城乡和地区之间的利益关系，实现城乡之间和地区之间的共同发展。统筹考虑和引导城市化进程，在经济发展、产业结构调整、人口迁移、资源利用、环境建设和保护等方面制定有利于城乡良性互动和协调发展的政策，促进城乡一体化。

第五章

城镇化与城乡一体化

城乡一体化是我国现代化和城市化发展的一个新阶段，城乡一体化就是要把工业与农业、城市与乡村、城镇居民与农村居民作为一个整体，统筹谋划、综合研究，通过体制改革和政策调整，促进城乡在规划建设、产业发展、市场信息、政策措施、生态环境保护、社会事业发展的一体化，改变长期形成的城乡二元经济结构，实现城乡在政策上的平等、产业发展上的互补、国民待遇上的一致，让农民享受到与城镇居民同样的文明和实惠，使整个城乡经济社会全面、协调、可持续发展。

第一节　从统筹城乡到城乡一体化发展

一、统筹城乡发展

近年来党中央提出，统筹城乡经济社会发展，建设现代农业，发展农村经济，增加农民收入，是全面建设小康社会的重大任务。这是党中央根据新世纪我国经济社会发展的时代特征和主要矛盾，致力于突破城乡二元结构，破解“三农”难题，全面建设小康社会所作出的重大战略决策。

统筹城乡经济社会发展，是相对于城乡分割的“二元经济社会结构”而言的，它要求把农村经济与社会发展纳入整个国民经济与社会发展全局之中进行通盘筹划，综合考虑，以城乡经济社会一体化发展为最终目标，统筹城乡物质文明、政治文明、精神文明和生态环境建设，统筹解决城市和农村经济社会发展中出现的各种问题，打破城乡界线，优化资源配置，把解决好“三农”问题放在优先位置，更多地关注农村，关心农民，支持农业，实现城乡共同繁荣。

长期以来，我国政府一直重视“三农”问题，党的十一届三中全会就提出了我们党对待农民的基本准则：要在经济上保障农民的物质利益，要在政治上尊重农民的民主权利。改革开放以来，各级政府致力于农村改革和社会发展，但目前我国城乡差距仍过分悬殊和不断扩大，“三农”问题依然是制约我国全面建设小康、实现现代化的难题。

过去解决“三农”问题的思路更多地注重于在农村内部考虑农业、农村和农民问题。这种思路的根本缺陷是割裂了农业、农村、农民问题与社会其他单元的有机关联，把“三农”问题作为一个孤立的系统单独加以研究，因而实现不了农业与工业、农村与城市、农民与市民之间的良性转换与互动。“三农”问题表面上看是农村问题，实际上这一问题的解决，不能单靠农村自身，必须在城市与农村的互动中逐步解决，可以说没有城市的积极参与和支持，农民的小康难以顺利实现。只有按照党的十六大提出的统筹城乡发展的战略思路，创新城乡发展战略，才能有效解决“三农问题”，加速全面小康社会的建设步伐。统筹城乡发展是解决我国“三农”问题的总体思路和战略选择，是加快我国农村全面建设小康社会步伐的重大战略举措。

二、从统筹城乡到城乡一体化是必然要求

从近现代社会发展历程看，近两三百年来，在工业革命浪潮的推动下，城市化成为世界发展的大趋势。人类最初没有城市，是古代农业革命、社会分工和小商品经济发展推动了城市的产生。但由于缺少能够大规模集聚人口的新兴产业，不仅城市数量少，规模小，而且发展缓慢。1500 年前后，全世界 10 万人以上的城市有 36 个，50 万人以上的只有两个。工业革命后，机器大工业生产具有规模经济和集聚经济两个显著特点，带动了人口、生产、消费、财产、政治、文化等等向城镇集聚，成为推动城市化的发动机。

从此，城市化蓬勃发展，成为国家实现现代化的普遍选择。用城市问题专家吉斯特的话说：“农业革命使城市诞生于世界，工业革命则使城市主宰了世界。”研究现代社会发展历程，我们还发现现代社会里工业化是经济发展的主旋律，城镇化是社会发展的主旋律。从社会发展趋势看，城市化是工业化发展的必然产物，而城乡一体化则是城市化的必然结果。

我国目前总体上已经进入工业化中期阶段，随着工业化的推进，城市化的加快，统筹城乡发展已经成为我国的基本战略，城乡一体化已经成为我国经济社会发展的客观要求。过去我们实行城乡二元结构和体制，在农业支持工业、农村支持城市的格局下，工业化发展后带来的是工农和城乡之间的差别。随着城市化的加快推进，城乡差别越来越大。与此同时，随着我国社会主义市场经济的发展和综合国力的增强，维系城乡二元社会结构的经济基础已根本动摇，维护城乡差别的社会环境已根本改变。推进城乡一体化，以新农村建设为着力点，建立互动互补、协调统一的新型城乡关系，实现城乡共同发展，缩小城乡发展差距，成为历史发展的必然要求。

三、城乡一体化的历史性转变

根据国家统计局公布的统计数据，2002 年至 2011 年，我国城镇化率以平均每年增加 1.35 个百分点的速度推进，城镇人口平均每年增长 2096 万人。2011 年，城镇人口为 69079 万人，比 2002 年增加了 18867 万人；乡村人口 65656 万人，减少了 12585 万人。这代表了中国城乡发展的三个历史性突破：由乡村中国向城镇中国快速迈进，由城乡二元向城乡一体稳步推进，由传统生活向现代生活逐步演进。广大城乡居民的就业渠道、生活方式、保障水平、文明程度正随着城镇化的推进，发生着根本性的变化。党的十六大以来，按照统筹规划、合理布局、完善功能、以大带小的原则，一批城市发展总体规划制定实施，城市体系和功能不断完善，人口和经济的集聚能力不断增强。

科学、健康、可持续的城镇化，不仅仅是城镇数量的增加、农村人口的减少，更重要的是城市功能的完善、百姓生活的便利。过去的10年，城市规模不断扩大的同时，公共服务水平逐步提高，各项社会事业加快发展。农村面貌加快改善，城乡经济社会发展一体化新格局逐步形成。2011年，全国县乡公路里程达160万公里，比2002年增加26万公里；东部和中部“村村通”公路目标已经实现，西部98%的行政村通了公路；通过实施饮水工程，解决了3.26亿农村人口的饮水安全问题。“中国农村面貌的加快改善，改的是面容面貌，增的是民生民利，得的是民心民意。”城市，让生活更美好；城镇化，让城乡更和谐。今天的中国城镇，不仅有基础设施的大力建设，还有各项社会事业的全面发展；不只是物质成果的加速积累，还有人们精神世界的不断丰富。历数过去的10年，中国的城镇化发展从最初的只有几座大城市，到大城市发展迅速、中小城镇布局合理、城市功能逐步完备，这一量变到质变的过程，也正是中国社会科学发展的一个缩影。

四、经济社会一体化：统筹城乡发展的目标

近二十多年国民经济高速增长，城乡收入差距不但没有缩小，反而不断扩大。2002年差距扩大到1∶3.11。2009年扩大到1∶3.36。如此严重的收入差距，一是农村生产力落后所致，二是长期存在的二元经济结构所致。但最根本的差距是发展的差距。加快农村发展是缩小城乡之间经济社会各种差距的重要前提和治本之策，也是当前和今后解决“三农”问题和城乡发展失衡问题的最佳选择。要在国家和地方经济实力增长的基础上，调整国民经济分配格局，建立健全国家对农业的支持保护体系，强化农业农村基础设施建设，强化以改善民生为重点的社会建设，扩大农村公共服务范围，提高农村公共服务水平，从根本上解决农民阶层与其他阶层之间的地

位之差、权利之差和收益之差，实现城乡居民法律政策上平等、国民待遇上均衡、公共服务上均等。

30多年来，我们坚持以市场化为目标的改革，但并未完全改变城乡不平等的制度。随着我国经济实力的增长，实行城乡统筹必须从城乡经济社会结构重构、城乡经济社会制度创新上寻求治本之策。也就是说要以城乡一体化为目标，加快推进新一轮改革，建立有利于逐步改变二元经济社会结构的现代城乡制度。重点是要通过一系列制度创新，建立与市场经济体制相适应的城乡一体化的经济社会制度，赋予农民平等的经营自主权、财富分配权和公共产品、公共福利的共享权，解决制约农业、农村发展和农民增收的体制性、结构性矛盾，促进工业与农业协调发展，城市与农村共同繁荣，从根本上触动传统经济社会的体制根基。

第二节　城乡一体化发展的内涵

一、城乡一体化的基本含义及其主要内容

（一）城乡一体化的基本含义

城乡一体化是随着生产力的发展而促进城乡居民生产方式、生活方式和居住方式变化的过程，是城乡人口、技术、资本、资源等要素相互融合，互为资源，互为市场，互相服务，逐步达到城乡之间在经济、社会、文化、生态、空间、政策（制度）上协调发展的过程。城乡一体化，是一项重大而深刻的社会变革。不仅是思想观念的更新，也是政策措施的变化；不仅

是发展思路和增长方式的转变，也是产业布局和利益关系的调整；不仅是体制和机制的创新，也是领导方式和工作方法的改进。

（二）城乡一体化的主要内容

1. 城乡规划建设一体化

首先，完善土地利用总体规划。根据城市发展方向，围绕提高土地资源利用效率，优化城市空间布局，明确功能分区定位和产业发展重点。其次，编制城乡一体化发展规划。坚持规划先行，用一体化的理念统领总体发展规划，以全面协调城乡利益关系和整合城乡资源为着眼点，以土地利用总体规划和城市总体规划为根本，按照系统性、规范性、实用性和权威性的要求，结合产业规划、旅游规划，高起点、高标准、高质量地编制城乡一体化发展规划。再次，完善乡村发展规划。合理安排农村居民点用地和布局，明确农村土地功能分区，设定农业现代化园区，调整优化乡村空间布局。城市、郊区和乡村作为一个整体，统一纳入一体化规划中，并编制专项规划，规划一旦确定，必须依规划执行，循序渐进，梯次推进，突出重点，凸显特色，统筹兼顾，协调发展。

2. 城乡产业布局一体化

从完善城镇功能和优化资源配置出发，统筹安排重点产业的布局，按照集约发展、效益优先、生态环保的原则，进一步调整和优化城乡产业结构和布局，促进城乡三大产业的有机融合、协调发展。一是集中发展特色优势产业。从完善城镇功能和加快城乡经济一体化发展出发，按照节约发展、效益优先的原则，进一步调整和优化城乡产业结构和布局，引导特色、优势产业向园区集中，发挥地区比较优势，建立各具特色的产业基地、工业园区和开发区。二是调整优化现代农业结构和布局。以“土地向规模化集中”为导向，按照规模化生产、区域化布局、产业化经营、规范化管理的要求，促进农业经济结构的调整和优化，加快农村经济增长方式的转变。三是以新型工业化带动新型城市化。按照“资源节约、环境友好”的发展思路，加快新型工业化步伐，以园区促进企业集聚，以产业集聚促进人口集聚，加强三大产业融合，促进农民向非农化转变，促进农业向产业化转变，降低农业人口数量，提高农业生产效率。

3. 城乡基础设施一体化

以服务群众，促进发展为目的，以构建网络化的基础设施为目标，全面开展城乡路网建设、城乡水利水系建设、城乡电网、信息网等基础设施的网路化建设。

一是构建城乡一体的交通网络。搞好城乡路网规划修编和调整。打造快速、便捷、流畅的市区交通网络，完善通往市外、省外的铁路、高速公路、高等级公路等路网建设，打造便捷的交通运输网络。完善城市到乡镇、乡镇到重点村的路网建设，促进城乡路网一体化、城乡公交一体化格局的形成。完善重点村到一般村的路网建设，加快改扩建、硬化，实现村村通。最终形成支干相连、区域成网、城乡通达、顺畅通便的综合交通网络。

二是构建城乡一体的水利网络。深化水利体制改革，建立城乡一体的水资源管理体系，实现城乡饮水、供水系统一体化。加强区域水系建设，以现有河流、湖泊、水库为基础，除险加固，清淤疏通，构建城乡一体、循环利用的生态水系，改善城市生态环境，完善农村农业灌溉用水体系。

三是构建城乡一体的公共服务设施网络。加快城乡供电、供气、供排水、公交等公用设施，完善服务功能。积极推进农村信息化，建立以中心城区为核心，重点乡镇为基本联络点，覆盖城乡的通讯网络、电视网络和互联网网络，形成城乡配套的商业网络体系。

4. 城乡社会事业一体化

统筹城乡社会事业规划和建设，整合优化城乡教育、卫生、文化、体育等资源，建立城乡覆盖、城乡一体的教育、卫生、文化及体育设施网络和管理网络。

一是城乡教育均衡发展。巩固农村义务教育成果，普及普通高中教育和幼儿教育，调整优化教育资源，全面提高农村办学条件和教育质量，积极推行素质教育，使广大农村享有与城市同等的教育条件。大力发展职业教育和培训，围绕主导产业发展的需求，加大对职业教育的投入，重点加强对非农化农民的职业教育、职业培训及再教育，改革职业教育管理的机制体制，提升职业教育水平，着力培养适用型人才，使城乡教育实现学校义务教育和社会职业教育一体化、共同发展的新格局。

二是大力发展农村医疗卫生事业。引进高技术人才，进一步提高医疗卫生服务的技术水平，补充充实基层医疗卫生服务力量，重点提高乡镇、农村医疗卫生服务水平。健全完善重大疾病预防控制体系、突发公共卫生事件医疗救治体系和卫生执法监督体系，提高公共卫生保障服务水平和应对突发事件的能力。加快建立健全以城区医院系统为依托，以乡镇卫生院为纽带，以村（社区）卫生室（站）为基础的城乡一体化卫生服务网络。

三是积极发展农村文体事业。加快城乡文化体育设施建设，在城市社区和有条件的重点村镇建设功能齐全、设施完备的文体健身活动场所。在中心村、重点村开展农村基础设施“六个一”工程，即每个中心村都有一个篮球场、一个卫生室、一个图书馆、一个垃圾池、一条硬化路、一条排水沟，逐步消除乡镇、村、居民社区文化体育设施空白点。加强群众性文体活动组织体系建设，广泛开展文化体育活动进社区、进农村活动，发展文体产业，培育特殊人才，推动文体事业发展。

5. 城乡社会保障一体化

社会保障是经济社会稳定发展的基础，也是目前城乡居民生活差距大的一个重要原因。坚持以城乡劳动力充分就业和人人享有社会保障为目标，以缩小、消除城乡居民社会保障方面的差距为根本目的，系统化、整体性推进城乡劳动就业与社会保障一体化。

一是加速农民非农化，统筹城乡劳动力就业。各级政府部门要切实担负起农村劳动力水平提高和转移的责任，搭建农村劳动力非农化就业服务平台，做好劳动力资源的推介、引入工作，建立统一开放的劳动力市场，重点保障失地农民和困难群体的就业和再就业，努力形成城乡统一、城乡居民“同工同酬同保障”的劳动力就业服务体系。

二是扩大完善养老保险等社会保障体系。加强城乡各种社会保险制度间的相互衔接，扩大失地农民社会保障的覆盖面，逐步提高保障标准；积极创新建立农村社会养老保险制度，实现城乡居民均等化的养老保险制度；坚持和完善新型农村合作医疗制度、城镇居民医疗保障制度，实现城乡医疗保障的全覆盖；制定企业职工养老、医疗、失业、工伤、女工生育等保险制度，扩大保险覆盖群体。建立完善的社会保险、社会保障体系，使城乡居民可以享有“同城同保、随时获保”的一体化保障服务。

三是健全底层群众生活保障制度。加大对城镇“三无”人员、五保户等困难群体的救助帮扶力度，进一步完善城乡居民最低生活保障制度，建立集中供养、长期供养的长效机制，基本应保尽保、城乡覆盖的帮扶机制；完善城乡敬老院基础设施，改善敬老院生活环境，提高工作人员的服务水平和老人的生活水平；推进社会福利机构建设，积极兴办助残、助弱事业，构建完善的慈善事业、民间捐赠、志愿者行动等各项机制，鼓励和引导社会各界积极参与社会救助事业。逐步形成城乡一体化、组织网络化、保障法制化，与经济社会发展水平相适应的新型社会救助体系。

6. 城乡公共管理一体化

按照构建和谐社会的要求，实现城乡经济与社会和谐发展，推进城乡公共管理一体化是城乡一体化建设的一项重要内容。一是加强城乡社会矛盾调解。在城乡分割阶段，城、乡各自发展，使城乡社会出现阶层差距扩大、贫富差距扩大、劳资关系紧张、劳动就业困难等各种社会矛盾，特别是农村失地农民的征地补偿、社会保障以及农民工工资等问题。建立健全矛盾调处解决的长效机制，切实维护社会公正、社会秩序和社会稳定，保障人民群众，特别是失地农民和农民工的利益不受损失，促进城乡社会和谐发展。二是加强基层社会的民主和法制建设。加强对基层组织和群众的民主、法制宣传和知识普及，使社区、农村民主化、法制化，构建平安社区、平安村镇。加强基层执法队伍建设，严格依法行政，切实保障人民群众利益，维护社会公正。

在稳步推进城乡一体化硬件建设的同时，必须改革创新，探索建立适合并能促进城乡一体化发展的机制体制，突破城乡二元结构的限制，优化城乡资源配置，使一体化工作健康、有序推进。

一是深化户籍管理制度改革，构建城乡一体的新型户籍管理制度。二元户籍制度是限制农民城市化、农村城镇化的重要因素，城乡一体化工作中必须首先打破这种户口性质的差别，消除因户口性质而产生的阻碍。进一步放宽农村居民到城镇落户的准入条件，逐步扩大“农民市民化”的范围和规模，当城乡经济和社会发展到一定水平后，逐步取消农业人口和非农业人口的户口性质划分，按实际居住地登记居民户口，实行一元化的户口登记制度和户籍管理制度。

二是完善农村土地管理制度，建立城乡统一的土地有形市场机制。完善农村土地承包经营制度，依法保障农民对土地承包经营的各项权利，鼓励农民按照“依法、自愿、有偿”的原则，采取出租、置换等方式，参与土地承包经营权流转。建立健全囊括国有土地出让、农村集体建设用地流转、农村土地承包经营权流转、集体林权流转的城乡统一的土地有形市场体系。完善宅基地管理制度，对符合规划，集中改扩建的农村居民点，统一纳入城市住房管理范围，被依法征收为国有土地范围内的住房可依法确认为城市房屋管理范围，探索建立并完善农村宅基地置换、有偿退出等市场机制，促进农村城市化发展。改革完善征地制度，提高征地补偿标准，补偿资金直接发放到农民个人，切实保障失地农民失地后生活水平得到改善和提高。

三是加快农村金融体制改革，探索城乡衔接的金融市场体系。充分发挥农村信用社在农村的作用和影响力，增加信贷服务品种，提高服务质量，完善农村信贷服务体系；建立健全公共财政支农惠农制度，加大对农业、农村基础设施建设、小城镇建设的资金投入力度；鼓励直接为“三农”服务的民间资本、投融资组织服务于农村、农业，并建立完善的资金、机构管理体制。

四是转变政府职能，加快行政管理体制改革。创新行政管理体制，转变经济调节和市场监管的方式，提高社会管理和公共服务的水平，构建城乡一体的行政管理和服务体系。建立健全新型社区管理体制，按照地域相近、规模适度、有利于公共资源整合的原则，深化乡镇机构改革，稳步推进镇村体制向街道社区体制转变，实现政府行政管理和社区自我管理的有效衔接，政府依法行政和居民依法自治的良性互动。

在推进城乡一体化工作进程中，政府依然起着主导作用，是整个推进工作的核心。政府必须全面提高思想认识，统筹聚合各界力量，引导社会资源分配，本着思想一致、统筹兼顾、服务人民、协调并进的原则，为城乡一体化做好宣传、做好组织、做好监督，营造社会关心、全民参与、共同推进的良好氛围。

一是建立机构，加强领导。成立以行政首脑为责任人的领导小组，小组成员由民政、财政、国土、水利等各部门和单位的负责同志组成，定期召开统筹会议，解决城乡一体化推进中出现的问题，安排好下一步工作的重点。各级政府、行政部门也要成立相应的工作小组，责任到人，抓好统筹推进工作的落实。

二是组织协调，形成合力。各级政府和行政部门要统一思想，提高认识，树立牢固的顾大局、惠民生观念，打破部门间的分割，整合各级资源，加强协调，主动服务，积极参与，综合发挥各部门的优势，齐心协力，共同推进城乡一体化格局的形成。

三是加强监督，完善考核。把城乡一体化工作量化分解到各级政府各部门，实行目标责任制，把推进城乡一体化工作的实绩作为干部考核的重要内容，建立相应的统计制度和考核制度，加强对城乡一体化推进工作的督促和检查，确保推进城乡一体化的各项政策措施落实到位。

二、城乡一体化的制约因素

一是思想观念陈旧落后。思想观念的陈旧和落后，是统筹城乡发展、推进城乡经济一体化建设的最大障碍。一方面，作为一方经济社会发展的决策者和组织者，我们不少领导干部还未能充分认识统筹城乡发展的重大意义，摆脱不了“小而全”的思想束缚，主要精力还是偏重于把大量的财政投向城市的道路、供水、供电、电信等基础设施建设，而对农村的基础设施建设则很少投入。同时，对加快城镇化建设、加快农村富余劳动力转移、完善城乡劳动者平等的就业制度、实现公共服务一体化、放宽中小城市落户条件等一些宏观性长远性的基础工作重视不够，不能把城市和农村作为一个整体项目来同步规划、同步整合、同步提升，致使城市和农村在经济发展、结构调整、基础设施建设、公共服务建设和社会保障等方面，依然存在清晰的城乡壁垒和城乡分割。另一方面，目前，在农村广大群众的思想中，还普遍存在着“种田万万年”、离土不离乡的“恋土情结”，害怕一旦离开土地就会失去生活依靠，害怕进入城镇找不到就业门路而生活无着。

二是城镇化建设滞后且规模过小。城市建设虽然在近几年有了一个很大的发展，但无论是中心城市，还是小城镇在规模上、环境质量上还不能完全与城乡一体化的要求相适应，特别是与农民生活贴得最近的小城镇的发展，还存在着人口较少、面积较小、设施较差的状况。同时，由于小城镇交通、通讯、水电等基础设施简陋，文化、娱乐、卫生等公益事业发展滞后，市场功能不全，且缺乏特色，从而导致了不仅不能使农村人口向城市城镇聚集，还会导致外来流动人口的减少，降低对人口的吸纳力，减弱对要素的聚合力，最终，从根本上制约了农村城市化的快速推进。

三是体制机制形成的障碍。近年来，阻碍农民进城的一道道“门槛”虽有所降低，但其阻碍作用仍然存在。在土地使用方面，国家对建设用地实行严格控制的统一政策，致使农民承包田、宅基地流转困难，农民进城难度较大。在发展环境方面，就业、入学、医疗等制度不同程度地存在“城乡有别”，特别是由于工业化滞后，城市下岗工人比例较高，抑制了农民进城的积极性。在户籍管理方面，现行城乡二元户籍管理制度没有彻底改变。户口迁移政策和农民工落户城镇的条件还未能逐步得到放宽，且附着在户口上不公平的福利待遇短期内仍难以作进一步剥离。在计生管理、住宅政策等方面，还存在城乡之间的利益差别。凡此种种，有形和无形的“门槛”，使大量想进城的农民只能在城外等待观望。

三、推进城乡一体化需处理好五大关系

第一，公平和效率的关系。推进城乡一体化，既要着眼于公平，使农村居民可以像城镇居民一样公平地获取公共资源，享有公共服务，同沐公共财政的阳光；更要着眼于发展，提高城乡资源配置效率，增强城乡发展能力。

第二，政府与市场的关系。推进城乡一体化，应坚持政府推动、市场主导。通过政府行政力量和公共资源，统筹城乡规划，推动基础设施向农村延伸，社会保障向农村覆盖，社会事业向农村侧重，公共财政向农村倾斜。

第三，输血与造血的关系。推进城乡一体化，需要加大对农村的财政投入力度，增加农民收入，改善农村生产生活条件；更要提高农业和农村的发展能力，优化农村经济结构，增强“造血”机能。

第四，近效与长效的关系。推进城乡一体化，应注重实效，不做表面文章，既要通过一些超常规、大力度的财政投入和帮扶措施，尽快改善农民生活水平和农村面貌，更应注重制度建设，通过长期性、根本性的政策措施，为农村的长远发展注入持久的动力和活力。

第五，经济发展和社会建设的关系。推进城乡一体化，经济发展是前提，是基础，是重点，同时城乡一体化又是一个复杂的系统工程，需要统筹协调、整体推进。应该在经济发展的基础上，协调推进城乡各项社会建设和社会事业发展，加强精神文明建设，全面推进城乡经济社会发展和文明进步。

四、促进城乡一体化的主要任务

第一，需要科学规划空间布局促进资源要素集聚。一是完善城乡规划布局。统筹城乡发展规划，科学划分各类经济社会发展功能区，明确功能

定位和发展方向，规划城乡基础设施，科学安排产业、村落聚集等空间布局，合理引导农村社区建设。集中布局建设优势项目，建立区域内城乡统一的资源要素市场、信息网络、流通体系，形成以城市为中心，中心镇、中心村为依托的功能互补的网络型城乡空间框架，完善城镇辐射农村的网络构架。二是加快村级规划修编。坚持合理布局、适度超前和可持续发展，合理布局中心村，撤并自然村，改造空心村，科学规划农民集中居住点，使村庄布局达到城乡一体化辐射的要求。三是严格规划管理和监督。各地要严格规划管理，防止规划因人而变。同时，要推进规划的合法化和有序化，加强规划实施监督，对违反规划的行为进行责任追究。

第二，推进城乡产业对接完善农业产业体系。一是优化城乡产业布局。要以当地的优势产业为核心，依托城乡网络，实现加工企业和原料生产基地、大型连锁超市与农产品专业合作社、城市与乡村的有效对接；同时，科学布局现代服务业，特别是现代物流业和农贸市场、专业市场，发展中介服务和旅游服务；加速农业休闲产业发展，构建农村完善的第三产业体系。形成以工带农、特色发展、工农互动、城乡互补、产业联系紧密、空间布局合理、资源深度整合、区域特色明显、城乡产业交融、基础设施共享的城乡产业格局。二是建立现代农业产业体系。坚持工业企业、商贸企业和农业企业一起抓，依托科技创新，创建自主品牌，形成多个经济增长极，带动区域经济一体化发展和技术改造升级，进而带动农业产业化的提质升级，促进城乡产业交叉与融合。要以产业集聚和传统产业的改造为重点，通过市场调节城镇资源投入现代农业，加速现代农业产业体系的发展。

第三，加快基础设施延伸夯实农村发展基础。一是加快城镇基础设施辐射与延伸。按照城乡基础设施联网对接、共建共享的思路，以中心城区、中心镇、中心村、中心社区为节点，统筹城镇设施建设与农村设施建设、生产设施建设与生活设施建设、产业设施建设与生态设施建设，加快城镇基础设施和公共服务向农村地区的延伸和覆盖。进一步完善城镇基础设施，拉大城区框架，为产业和人口集聚提供平台，为城镇基础设施向农村辐射与延伸创设条件。二是加快城乡交通一体化建设。加快交通骨干工程建设步伐，加大农村公路建设力度，提升公共交通服务水平和能力，尽快形成内外衔接、城乡互通、布局合理、方便快捷的城乡交通网络。三是加速农村基础设施与城镇的融合。以村容村貌整治为突破口，重点抓好农村水利事业建设，实施饮水安全工程，推广集中供水，实施户户通自来水工程，提高自来水覆盖率，确保群众饮水安全卫生。加快城乡电力、资讯网络建设，大力改造和拓宽电网、电视、电话、移动通讯和宽带网，实现城乡供水、供电、供气以及通信、信息网络一体化。健全农业生产资料、日用消费品连锁店，建立健全“社区服务中心”，加快农村现代化流通网络建设。

第四，推进公共服务均等化。一是推进城乡教育资源均衡配置。进一步完善高中阶段教育县市统筹、初中向建制镇集聚、小学及幼儿教育向镇和中心村集聚的学校建设布局，构建城乡一体的教育体系。二是加速城乡医疗卫生对接与融合。建立健全城乡公共卫生体系，完善突发公共卫生事件应急指挥体系、疾病预防控制和卫生监督执法体系、医疗救治体系、公共卫生监测、预警和报告信息网络体系，提高农村应对突发公共卫生事件的能力；构筑覆盖城乡居民的社区卫生服务网络，建立健全县、镇、村（社区）的卫生服务机构体系；完善新型农村合作医疗制度，基本建立覆盖城乡的新型合作医疗体系。三是加快社区文化体育一体化建设。按照“政府牵头、市场运作、共建共有、共管共享”的原则，科学合理编制城乡文化体育设施建设规划方案，研究制定政策措施，有计划、分步骤地推进农村社区文化体育事业发展，加快城乡文化体育一体化进程。四是加快社会保障城乡对接。

第三节　城乡一体化发展的实现方式和路径

一、城乡一体化面临的困境

第一，城乡一体化过程中产业发展不平衡。政府更注重城市的产业调整、投资环境的改善和基础设施的建设，而忽视了乡镇的同步推进，以至于城乡经济发展水平、产业结构出现失衡。

第二，总体经济实力不强的中心城市，难以帮扶经济水平低下的农村。农村经济水平如此低下，仅靠经济实力并不很强大的中心城市帮扶大范围的农村推行城乡一体化，难度较大。

第三，农地流转实践中存在法律法规支撑不够，使农地流转的法律法规和政策难以操作和执行的问题。我国农村土地流转的法律法规和政策经历了一个从无到有、从不规范到日渐规范的过程。但就城乡一体化进程中以农地流转为核心的土地制度改革急待深化的迫切需要，农地流转的实践必然会日益频繁和复杂，但目前，无论是我国《宪法》、《土地承包法》、《物权法》等法律的规定，还是相关法规和政策，都过于原则和笼统，缺乏可操作性。农地所有者的合法权益难以保障：农地流转的主体是依法享有土地承包经营权的集体经济组织的农户。农村土地所有权的主体是集体所有，正是这种集体主体的虚拟和多样性，导致农村土地所有权主体模糊不清，更导致了农地流转过程中农户利益难以得到“所有权”的保障。

第四，生产要素的区域可流动性仍太低。上至城区之间，下至村与村之间，都在不同程度上形成自我封闭的区域单元，并力求自我发展和自我完善。它不仅使布局过于分散的产业和人口难以集聚和优化组合，而且不利于扩大经营规模，对城乡的总体发展和城乡一体化建设构成重要制约因素。

第五，城乡人口基数庞大，就业矛盾更加凸现。城乡一体化对劳动力而言，就是农村劳动力就业的非农化，仅是劳动力的转移，在一个县动辄就是好几十万人。静态地看，城镇产业的发展现状还不具备吸纳这么庞大劳动力的力量。动态地看，城市产业正处在结构调整时期，传统产业被大量淘汰，新型产业多是知识技术密集型产业，资本有机构成高，对劳动力的吸纳能力下降，城市新增劳动力逐年增加，再加上转移到城市的农村劳动力，城市产业面临城乡庞大劳动力的双重挤压。另一方面，在条件不成熟时，即使取消了二元户籍制度，农村劳动力也只会面临既失地又失业的困境。

此外，还存在劳动力就业问题、基础设施建设问题、教育、医疗卫生、文化问题和环境问题等一系列的问题。

二、城乡一体化发展的实现路径

社会学和人类学界从城乡关系的角度出发，认为城乡一体化是指相对发达的城市和相对落后的农村，打破相互分割的壁垒，逐步实现生产要素的合理流动和优化组合，促使生产力在城市和乡村之间合理分布，城乡经济和社会生活紧密结合与协调发展，逐步缩小直至消灭城乡之间的基本差别，从而使城市和乡村融为一体。经济学界则从经济发展规律和生产力合理布局角度出发，认为城乡一体化是现代经济中农业和工业联系日益增强的客观要求，是指统一布局城乡经济，加强城乡之间的经济交流与协作，使城乡生产力优化分工、合理布局、协调发展，以取得最佳的经济效益。有的学者仅讨论城乡工业的协调发展，可称为“城乡工业一体化”。规划学者是从空间的角度对城乡结合部做出统一的规划，即对具有一定内在关联的城乡物质和精神要素进行系统安排。生态、环境学者是从生态环境的角度，认为城乡一体化是对城乡生态环境的有机结合，保证自然生态过程畅通有序，促进城乡健康、协调发展。

我们认为，城乡一体化是城市化发展的一个新阶段，是随着生产力的发展而促进城乡居民生产方式、生活方式和居住方式变化的过程，是城乡人口、技术、资本、资源等要素相互融合，互为资源，互为市场，互相服务，逐步达到城乡之间在经济、社会、文化、生态上协调发展的过程。城乡一体化就是要把工业与农业、城市与乡村、城镇居民与农村居民作为一个整体，统筹谋划、综合研究，通过体制改革和政策调整，促进城乡在规划建设、产业发展、市场信息、政策措施、生态环境保护、社会事业发展的一体化，改变长期形成的城乡二元经济结构，实现城乡在政策上的平等、产业发展上的互补、国民待遇上的一致，让农民享受到与城镇居民同样的文明和实惠，使整个城乡经济社会全面、协调、可持续发展。

三、积极推进城乡一体化的选择

第一，统一规划布局。要真正做到统筹城乡发展，规划必须先行。通过缩小城乡差别，最大限度地实现区域内基础设施共享。要在推进城乡一体化发展上实现重大突破，必须高度重视发展县域经济，把城市和农村作为一个整体项目同步规划、同步整合、同步提升。在规划理念上，打破区划框框，通盘考虑城乡发展布局，统一布置基础设施和公共服务设施，为“三农”创造平等发展的机会。在规划编制上，坚持“扩大城市，提高城镇，控制农村”思路，全面提高中心城镇规划标准。以新老城区为中心，确定一批优先发展的中心镇，加快中心镇规划建设，扩大中心镇工业区规划规模，引导优良产业向条件较好的中心镇集聚，增加中心镇就业机会，以集聚农村的各种要素，加快城市化进程，不断缩小经济和社会服务的差别。在条件成熟时，逐步把农民转变成居民，把农村转变为社区。

第二，统一资源配置。一是建设标准统一。要提高非城镇化区域设施的建设标准。农村建设标准要向城市看齐，并适度超前，避免因现在的低标准建设而给将来带来资金浪费。二是建设资金统筹。在城市不断往外扩张的过程中，集体所有制土地转为国有土地，土地收益应由政府控制，作为统筹城乡发展的最主要资金来源。建设资金和土地资源配置，必须由政府统筹。除用于失地农民安置外，必须重点保证区域内重大基础设施建设，做到统筹兼顾，合理安排。三是基础设施共建。要迅速向农村延伸排污、交通、通信、防洪、电力等城市基础设施，通过快速便捷的交通网，联结城市和乡村，保证城乡生产生活联系更加密切，实现城乡资源共享。四是服务设施共享。城市公交、供水、燃气等公用服务设施，要以区域化建设为手段，实行一体化建设标准、管理模式、服务和价格标准，实现公用设施全社会资源共享，让更多农村居民得到实惠。与此同时，要积极推动城乡之间劳动力等生产要素的自由流动和优化配置。

第三，统一建设管理。在建筑业管理方面：要对农村建筑实行统一设计和有资质施工、法制化管理；把村镇建筑设计纳入到统一规范管理中来；实施村镇建设统一建筑施工许可制度和村镇建筑竣工验收备案制度，严把工程质量及建筑材料质量关；大力开展村镇建筑环境整治，完善管理体制，健全规章制度，切实治理农村脏、乱、差现象，逐步缩小农村和城市在建筑业管理方面的差距。在房地产管理方面：要改革现行房地产行政管理体制，大力推进中心城镇的房地产开发进程，鼓励具备资质的房地产企业参加建设，同时吸引社会资金参股入股；对城镇住宅小区建设，实施规模经营，利用农村人口密度相对较低优势，适当降低建筑容积率，严格控制高层商品房开发。

第四，加快农村工业化。经济发达地区的实践证明，实现城乡一体化发展目标，促农增收的根本途径在于农村的工业化。以对农畜产品精深加工的转化增值，带动农业产业化经营，促进农村工业的发展；以农村工业化水平的提高来增加农民的收入，并通过产业在城乡的互动，进一步打破城乡界限，缩小城乡差距，不断提升城乡一体化水平。

第五，不断加大投入力度。一是围绕城乡一体化发展的新格局和整体框架，不断增加财政收入，不断加大财政对统筹城乡发展的投入，在产业内部努力实现促进城乡产业互动发展，以实现产业布局的区域化、产业发展的集群化和要素配置的市场化，实现"以工促农"。二是开拓思维，加强融资。积极引导、鼓励金融组织，向农村发展提供充足的资金扶持，探索建立资金回流农村的硬性约束机制，逐步构建商业金融、合作金融、政策性金融和小额贷款组织互为补充的农村金融体系。支持企业通过银行融资不断做大做强，引进业主参与集镇开发、中心村建设和农业产业化的发展，用民间资金促进各行业发展。积极争取更多项目资金用于城乡发展。三是立足实际，以通村工程、通达工程建设为契机，充分发挥农民参与新农村建设的主体作用，切实解决统筹城乡发展所需资金问题。

第六，加强农民转移就业培训。设立农民工素质教育培训基地，增加政府对农民工转移就业培训的力度，提高培训补贴标准，扩大培训覆盖面。一是开办"农民夜校"。开设涉农政策、市场营销等培训课程，培育"知识型"新型农民。二是建立"技能培训中心"。以农村实用技术、务工职业技能培训为主要内容，培育"技能型"新型农民。三是外出"取经洗脑"。组织村、社区干部和村民代表外出学习先进地区的致富经验，培育"开拓型"新型农民。四是开办"远程电教"。有针对性地组织农民学习网上营销、市场经营管理等方面的知识，培育“经营型”新型农民。

统筹城乡发展是调整经济结构、加快工业化和城市化、促进经济持续增长的内在要求，是从根本上维护社会稳定的客观需要，是全面实现小康社会的必由之路。因此，要以科学规划为重点，以产业发展为支撑，以机制创新为动力，以促进充分就业和完善社会保障为主要手段。唯其如此，才能真正打破城乡二元结构，最终实现城乡统筹、一体化发展的目标。

第六章

城镇化建设中农民工市民化之路

城镇化的本质是人的城镇化。早在2000多年前，亚里士多德就曾说过："人们为了活着，聚集于城市，为了活得更好，居留于城市。"从社会学的角度来看，城镇化是指乡村人口持续不断地向城镇转移和积聚的过程，其结果是使城镇人口在总人口中所占的比重日益增加，因而导致整个社会结构发生深层次变化。所以城镇化归根结底还是"人"的问题，即从产业上实现由从事农业向从事包括工业和服务业在内的非农产业的转换，从居住和生活方式上实现由农村向城镇的空间转变，缺少了"人"的城镇化将失去其真正意义。只有让农业转移人口和城镇人口都各得其所，老有所养、病有所医、学有所教、住有所居，城镇才能更加和谐，才能更有生命力。本章就从"人"的视角了解我国城镇化的进程以及今后的发展方向。

第一节　农民工在城镇化进程中的贡献

1983年，社会学家张玉林教授最早提出"农民工"一词，认为其称谓有两层含义："农民"是身份，"工人"是职业。他们来自农村，却活跃于城市，通过其有目的的活动即劳动，创造社会财富，推动城市建设发展。改革开放三十多年，中国一个最大的新生事物是涌现了2亿多农民工。农民工是改革开放的伴生物，是城市化建设的主力军，是城乡一体化建设的重要载体。改革开放三十多年的巨大变化，凝聚了农民工的伟大贡献。全国从城市到乡村，从内贸到外贸，处处都能看到广大农民工的身影和足迹。农民工为中国改革开放的伟大事业，做出了杰出的贡献。

农民工在我国改革开放以及城镇化进程中到底有多大的贡献？我们先来看一组数据。改革开放三十多年来，我国城镇常住人口增加了5亿人，近十年来就增加了约 3 亿人，其中有相当数量是进城的农民工。当前我国约有 2.6 亿农民工，外出农民工约 1.64 亿人。截至 2012 年，我国农民工这一新兴的工人队伍在人数上已超过传统工人人数，成为当代中国产业工人的主体。没有城市户口的农民工已占城市第二产业用工量的 60%以上，商业和餐饮业的 52.6%，加工制造业的 68.2%，建筑业的 80%以上。另据一项统计显示，农民工为中国的 GDP 贡献了大约四分之一的份额（2004 年）。

当然，农民工的贡献不是这些数字就能完全表达的，我们的城市已经离不开农民工，农民工已经成为城市重要的组成部分，这一点我们可以从每年春节期间，各大城市出现“民工荒”中体会到，他们对城镇化建设有着举足轻重的贡献。作为城市和农村的连接纽带，农民工的壮大对我国农村的发展和城镇的进步有着双重推动作用，也是我国经济发展强大的助推器。

一、农民工的出现，极大地推动了“三农”的发展

农民工是解决我国“三农”问题的重要突破口，十多年来，我国农村发生了巨大的变化，这与农民工进城有着莫大的关联，农民工打开了农村的窗口，让农村和城镇开始“联通”。

（一）农民工的出现，利于农村经济结构的调整

农民工为我国农村塑造了一个新的经济形态，即打工经济和劳务经济形态。从根本上解决了我国农村人多地少的矛盾。我国有 7 亿农民靠种地吃饭，这是中国的现实国情。我国农村人均不足 1 亩半地，大量的农村劳动力在农村面对黄土背朝天，用手工劳作的方式，用家庭承包的机制，从事农业生产，生产力水平低下，没有规模效益。这种农村的经营结构和作

业方式，是中国农业落后的体制性原因。改革开放后农村有见识、有胆量的农民，离开土地到外乡、外省、外国去打工，出口劳务经济形成了一道亮丽的风景线。现在许多乡村收入的主渠道是打工族的劳动经济收入。由于劳务经济的发展，带动了乡镇企业的发展和繁荣，农民工的出现，彻底地改变了农村经济结构，解决了人多地少的矛盾，是中国解决“三农”问题的新的突破。

（二）农民工的出现，有利于农民实现共同富裕

农民工的出现让很大一部分农民都走上了脱贫致富的道路，极大地提高了农民的整体收入。全国平均推算，每个农民工一年的收入是5444元，农民外出就业的收入已经占到当年农村人均纯收入的三分之一，并且呈继续增长趋势。这不仅为农民提高家庭收入、改善生活提供了条件，还增强了农民自身对农业的投入能力，为改善生产条件提供了可能。大批农村劳动力外出就业，不仅为城市发展增添了新鲜血液，而且为缓解农村资源承载压力、形成适度规模经营、加快农业现代化和提高农业劳动生产率、为农村全面建成小康社会创造了前提。目前，我国约有两亿多的农村劳动力转向非农产业和城镇就业，改变了以往农村单一的就业结构，使大批农村富余劳动力找到了新的就业空间，农民收入的增长因此获得了新的渠道。

农民工外出打工，开阔了视野、提高了素质，已经成为社会主义新农村的建设者。外出务工的农村劳动力，大多受过初中以上文化教育，各方面素质基础较好，是农村中的“精英”。从相对封闭的农村走向比较开放的城市，在与现代化大生产相融合的过程中，提高了他们的组织意识、生产技能；在与现代城市生活相融合的过程中，开阔了他们的人生视野、改变了他们的生活方式。在积累了一定的资本和经验以后，不少人萌动了创业的冲动。他们有的在落脚地成了当地企业的骨干，有的自立门户当上了

“老板”，还有的人，一旦时机、条件成熟，就带着资本、技术和多年形成的商业网络，回到自己的家乡经商办厂，扩大非农就业，发展当地经济，成为播向家乡工业化、城镇化和现代文明的“种子”，以一种新的方式回报家乡父老的养育之恩。正是这部分人成为了农村中“先富”的人群，在他们的带领下，有更多的农民进城务工，拓展了农民的视野，创造了很多致富的机会，从而带动了整个农村实现共同富裕。

（三）农民工营造新农村风气

大量的农民工进城，将城市生活的新观念、市场经济运行中的新规范，带回了农村。农民工，在很大程度上具有双重品格，他们是农业劳动者身份，他们现今干的是非农产业的活，亦农亦工，忙农闲工，甚至名农实工。由于他们与农村的血缘家庭纽带，他们往往是城市与农村最为紧密的联系者。由于他们的介入，能让城市优良的社会观念改变农村一些较为封建的生活理念，一扫旧农村的陋习，提倡新文明。最明显的例子是，农民工的出现对传统中国农村的生育观念起到了根本性冲击。重男轻女、养儿防老、多子多福，在新一代农民工那里正从心灵深处崩溃着。城市人的生活，对于 1970 年代以至 1980 年代的打工者来说是极大的吸引。像城里人那样生活成为他们的学习目标，成为他们将来的生活模式。少生优生，已经成为他们的生育新观念。特别是全国各地的青年男女在一起工作与生活，不同地区，不同民族，不同背景下的男女恋爱结婚的机率日益增高，相互学习，优势互补。从遗传学角度来看，这种男女的结合，由于内在差异大，将势必提高下一代人口的素质。从长远的角度来看，新一代的农民工的兴起与壮大，大大减轻了人口增长的压力，也推动着农村计划生育水平的提高。如果说农村计划生育在近十几年来有起色的话，那一定是农民工在外打工形成的新理念导致的结果。

二、农民工的出现，极大地推动了城市的发展

农民工的出现，也在深刻地改变着城市。一方面，他们将城市建设得更加漂亮；另一方面，很大一部分农民工长久的居住在了城镇，让我国城镇规模不断壮大。

（一）助推了全国城市化建设

农民工大量进入城市打工，极大地推动了城市的建设。据初步统计，全国有2亿农民工，他们进城在建设城市、繁荣城市经济的同时，推动了经济结构的大调整、城乡经济的大发展。大批农村劳动力进城务工就业，丰富了城镇的劳动力资源，弥补了城市劳动力供给的结构性不足，有效地抑制了劳动力成本的上升速度，为发挥我国劳动力资源优势，提高企业的竞争力做出了重要贡献。同时也为城镇产业的技术升级和二、三产业的发展创造了有利条件。城市的林立高楼、宽阔大道、繁荣商业、旺盛人气，四通八达的水陆交通网络等，是他们建设的。是他们让城市变得更加美丽，是他们在建设“美丽中国”。进城务工农民通过多年的劳动和原始积累，增加了收入，提高了生活水平，有不少人在城市购买自己的住房，也用自己的辛勤汗水支持了城市房地产事业的发展，形成了独特的“购房一族”，为城市化建设做出了贡献。没有农民工的辛苦劳作，就没有改革开放后我国城市化建设的高速发展。有资料显示，三十年来我国城市化建设提高了21个百分点。城乡居民的结构达到4∶6，这是农民工为中国的进步与发展做出的又一突出的贡献。

（二）推动了中国城市扩容与小城镇的建设

生活在城市中的农民工，尽管是流动的、短期的、临时的，但从整

体与长远的角度看，总有一些日益增长的固定居住人数在城市滞留下来。从辩证的角度看，个体的、变动的人口组成了整体的固定人口。全国主要中心城市，珠三角、长三角、环渤海，中国最主要的三大城市群，改革开放以来城市人口不断翻番，来自全国各地农村带着梦想的年轻人，一批批地转变为新一代的城市居民。各省区的中心城市何尝不在演绎这种城市扩容剧。如果我们将改革前后的城市规模进行对比，便会发现，从乡镇到县市，哪里的城市建设没有突飞猛进，哪里的城市人口没有翻番增长？

我们可以统计数字说明问题。从“一普”（第一次人口普查的简称，下同）到“六普”，我国乡村人口的数量在净增加。但自“四普”之后，乡村人口的绝对数量却开始减少，这既表明农村人口向城市流动速度的加快，也表明我国城市吸纳农村人口能力的增强。如果把人口城市化视为现代化的一个重要指标的话，那么，我国的现代化水平明显提高了。

据有关方面披露，中国农村人口向城镇流动这个人类历史上最大规模的人口迁徙，现在已成为中国主要计划的一部分，到 2020 年，中国城市人口可能将增加到 8 亿，预计城市化水平可能达到 55% 左右。几亿农业人口向非农产业转移，逐步改变中国城乡二元经济结构的状况，是世界历史上规模最大的深刻的社会转型过程。

三、农民工是我国经济增长的源动力之一

农民工在改变城市和农村的同时，也在带动着经济的发展。众所周知，我国有着丰富而廉价的劳动力。人口红利让我国成为“世界工厂”，成为世界第二大经济体。投资、消费、出口是拉动我国经济增长的三驾马车，而农民工对这三个领域都有着重要的影响，改变着我国的经济。

（一）农民工为我国经济发展提供充裕的廉价劳动力

中国经济改革三十多年来，源源不断地从广袤的农村流动出最年轻、最富活力、最有创意的打工者，旋即形成新兴的农民工大军。中国产品何以在国际市场大行其道，中国老百姓何以能顺利地实现消费品的更新换代，就在于“中国制造”便宜。为什么中国制造便宜，其中一个十分重要的原因就是中国劳动力成本低廉。较为廉价的劳动力不仅能降低我国企业的生产成本，还吸引了大量的外企来华投资、办厂。在全球化趋势的推动下，我国成了“世界工厂”，有利于我国学习国外先进的生产技术、管理经验等。首先，中国的农民工为中国企业家的原始积累贡献了力量，成就了很多知名的企业家；其次，他们是“中国制造”的基石，正是他们的廉价脊梁背负中国产品的低廉成本；最后，农民工为中国制造在西方国家打开了市场，为中国老百姓赢得了更多的购买力。

（二）农民工改变着城市的消费

大量农民工进城冲击着城市消费，已经改变了并继续改变着城市消费规模、消费结构与消费水平。如此庞大的人群进城并居住下来，每日都发生着消费，每日都要有衣食住行。首先，这使得城市的消费规模得到巨大的扩展。你只要留意，凡是农民工进城的地方，增加了对住宅的需求，食品供应与餐饮业也迅速蔓延，服装、日用品与普通交通工具的需求也随之增加。接下来，便是对教育、文化娱乐、消遣之类的精神产品需求。与此同时，政府也加大了公共产品的供应量。这在整体上，对城市现有的消费结构进行了大的硬性调整。宏观上，普通消费的比重加大了，平均消费水平可能降低了，但消费的品类与项目却愈益丰富多彩。同时，一种活生生的消费文化也冲击着城市生活。仅仅从绿色食品的角度来看，也很难说农村式的消费进城是对消费水平的平均下滑，也许从另一个角度看可能是对已有消费的清洗，使之更接近大自然，使之剔除由于所谓现代化生活方式带来的各种污染。农民工是释放我国农村内需的重要突破口。

（三）农民工支撑中国庞大的出口经济，拉动 GDP 高速增长

我国改革开放以后，出口拉动经济增长成为一道亮丽的风景线。我国经济的外贸依存度已经攀升到 70% 以上。特别是诸多沿海发达省份，派生了一大批出口加工的中小企业群。这些出口企业员工 80% 是从农村来的打工仔，全国估计有八千万人。他们用低价劳动力，支撑了出口产品的低价位竞争，农民工用自己创造的产品和价值，打遍了世界的各个角落，奠定了中国“世界工厂”的地位。现在我国连续多年外贸顺差，出口大于进口，外贸顺差的积累形成了巨大的外贸储备。到目前为止，我们的外汇储备已超过 3 万亿美元，雄踞世界第一。这些外汇储备的原始积累来自我国广大农民工创造的剩余价值，是他们辛勤劳作做出的贡献。如果我国没有如此巨大的外汇储备，在世界上就没有现在的国际地位。

第二节　农民工市民化的必然性、重要意义与现况

改革开放以来，我国城镇化进程稳步推进，城镇化水平显著提高，但与工业化的迅速发展相比，我国城镇化仍严重滞后，这种局面将会极大的制约我国综合国力和国际竞争力的提升。所以，“十二五”规划和党的十八大报告中均明确提出城镇化将是我国今后发展的重点。

从 20 世纪 80 年代开始，我国出现了一批批大量的农民工，他们是率

先走出农村的一批农民，他们具有一定的文化水平和专业技能，能够在城市中找到适合自己的职业和立足之地。从这个意义上说，实施城镇化战略的核心问题是实现农村人口的大量转移，将大量的农民工由农村就业转移到城镇就业，将农村人口由农村居住转移到城镇居住。也就是通过非农产业的就业，带动农民工转移到城镇，并使转移的农村人口和劳动力逐步与农业脱离关系。而农民工市民化就是目前最捷径、最现实、最有条件和最有可能转移农村人口的有效途径。所以，加快城镇化建设，必须要从农民工市民化着手。

一、农民工市民化的必然性

所谓的农民工市民化指的是，进入城市从事非农产业的农民，其身份地位、工作方式、生活方式和价值观念等向市民转化的社会过程。这一过程的演变有其必然性。

众所周知，我国是一个非常典型的二元结构国家，二元经济结构表明工农差别、城乡差别明显。首先，由于工农差别的存在，使农业和非农业劳动力相对价格差异较大，并进而导致经营收益发生变化。农业是弱质产业，农村劳动人口的大量剩余使农业劳动力的相对价格低下，加之近些年来农产品供求关系的变化，农业比较效益下降，经营风险却在上升。而非农产业劳动力相对价格较高，其收益率远远高于农业。农业和非农业劳动力相对价格与经营收益的这种反差，大大促进了农村剩余劳动力转移。农民工正是在这种产业收益的比较中不断走出农村，向城市转移。

其次，中国城乡差别明显。改革开放前，由于长期实行严格的户籍管理制度，大量农村人口被限制在农村不允许自由流动，只有较少数的人口由于参军、上学或招工而迁移。改革开放后，农村家庭承包制的推行，解放了农村劳动力，也为农村劳动力流动创造了条件。与此同时，部分城市放松对户口的限制，国家对人口流动的态度也发生了明显的变化，从而推动了农村劳动力流动。但是，由于体制改革滞后，城乡二元结构并没有得以消除，城乡差距不是缩小了，而是扩大了，过大的收入差距，使得大量农民离开世代守候着的土地，进城打工，获取更高的收入，这是一个理性的选择。

再进一步，获得相对较高的物质收入后，农民工自然会想要获取更多其它的城市福利，如子女教育、医疗服务、社会保障、能力的提高、获取发展机会、公平竞争的环境、生活方式和价值观念的改变等等。这是符合马斯洛需求层次理论的：先满足基本的物质需求，然后是被尊重的需求，进而是自我价值的实现。而获取这些高阶需求的前提条件就是身份的转变，农民工要求变为市民。所以农民工市民化是必然的。

二、农民工市民化的重要意义

农民工市民化是指农民工的身份转化为市民，并享受到与市民同等的国民待遇的过程。这一过程对我国城镇化的发展至关重要。

（一）农民工市民化有效转移了农村剩余劳动力

城市化的发展吸引了大量农村劳动力，使得传统的小农生产经营方式被打破，农村的土地得以集中进行生产，而农业生产工具的革新，使得大规模高效的农业生产模式成为可能。对于人均耕地占有量不足的中国来说，要想彻底地解决“三农”问题，走高效农业发展道路成为必然，这就要求农业人口向非农产业转移，向城镇地区迁移。虽然我国现有耕地面积居世界第二位，但人均耕地面积只有 1.43 亩，排在世界第 67 位，为世界人均耕地的 27.7%，为美国的 12.8%，为印度的 45.5%。在全世界 26 个人口超过 5000 万的国家中，我国人均耕地面积仅比孟加拉国和日本略多一点，排在倒数第三位。近年来，我国耕地面积还有不断减少的趋势，因此，在人均资源既定的条件下，只有将大部分农民从土地中转移出去，才能提高人均资源占有量。农民工实现市民化，大量的农村人口变为市民，留守农村劳动力的人均耕地面积将会提高，通过土地资源的有效整合，配合现代化的农业生产方式，农业生产率得以提高，农民的收入水平和生活状况无疑会得到改善。不仅节省了人力，又增加了农民的收入，“三农问题”能得到很好的解决，有助于社会主义新农村建设。

（二）农民工市民化增加了城市人口的比重，有利于推动城市化进程

首先，城市化水平的提高有赖于城市人口的增加，农民工转化为市民，为城市的发展提供了大量的劳动力资源。同时，城乡人口的融合，为统一劳动力市场的形成创造了条件，有效弱化了二元经济社会结构的对立局面，为进城务工人员有效的融入城镇创造了条件。

其次，农民工市民化促进了城市产业的扩张。如果农民工转变了职业（从农业转变为非农），改变了社会身份，实现了在城市的永久性居住，获得了与市民均等的社会保障，其消费函数也会发生相应的变化，边际消费倾向得以提高。新生的庞大消费群体促进了城市二、三产业的发展，尤其是城市商品房、消费品工业和旅游服务业的发展。

再次，农民工已成为工业化发展的重要力量。农民工市民化，不仅为城市的建设带来了劳动力，推动了工业化的进程，他们收入的增加、保障水平的提高必将对消费结构产生影响，由此，农民工市民化与工业化形成良性互动的局面。

（三）农民工市民化有利于社会的稳定与和谐

农民工在城市化进程中，由于自身能力的不足、外在制度的限制和社会偏见等因素的影响，还无法真正的融入城市。他们把自己的青春和活力献给

了为之奋斗、热爱的城市，然而，囿于城乡身份的差别，无法享受到和城市居民同等的医疗、教育和社会保障等福利项目，随着自己年龄的增大和子女教育、工作问题的日益迫近，社会问题丛生。农民工群体讨薪事件频发，工伤事故、职业病造成的医疗纠纷不断，工作中心理创伤造成的极端事件时有发生，这些问题归结到一点，就是他们缺乏归属感。农民工实现市民化后，能够享受到与城市居民的同等待遇，在住房、教育、医疗卫生和社会保险等福利方面都能有保障，社会的公平正义得到彰显，对于我国和谐社会的构建和实现经济社会持续发展具有重要意义。另外，市民化了的农民工能够平等的享受城市的各种公共资源，能够第一时间获得最新的资讯和信息，有助于提高个人的文化素质和生活品质，实现与现代化的同步发展。

三、农民工市民化现状

改革开放以来，农民工为我国经济的发展做出了很大的牺牲。市民化也是很多农民工长久的夙愿。多年来，党和政府高度重视农民工问题，千方百计维护农民工的合法权益，包括政治权利、工资待遇和各种保险等，广大农民工在为国家建设做出贡献的同时，也在越来越多地共享发展成果，工作与生活境遇同过去相比发生了巨大变化，社会地位和利益保障程度得到了显著的提高，总体上已经实现了从缺乏公平对待到诚心善待、从限制进城到提供更多服务的根本性转变。但是，如今的农民工还处在“农民”和“市民”之间尴尬的地位，劳动报酬、社会保障、子女教育等方面仍有很多的限制。

（一）居住问题

1. 农民工人均居住面积狭小

自 20 世纪 90 年代以来，随着我国住房体制改革的推进，我国城镇居民的居住条件有了明显的改善。据统计，1978 年我国城镇人均住房建筑面积仅为 6.7 平方米；到 2008 年年底，城镇人均住房面积达到了 28 平方米以上，是 1978 年人均住房面积的 4.2 倍。但是，目前我国城镇住房面积不平等程度居高不下，尤其是进城打工的农民工，他们在城市人均住房面积狭小，与城镇户籍居民之间存在很大的差距。

2. 农民工居住房屋的质量差，居住环境恶劣

许多农民工居住的地方拥挤不堪，缺乏必要的卫生设施，有的连基本的通风、透光条件都没有，在火灾、流行疾病预防等方面存在着严重隐患。在一些城市，农民工自发聚居的城乡结合部和城中村，违章建筑多，公共设施不足，环境恶劣。

3. 农民工居住成本大幅上涨

农民工在城市住房的主要类型有三类，分别是：租赁房、工棚和单位宿舍。其中，住宿舍或工棚的农民工主要居住在工厂、企业内部和建筑工地等临时居住点，住宿费从农民工每月的工资中扣除，人均费用低，但是，住宿条件相对简陋。租房和借宿的农民工通常以同乡、同事、亲戚等关系租住城市居民私房，租住房屋大多是分散在城郊结合部的乡村自建房，租赁住房相对于雇主或单位提供的住房，费用要高出许多。由于农民工被排除在城镇住房福利制度之外，因此，他们无法享受到政府和单位提供的住房，进城后只能自己找地方住。受限于个人的知识水平和认知能力，他们获取房屋租住的有效信息比较有限，在租房者群体中，他们支付多，获得的住房面积和居住环境却较差。近几年随着城市商品房价格的上涨，也带动了住房租金的上升。虽然一些离中心区较远的城中村房屋租金较低，但远距离的通勤和交通成本又增加了农民工的负担，加上目前一些城市城中村改造进度加快，城中村不断消失，靠近城市中心的城中村的数量日益减少，使得农民工在城市的住房支出增加。

（二）农民工收入问题

随着经济的发展，农民工的工资性收入呈现增长态势，2007 年我国农民工月平均工资为 1060 元，首次突破千元大关，比上年增长 10.6%；2008 年上半年农民工月平均工资达到 1240 元，同比增长 16.4%；2009 年农民工月平均工资为 1417 元，其中 65.4% 的农民工月均工资居于 800 ~ 1600 元之间，去除个人和家庭的支出后，总体水平与城镇居民相比偏低；2010 年我国农民工月均收入达到 1690 元。2011 年我国农民工工资水平快速提高，外出农民工月均收入首次突破 2000 元大关，达到 2049 元，比 2010 年增加 359 元，增幅达 21.2%，但在抵去物价上涨和房价上涨水平后，工资涨幅基本被抵消。中国社科院人口与劳动经济研究所副研究员程杰在《中国青年农民工项目综合政策建议报告》中指出，中国青年农民工的收入仅为本地城镇职工平均工资水平的 30%。虽然目前我国农民工工资快速上涨，但从整体收入水平来看，与城市居民相比仍然存在一定的差距。

（三）农民工权益保障问题

由于各种因素的相互作用，农民工没有被城市完全接纳，缺乏组织性，其权益往往容易受到侵害。国家统计局 2010 年发布的农民工监测调查报告显示，2009 年全国外出农民工 1.45 亿人，月平均工资为 1417 元。调查指出，外出农民工劳动时间偏长，平均每周工作时间 6.5 天，每天平均 10.0 小时，大大高于城镇职工的平均劳动时间。与此同时，近六成农民工没有签订劳动合同，参加社会保险的水平总体较低，雇主或单位为农民工缴纳养老保险、工伤保险、医疗保险、失业保险和生育保险的比例分别为 7.6%、21.8%、12.2%、3.9% 和 2.3%。

据统计，在深圳浩浩荡荡的打工大军中，每年有 2 万余人因工伤残，绝大部分是正值青春年华的未婚男女。另外，由于工作时间较长，农民工基本没有闲暇时间，仅有的休息时间也只是用来看电视、聊天、睡觉，除此之外几乎没有其他的娱乐节目。欠薪，是农民工权益失陷的突出表现形式。近几年，农民工因为拿不到工资而发生的极端事件时有发生。他们文化程度不高，维权意识差，每年年底，为了讨薪回家过年，下跪的、跳楼跳河的、打人的、妨碍公共秩序的……农民工们以自己特有的方式表达着不满，甚者有人为此走上职业讨薪的道路。

此外，由于缺乏组织的依靠，农民工的政治参与处于城市边缘状态，他们的各种合理呼吁很难通过正规的渠道表达，农民工中的大部分人很少或根本没有参与过政治活动，其选举权和被选举权难以得到真正落实。

（四）农民工子女受教育问题

农民工子女教育问题，成为现时中国义务教育新的难点和薄弱环节，中国进城农民工数量已经超过了 2 亿人，在这 2 亿人的背后，有 7000 多万他们的孩子，其中 1400 多万是随迁子女。每 8 个城镇儿童中就有一个是流动儿童，大城市的密度则更高，这些孩子的入学问题时刻牵动着他们的心。

地方政府基于自身利益的考虑，城市发展规划并未考虑农民工子女就学问题，另外，对农民工随迁子女的教育，多数地方财政并没有安排有关经费，投入存在不足。大部分区县只按照本区域户籍学生人数划拨教育经费，他们没有额外的经费来承担过多的学生，所以，往往不愿意接收农民工子女，对于非本区域户籍的生源，学校为填补办学资金的短缺要加收高额的借读费，许多农民工子女无法进入公办学校。农民工子女教育在城市处于边缘化状态。目前，进城务工农民子女的教育主要是由民办学校在承担，而民办学校囿于自身的办学条件和办学资质，教育质量令人堪忧。

此外，由于城乡有别的户籍制度，在高考来临的时候，考生只能选择户籍所在地报考，农民工随迁子女要回到自己的家乡才能参加考试。目前，我国的高考制度还不是全国统一考试，各地区的教育和考试科目都存在一定的差别，随迁子女回乡考试很可能存在考试复习内容的差异。种种不公正、不合理的制度安排，使得进城务工的农民工子女极易产生心理问题，作为一个不算小的群体，他们的受教育权并没有得到社会充分的关心和重视。

（五）农民工的培训和就业问题

2008 年以来，受国际经济危机的影响，我国东部沿海等吸纳农民工就业的地区，以简单加工为主的企业生产成本不断增加，生产规模逐步压缩，农民工的就业机会大为减少。而实际上，很多企业却往往招不到合适的员工，这就产生了一个看似矛盾的局面——“用工荒”和“招工难”。出现这种两难困境的根本原因，在于农民工的文化水平偏低，缺乏一定的劳动技能。我国农村基础教育比较落后，大部分农村劳动力的文化教育程度不足，也没有接受过适当的职业教育培训，没有一技之长。

目前，农民工接受劳动技能培训的方式包括：短期职业培训、自学专业知识、个人拜师学艺、接受长期的职业教育等。据劳动和社会保障部 2007 年的调研显示，45.3% 的农民工没有接受过任何形式的培训，25% 的接受过不超过 15 天的培训，仅有 13.1% 的农民工接受过正规培训；34.7% 的农民工选择“托亲戚朋友找”，32.9% 的选择“去职业中介找”。由此可见，农民工的就业技能和组织化程度不容乐观。

农民工的文化程度和技能培训直接关系到他们的就业状况。目前我国的农民工培训工作存在着不少的问题，主要体现在：一是教育培训体系不健全。尽管各地陆续开办了各式各样的技能培训班，但并未根据农民工的年龄、技能、文化程度和求职愿望实施分类培训，培训工作缺乏针对性和实用性。二是教育经费投入不足。各级政府对农民工的培训工作与以往相比重视程度有所提高，但存在着经费投入不足的问题；企业由于农民工流动性大，也缺乏对农民工培训的积极性。三是农民工培训就业服务不到位，就业的公共信息渠道不畅。适合农民工需要的公益性服务和培训项目比较少；中介市场混乱，初次就业的农民工缺乏识别能力，极易被骗；农民工就业后的信息收集工作滞后，农民工在工作中遇到的问题得不到及时的解决。理顺农民工的就业秩序，农民工培训和就业服务工作亟待改善。

（六）农民工阶层化和城市融入问题

改革开放以来，工业化和现代化进程加快，城市化水平迅速提高，城市农民工内部出现阶层分化，从上到下依次划分为准市民身份的农民工、自我雇佣的个体农民工、依靠打工维生的农民工、失业农民工、失地农民工这五个阶层。经济收入的差异是导致城市农民工内部发生分化的最直接、最本质的原因。由于先天差异和后天努力程度的不同，个体的能力存在高下。率先走出农村外出务工的人员，由于其较强的自觉能力和对形势敏锐的观察，抓住了改革的先机，整体发展势头较好；而在城市化高速发展的最近十年，农民工个人发展的空间已经被压缩，就业被局限在制造业和低端的服务业，农民工群体内部出现阶级分层。处于不同阶层的农民工，市民化的能力不同。由于大部分的农民工经济能力较差，农民工市民化在个体层面受到限制，发展进程缓慢。另外，二元户籍制度，使得城市居民有着天生的优越感，他们不愿与农民出身、发展较差的务工人员交往，农民工对城市的融入不足。

第三节　农民工市民化的障碍分析

当前我国农民工市民化进程缓慢，农民工融入城市还困难重重，大多数农民工当前的社会地位较为尴尬，身份一直介于农民和市民之间。这其中有农民工自身的原因，更有政策和制度的限制。本节将逐一分析农民工市民化进程中面临的障碍。

一、制度上的障碍

农民工市民化所遭遇的最大障碍是制度上的障碍，其本质是社会等级制度的不断强化，有很重的历史因素。

（一）户籍制度

商鞅变法中出现了一种影响中国几千年的制度—户籍制度。当时，商鞅为了发展秦国的生产力，设置了户籍制度以限制百姓自由流动，让其一心在农田耕作。这一制度一直流传到现在。从本质上看，我国的户籍制度是一种极具“封闭性”的社会等级制度，其核心是属地管理和身份管理。属地管理的主要功能是控制人口的流动（特别是农民向城镇的流动）和社会资源的配置。在我国户籍制度下，占人口绝大多数的农民被限定在农村，社会资源配置按照先城市后农村，先工业后农业，先市民后农民的基本顺序，以城市和市民为中心，把农村和农民作为外围补给线。20 世纪 90 年代以来，尽管对农民进入小城镇以及部分大中城市的限制在不断放松，但在户籍制度强大的历史惯性作用下，对身份的管理却并没有丝毫松动。

户籍制度人为地把城乡人口划分为两大类，使两者成为极不平等且难以逾越的两大社会阶层，强化了二元社会结构，阻碍了农村人口向城市的自由流动。即使是已进城多年，拥有了稳定的工作和固定居所的农民工仍然被排斥在城市居民权利之外，享受不到城市经济、社会和文化权利，无法融入城市社会。随着市场经济的发展，社会开放程度的加深，户籍制度的作用开始弱化，然而由于户籍直接与就业、医疗、保险、教育等社会保障制度直接挂钩，户籍制度在维护市民权利方面依然发挥着影响。

（二）土地制度

现存的土地制度是农民工市民化的又一大障碍。从我国农村的土地制度看，为了确保农村的稳定，党和政府实行土地几十年不变的承包政策，不准土地自由买卖、自由转移，这是完全必要的。但目前的问题是管得太死。使得农民承包的这些小块土地在成为他们的“保命田”的同时，也成了套住农民而使之不忍舍弃的“鸡肋”。特别是在当前土地流转制度不够完善，缺乏对农民工转让土地使用权进行合理补偿的成熟规定，而农民工在城市打工的收入又有限、且缺乏城市社会保障的情况下，土地能够成为农民工养老的重要依托和生存保障的最后一道防线。因此对是否在城市定居，农民工就不得不“三思而后行”。这显然阻碍了农民工市民化的进程。

（三）城市劳动用工制度

改革开放以来，农村居民为了寻求更好的发展空间，纷纷进城务工经商，但在就业的过程中却遭到了很多限制和歧视。据有关统计结果显示，农村劳动力在城市就业主要集中于制造业、批发零售贸易和餐饮业、建筑业和社会服务业，4 个行业的农村劳动力占进城劳动力总数的 90% 以上。这种行业集中现象，一方面是由于农民工技能水平低，只会从事简单的体力劳动；另一方面城乡有别的制度设计在很大程度上限制了农民工的就业空间，使农民工不得不在初级劳动力市场就业，许多符合用工条件的农民工因为农民身份的限制，往往被用人单位拒之门外。即便如此，许多农民工还面临着随时被解雇的命运。再加上农民工被排除在城市社会的各种组织团体之外，没有保护自己就业权利的能力。从而使得农民工的合理合法权益得不到保障，使得违反劳动工资政策，任意压低、克扣、拖欠农民工工资，侵犯农民工权益的现象比比皆是。这无疑在很大程度上扼杀了农民工在城市长久居住下去的信心和希望，从而阻碍了农民工市民化的进程。

（四）教育制度

教育制度对农民工市民化的妨碍主要体现以下两个方面：一是限制或剥夺农民工接受再教育的权利。眼下几乎每个城市都有就业中心，但是，这些就业中心几乎全部是面向城市市民、为城市市民提供各种资格培训和再就业培训的，对农民工并不开放。虽然近几年来，一些城市也开始对农民工进行技术培训，但只是刚刚起步，并且受益面很小。二是农民工子女受教育的权利受到种种歧视。这首先表现在农民工子女就学难，农民工子女在城市入学的问题还根本没有纳入城市教育制度的安排之中；其次，即便农民工子女能够在城市上学，他们也主要是在一些不合格的或非法的打工子弟学校就读，有的农民工子女即使进了市区公立学校，却享受不到与市民子女同等的待遇，而且学校对农民工子女上学一般均有额外的高收费，如借读费、赞助费以及用种种借口增加的各项收费。这种现实使进城农民工备感无奈和屈辱，也使其子女备受伤害。这也是农民工市民化进程中一道难以跨越的障碍。

（五）社会保障制度

以户籍制度为基础，各地将农民工和城市居民区别开来，分别采取不同的保障措施和保障水平，农民工虽然工作、生活在城市，实现了职业上的转变，但在养老、医疗、卫生等社会基本保障上，农民工群体游离于城市社会保障体系之外。农民工的社会保障仍然完全依赖于土地或务工的收入。特别是，农民工在城市干的大多是脏累差重险的活，随时要面临着断指断臂、伤筋伤骨、烧伤烧死、高空摔死摔伤等事故的危险。而城市社会保障体系对农民工的排斥，使得农民工在城市的就业变成了金钱与生命之间的抉择，造成了农民工市民化过程中的预期成本大大增加，从而成为农民工在城市长期“安身立业”的巨大障碍，这也势必影响农民工市民化的顺利推进。

二、政策上的障碍

在以户籍制度为核心的社会等级制度下，各地对农民工实行什么样的政策措施，直接关系到农民工市民化的程度和发展趋势。应该说近年来中央政府从战略高度出台了一系列政策措施，为实现农民工的市民化开了绿灯，但是，由于我国实行的是统一决策，分级管理的体制，地方政府和中央政府在就业、社会保障等方面承担不同的责任。地方政府在制定和出台某种政策时，出于对自身多方面利益的权衡和考虑，往往会在政治成本和政治收益之间做出选择，最终出台那些能使其政治收益最大化的政策，从而使中央决策受阻。因此，在对待农民工市民化的问题上，城市政府作为城市市民利益集团的代表，出于对自身政治收益和城市市民利益的权衡和考虑，势必会以保证本市市民的充分就业、市民收入和生活水平提高及市民社会保障的完善为重要目标。从而对在客观上于这一目标的实现造成了潜在的“威胁”的农民工实行抑制、排斥和歧视性的政策。这主要表现在如下方面：

其一是设置名目繁多的证卡，提高农民工在城市就业和生活的门槛。以农民工输入地暂住证制度为核心，农民进城务工要办理名目繁多的就业证卡，如身份证、居住证、务工证、婚育证、健康证等等。而且，其中任何一个证卡的缺失都可能剥夺他们在城市里工作、生活的权利和自由。20 世纪 90 年代末期以来，一些主要大城市都陆续出台了限制农民工的条例，每到重要的节假日更要专门清理他们中的所谓“三无人员”。有些地方为了完成任务指标，甚至不问青红皂白把有“三证”的农民工也清走了。

其二是巧立名目乱收费，加重农民工在城市就业和生活的负担。从实际情况看，上述专门针对农民工的各种证卡，大多演变成以管理之名，行收费之实。一些政府甚至以加强管理和服务为名，变换手法向农民工及其用工单位巧立名目，设立行政事业性收费项目，并擅自提高收费标准。更有甚者，强迫农民工接受培训，以培训之名行乱收费之实。这在一定程度上更提高了农民工在城市就业和生活的成本和代价，从而阻碍了农民工市民化的进程。

其三是对农民工进行防范式、管制式的歧视性管理政策。为了限制农民工，有些城市干脆以防止农民工犯罪、确保城市的稳定和安全为名，把农民工视为“流动人口犯罪”的预防和打击对象，视为社会治安的综合整治对象，并且把责任交给公安机关，让公安机关来强制性地管制、管严农民工。有专家指出，城市政府正在自觉不自觉地走入一个“歧视农民工”的误区。这种歧视性的管理政策，已经对农民工市民化的进程造成了巨大的障碍。

三、观念上的障碍

观念上的误区也阻碍着农民工的市民化。一方面，从城市政府管理者方面来看，由于新中国成立以来，我国政府在制度设计上就确立了“城乡二元结构体制”，形成了农民与市民的身份区别。长期以来，城市政府管理者思想观念上受城乡对立、城乡分治的影响很深，对农民存在着一种根深蒂固的偏见。因而，或多或少存在着对农民进城就业，推进农民工市民化的认识不到位的问题，远未从战略高度认清农民工市民化的必然趋势和战略意义。总是担心农民工进城会带来住房紧张、交通拥挤、卫生状况脏乱差、社会治安恶化等一系列社会问题。还担心农民工进城务工经商，会加剧城市劳动力供求矛盾，影响城市职工就业。一些城市政府的管理者甚至将城市中目前存在的较高失业率、犯罪率和工伤事故率以及城市环境的脏乱差等这些社会问题完全归咎于农民工，进而产生对农民工的抱怨、排斥和歧视，从而在思想观念上反对或阻止农民工市民化。

另一方面，从城市市民方面来看，“城乡二元结构体制”中的较浓的城市封闭性和集体排斥性色彩也对城市市民产生了不良导向，使他们长期以来形成的优越意识难以转变，从而使得他们不能以平等的眼光来看待和对待进城农民工。再加上农民工进城务工在客观上确实加剧了城市劳动力市场的竞争，缩小了城市市民的就业渠道，对城市市民的工作和就业构成了一定的威胁，压低了城市市民的收入；而且由于农民工的素质从某种意义上说还比较低，犯罪率也相对较高，这无疑让向来“养尊处优”和以“文明”、“高贵”自居的城市市民失去了安全感。因而城市市民为千方百计地保住自己的既得利益和优越地位，势必滋生对农民工的排挤和歧视的心理或情感。这表现在行动上，就是不能公正地对待进城农民，对进城农民普遍缺少包容之心和宽广胸怀。从某种意义上说，城市市民对农民工的这种排斥和歧视，相对城市政府管理者对农民工的排斥和歧视而言，更容易伤害农民工的感情，并进而阻碍他们产生对城市社会和市民的心理认同与归属。从而妨碍了农民工的市民化。

四、农民工自身的障碍

农民工自身条件的制约在本质上是影响农民工市民化的更深层次的障碍。这些障碍主要表现在以下方面：

（一）文化障碍

农民工能否转变为市民，还取决于农民工自身的文化素质。大量事实证明，文化素质是农民工取得市民资格的重要条件，决定着农民工向市民转化的成功率。

农民工的文化素质越高，在城市就业的机会就越多，成为市民的可能性也越大。目前，农民工的市民化进程之所以不快，在很大程度上，也是由于农民工的整体文化素质还不够高，这使得他们的就业竞争能力普遍较低，从而无法在城市里长久地安身立业。再加上受传统小农经济思想文化的影响，不愿离土离乡、舍弃农村的责任田，把进城务工仅仅看作是挣钱改善生活条件，他们依然把土地作为自己的根本和失业保障，把游离于城乡之间既能挣钱、又能种田作为最理想的生活模式。此外，许多农民工即使在身份和职业上转变为城市居民，但由于他们与市民的文化落差，也使得他们难以真正过上市民化的生活。

（二）心理障碍

农民工受经济因素的驱动，以及对城市的先进与文明、繁荣与富庶的羡慕和追求，而委身于被排斥、被歧视、工作没有保障、权益得不到保护的城市里。可是，城市却并没有给他们以安全感、成就感和归属感。

加之农民工从头到脚体现和弥漫的都是乡村文化及其生活方式，虽然这种文化和生活方式在农民工看来是他们的生命，是他们处世的“根”。但是它们在城市文化和城市生活方式面前却显得黯然失色、甚至不堪一击。这使得已不能完全坚守自己精神家园的农民工在城市中处于两种文化的边缘，从而在精神、心理上产生失落感、焦虑感、隔膜感和疏离感。上述种种感受势必导致农民工在城市工作、生活的复杂的“过客心理”，这种“过客心理”使得农民工对城市缺乏归属感、责任感和主人翁意识，只有自卑的“陌生人”的感觉。不愿意积极主动地融入城市社会，进行全方位的互动，不愿意积极主动地吸纳、内化城市社会的生活方式和文化价值观念，而对之采取一种怀疑的或敬而远之的态度，这也阻碍了农民工自身的市民化。

（三）人口障碍

长期以来，农民工在传统的自给自足的自然经济的影响和支配下，形成了养儿防老、多子多福、重男轻女的落后的生育观念。这种落后的生育观念导致农民工家庭普遍有两个或两个以上的孩子。这就意味着农民工家庭与同年龄组的城市市民家庭相比，负担普遍比较重。加之一些农民工以生育男孩为目标，即使在收入不是很高（而事实上农民工的收入本来就很低）的条件下，依然将所得作为生育更多孩子的资本，如此更形成了“恶性循环”，加重了家庭的负担。这使得农民工由于收入较低，而无法承受相对而言高质量、高水平、高消费的城市市民生活，也使得他们的孩子无法像城市市民的孩子一样，在同样的条件、同样的心态、同样的生活质量情况下，接受同等的教育。这无疑也是影响农民工市民化的一道重要障碍。

以上分析表明，实现农民工的市民化，实现农民工自由、自主和自愿地在城市里工作和生活，将是一项长期而又复杂的社会系统工程。其中，既要消除制度、政策、观念方面的障碍，又要消除农民工自身的文化素质和心理等方面的障碍。否则，农民工要真正地融入城市社会或真正实现市民化都是不可能的。而不实现农民工的市民化，则实现我国城市化和现代化的一切预期目标也都将落空。

第七章

城镇化建设可持续发展的配套建设

- 第一节　以产业发展支撑城镇化建设
- 第二节　实现城乡公共服务均等化
- 第三节　深化财税金融体制改革
- 第四节　稳妥推进户籍和土地制度改革

城镇化建设是一项系统的工程，需要我们通盘的考虑。要完成这一复杂的工程，不仅仅是单纯的追求城镇化指标的提升，更需要各方面软实力的增强。相应的配套措施就必不可少。本章将从产业建设、城乡公共服务均等化、财税金融体制改革、户籍制度以及土地制度等几方面来介绍城镇化所需的配套措施。

第一节　以产业发展支撑城镇化建设

国务院总理李克强在谈到推进城镇化时指出，不能人为“造城”，要实现产业发展和城镇建设融合，让农民工逐步融入城镇。要为农业现代化创造条件、提供市场，实现新型城镇化和农业现代化相辅相成。城镇化是一个大战略，也是一个系统工程，其顶层设计必须融入产业配套理念。在强调核心是人的城镇化之外，还要强调不断强化产业支撑，要和资源、环境相适应，要合理利用好土地。城镇化的发展必须要有产业的支撑。

一、产业支撑对城镇化的作用

尽管城镇化过程本身承载着诸多内容，但在本质上，产业的支撑作用应是第一位的。离开了产业的准确定位与支撑，城镇化便难以为继，即使短时期内依靠行政力量的催化作用可能有所推动，但也只是一种表面繁荣，不可能持续太久。正如一位人大代表所言，没有产业支撑简单“造城”，很可能引发乱上项目、浪费土地、劳民伤财，城镇化最后空心化，出现所谓的“空城”“鬼城”现象。结合我国实际情况，三大产业在我国城镇化过程中有着不同的作用。

（一）农业是城镇化的基础和原始动力

城镇化的初期，城镇化的进程主要取决于农业提供商品粮的多少，为工业提供资本积累规模的大小，以及提供工业原材料的多少，为城市提供多大的市场等等，所以农村和农业经济的发展既是城镇化的原动力，又是城镇化的基础。

（二）工业是城镇化的核心动力

城市的高速发展，是近代产业革命后工业化不断推动的结果。在城镇化的过程中，工业化居于核心的地位，工业化是城镇化的加速器，工业化加速了城镇化的发展。工业的发展又带动了第三产业的发展，这又为城镇化的发展注入新的力量。

（三）第三产业是城镇化的后续动力

改革开放至今，我国第三产业无论是在产值还是就业安置方面均作出了巨大贡献。第三产业大多属于劳动密集型行业，可以吸纳较多的劳动者就业，一定程度上促进了城镇化软硬件设施的完善和人民生活水平的提高，所以第三产业发展是城镇化后续动力。

二、我国城镇化过程中产业发展现状

改革开放以来，伴随着经济的快速增长，我国城镇化进程也快速推进，取得了巨大的成就。城镇人口占全国人口的比重从改革开放初期的大约18%增长到2008年的45.7%，30多年提高了27.7个百分点，年均提高0.9个百分点以上。我国城镇化进程在取得巨大成就的同时，也面临诸多问题和矛盾。分析其成因，除发展阶段和国情特点等因素外，产业发展与城镇化的协调问题也应引起重视。

（一）农业

我国是农业大国，城镇化是我国解决三农问题的重要途径之一，是统筹城乡发展的重要方面，但目前我国农业在城镇化过程中还存在诸多问题。

1. 农村经济分散、传统

目前我国农业仍然是典型的小农经济、分散经济、传统经济。我国农民年创造的农业增加值非常低，农业对于国内生产总值的贡献比例较低。现代企业制度已普遍在城镇工业和服务业等非农产业中建立起来，而农业企业化生产程度整体很低，现代农业企业更是少之又少。城镇经济一些先进的经营模式与管理理念在农村经济发展中的影响力还较弱，导致我国农业生产效率不高，农村经济多元化、正规化发展水平比较低下。

2. 农业与二、三产业脱节

现阶段我国的农业发展还相对孤立，与现代工业、现代服务业以及与整个社会的发展相脱节，对各种社会资源的利用率较低。例如，农业与工业生产相脱节，使得工业生产所需资料得不到满足；农业生产环节与产品市场需求信息等社会服务较少联系，导致“生产—加工—销售”环节之间缺少稳固的联系，最终造成农产品丰产不丰收，农产品销路不畅且加工度不高等问题。

3. 农村剩余劳动力数量庞大、整体素质较低

实现农业现代化需要拥有大批具有现代知识和现代理念的农民。长期以来，受收入水平及体制等多方面的影响，我国广大农民基本文化素质较低，现代化的劳动技能缺乏。且农村基础设施差、公共服务水平低、社会信息量小等，这使得农民的整体素质与竞争力明显落后于城镇市民，导致农业的生产经营水平无法与城镇非农产业相提并论，现代化水平与速度也相差甚远，极大地制约了农村劳动力转移。

（二）工业

长期以来，工业为我国经济发展做出了巨大贡献，但随着经济的发展，在城镇化过程中也显现出一些问题。

1. 行业结构不合理

长期以来，我国形成了依靠重工业发展的经济增长模式，造成能源、原材料等上游产业比重大，低水平的加工工业增长过快，高加工度的工业发展缓慢等行业结构不合理的现状。由于高科技行业的缺乏，产品结构也不太合理，多数企业只能生产落后的传统产品，或低加工值的零部件，高新技术产品较缺乏，随之企业效益也受到一定影响。

2. 发展质量不高

工业发展中一般要占用大量的自然资源，如土地、原材料等。由于我国工业基础的薄弱，所从事的行业多属于高污染、高耗能的项目，导致我国自然环境遭到严重破坏。尤其改革开放这 30 多年，发达国家转移至我国的一些污染较重的工业项目对我国环境造成了极大损害。

3. 行业集中度较低

我国企业大多组织规模小而且分散，难以实现规模效益，一定程度上造成了资源的浪费。世界 500 强企业中除了垄断型企业外很少找到中国企业的影子，虽然近几年在国家的引导扶持下实施了一定的兼并重组，但实质生产效益及竞争力得到提升的却很少。

（三）第三产业

改革开放至今，虽然第三产业对我国 GDP 的贡献率在逐年上升，但在整体贡献程度上还是较低，且远远低于发达国家水平。目前，我国第三产业大多集中在生活服务和低层次的生产服务领域，从产业内部规模及容纳就业人数上讲都有一定的局限性，从而造成吸纳从第一产业和第二产业转移的劳动力有限，也不能很好地配合和服务第一、二产业的发展。

三、我国城镇化过程中产业发展建议

（一）做好城镇化体系的规划、农民转移就业的引导，不断深化农村经济体制

改革城镇体系的规划是对城镇的各项资源在一定时间和空间范围内的安排，这种安排不仅应该满足当代人的基本需求，而且应该给人类的后代利用自然资源的机会和权利。所以提高城镇化水平，必须坚持大中小城市和小城镇协调发展，要以现有的县城和有条件的建制镇为基础，科学规划，合理布局，同发展乡镇企业和农村服务业结合起来，消除不利于城镇化发展的体制和政策障碍，引导农村劳动力合理有序流动。构建适合农村劳动力转移的培训体系，坚持转移前培训和转移后培训并重、开展创业教育与创业培训等。充分发挥农业职业教育和培训基地的作用，利用城市职业学校自身优势，大力开展转移培训。加强就业服务工作，拓宽就业渠道，提高就业率。重视农业人口的转化与文化素质的提高、关注城乡人口流动制度的建立和外来人口的增长趋势，在城镇化建设进程中不断完善农村富余劳动力转移。加强对农业产供销体系的建立，着力解决农业生产资料的供应不规范和农产品销售体系不健全等问题。

（二）提高农村工业化水平，加速农村城镇化

在二元经济条件下推进经济发展的主要途径是农业人口从土地中转移出来进入非农业部门，相应的城镇化是农民进城和农民建城同时并存。农村小城镇成为农村劳动力转移的空间载体，小城镇成为中国特色城镇化道路的历史起点和逻辑起点。作为起始阶段的城镇发展对城镇化的后续发展至关重要。应按照城镇应有的功能发展内部的产业。小城镇是农村工业化

和农村城镇化的聚集地。支撑小城镇发展的产业只能是现代农业。现代农业是标准化农业、产业化农业和服务化农业。这样的现代农业是与现代工业紧密联系的农业，是不断吸纳农业剩余劳动力的农业。充实小城镇内的现代农业是发展农村城镇化之本。

（三）充分利用第三产业门槛低、门类广、就业容量大的比较优势

通过政策引导和市场孕育，推进第三产业的健康发展。第三产业的发展要适合城镇化的发展趋势，不断优化其内部结构。我国可以继续发展新兴服务业，加快知识、技术型服务业的竞争优势，发展一些高层次的服务业，诸如设计、管理、金融、咨询等。还可以发挥传统服务业的自身优势，尤其是一些特色的传统服务，如地方特色旅游等。通过不断努力扩大第三产业的服务项目、服务质量，为增加剩余劳动力的就业机会做出更多贡献，更好地促进我国城镇化发展。政府也应给予适当的政策引导和支持，比如在贷款方面给以更多的优惠。

第二节　实现城乡公共服务均等化

《礼记·礼运篇》中描述了这样一幅蓝图："使老有所终，壮有所用，幼有所长，矜寡孤独废疾者皆有所养。"这里提出了对所有群体一视同仁，社会成果由全社会共享，男女老少都能得到社会的供养和照顾，安居乐业，人尽其力，物尽其用的思想。在当代，这一"天下为公"的大爱蓝图主要体现在政府的公共服务体系。公共服务体系便是本节的关键词，本节主要介绍我国实现城乡公共服务体系均等化的现状以及完善的相关路径。

一、公共服务城乡均等化的重要意义

所谓的公共服务就是指由以政府为主要提供主体，为了满足社会公共需要的生产和生活实际而提供的基本社会条件，包括产品和服务。中共十六届六中全会《关于构建社会主义和谐社会若干重大问题的决定》指出，基本公共服务包括教育、卫生、文化、就业再就业服务、社会保障、生态环境、公共基础设施、社会治安等。我国是典型的二元经济结构，城乡差异显著，尤其是在公共服务方面。国家在城市的公共服务投入要远高于农村，这直接导致了农村教育、医疗、就业等方面的差距，随着我国开始由温饱型社会向生存型社会过渡，全社会对于公共服务的需求与公共服务供给的短缺已成为新阶段的突出矛盾。城乡居民应该享受同样的公共服务。城乡公共服务均等化有着重要的历史意义

（一）公共服务城乡均等化是缩小城乡差距的需要

公平正义是和谐社会的基本特征，在我国大力推进和谐社会建设的背景下，城乡差距的存在严重影响了公平正义的实现。近年来，尽管农民收入稳定增长，但城乡差距依然存在，甚至有继续扩大的趋势。如果把城乡居民所享受的不同公共服务考虑在内，城乡居民人均实际收入差距高达5~6倍。据估算，城乡公共服务差距对城乡居民人均实际收入差距的影响度在30%~40%之间。缩小城乡差距是刻不容缓的问题，现阶段缩小城乡居民收入差距的关键就在于提高农村公共服务的水平，加快推进城乡公共服务的均等化。

（二）公共服务城乡均等化是统筹城乡发展的需要

所谓城乡统筹发展，就是要把农业和农村经济放在整个国民经济发展

全局中统筹部署，把农村社会事业放在全面建设小康社会进程中统筹安排，充分发挥城市对农村的带动作用，使城乡居民共享改革发展的成果。当前，农村居民面临着对公共服务需求的快速增长与公共服务供给匮乏的突出矛盾，农民在获得基础教育、公共医疗、最低社会保障等公共服务方面存在严重障碍。因此，加快农村公共服务的供给，积极推进城乡公共服务的均等化，体现了统筹城乡发展的内在要求。

（三）公共服务城乡均等化是构建和谐社会的需要

改革开放以来，我国基本上处于以“效率优先、兼顾公平”政策倾向为主的经济高速发展时期，地区差距和城乡差距日益拉大，广大农民无法平等地享受经济社会发展的成果。从构建和谐社会、维护社会稳定的角度出发，政府应加强和完善农村公共服务的供给，通过建立覆盖城乡的基础教育、公共医疗、最低社会保障等公共服务推进和谐社会的建设。

（四）公共服务城乡均等化是我国经济持续发展的必然选择

我国有7亿多农村人口，农村消费需求潜力巨大，这个潜力如果能得到释放，将对我国经济增长产生巨大的推动作用。但长期以来农村在基础教育、公共医疗、社会保障等公共服务方面的严重缺失，抑制了农村居民的消费欲望。所以，从刺激消费、扩大内需保持中长期经济持续发展的客观要求出发，应加大对农村公共服务的供给，努力缩小城乡公共服务的差距。

进入新阶段后，着力推进城乡公共服务的均等化是一个关系经济社会发展全局的重大问题。而城乡公共服务均等化的实现将是一项长期而艰巨的系统工程，需要从我国的实际出发，积极构建相关制度基础和实现机制。

二、我国城乡公共服务非均等化的现状

近些年来，政府致力于推进城乡公共服务均等化，如农村电网的改造，

解决了农村居民的用电问题，又如取消农业税，减轻了农民的负担，再如安装自来水，让农村居民能用上干净水，放心水。尽管如此，距离实现城乡公共服务均等化还有很长一段路程，许多问题仍旧没有得到好的解决，农村的孩子仍旧在失学，辍学，社会保障的覆盖仍旧过小，无法让更多的农村居民感受到所谓的“老有所依”，“老有所养”。总体说来，城乡差距体现在以下几方面：

（一）城乡公共服务供给不均等

政府为城市投放了大量的公共资源，例如基础教育、公共卫生医疗、社会保障这些必要的公共服务。城市居民可直接享受。农民却没有此类的待遇，这是由于城市的公共服务由政府公共财政提供。市民可免费消费纯公共产品，或者只支付很低的费用进行消费。但农村公共服务主要由农村基层政府提供，通常乡镇政府的财力很有限，许多公共服务只是给予一定的补贴，剩余的大部分需要农民自己出钱支付，这就给本来生活并不富裕的农民造成更大的压力，加大了城乡差距。

如教育方面，城乡教育环境、条件方面的差距尤为突出，主要体现在财政经费不足，硬件设施来源短缺，教师资源分布不均衡。农村孩子上学难的问题直接制约着我国的基础教育，应该引起我们高度的重视。

在医疗保障方面，城乡也有着很大的差异，优质的医院基本都集中在城市，农村只有一些简单的诊所，这导致的直接后果就是农民无法享受方便、有效的医疗卫生服务。我国 70% 的人口是农村户口，据 2006 年中国统计年鉴得知：这 70% 的农村人口占用的公共卫生资源还不到全国卫生资源总量的 30%。这表明，农村的医疗卫生条件极差，进而导致农村的医疗卫生发展严重滞后。

在社会保障方面，目前我国社会保障体系的中心仍在城市，农村社会保障体系发展还是停滞不前。如城市企业职工养老保险制度强调风险共担和社会公平，而农村社会养老保险制度突出个人的养老责任，以土地保障和家庭保障为主；城市职工参加基本医疗保险，费用由用人单位和个人共同缴纳，实行社会统筹和个人账户相结合的管理模式；城镇居民的医疗保险基金主要用于参保居民的住院和门诊大病的支出，很多财力雄厚的地区正在逐步统筹门诊医疗费用，农民参加新型合做医疗则是以家庭为主单位，费用由个人、集体、国家三方共同承担，以统筹大病为主，重点放在提高农民抵御大病的经济能力上，门诊方面基本没有可使用的费用。

（二）公共设施和基础设施方面的城乡差距

改革开放后，百业待兴，政府加大了对基础设施建设的投资，同时也尝试了新的投资方式，吸引了新的投资主体。但是基础设施的投资主要集中在城市里，而在农村方面的投入比较小。现如今，县级的城市都有着较好的基础设施，如电影院、医院、广场、公园、公路、健身器材等，我国广大的农村基础设施则非常匮乏。当然，投资主体要考虑自身的成本回收以及收益，自然就不会把资金投入到农村的基础建设上去。因此，城市基础建设日新月异，甚至出现了因为重复建设而导致资源浪费的现象。农村仍旧是一副旧貌，一些基础设施因为没有足够的资金去更换，影响了农业生产，进而影响农民收入。不得不承认，这是一个恶性循环，就这样，城乡差距已经不仅仅只是体现在最初的“吃饭”和“住房”方面了。

（三）城乡公共服务供给质量，效率不均等

鉴于城市居民受教育程度较高，法律意识以及参政议政能力强，同时城市的管理规范，法律监督到位，城市公共服务供给的效率和质量都很高。相对来讲，农村居民多数维权意识不够，同时乡镇政府缺乏周全的分析，甚至有些政府为了谋取自身利益，在向农民提供化肥、种子时以次充好。

更有甚者，乡镇政府挪用农村修建基础设施的资金，导致豆腐渣工程。种种行为，只能导致农民利益受损，扩大城乡差别。

综上，无论是在数量上还是质量上，城乡公共服务都存在着较大的差距，且差距越来越大。由于我国人口众多，大城市早已出现饱和，我国的城镇化只能是发展中小城镇，而公共服务正是城镇软实力的体现，也是聚集人们生活的重要条件，如果城乡的公共服务差距继续扩大，只能吸引更多的人到已经饱和的城市中去，而乡镇则很难发展，城镇化也就无从谈起。因此必须逐步实现城乡公共服务均等化。

三、实现城乡公共服务均等化的建议

（一）建立健全政策法规体系

加快基本公共服务的立法进程，从程序上规范和约束基本公共服务供给，以立法的形式巩固基本公共服务的成果和经验。我国地区发展不协调，实现基本公共服务均等化需要长期的统筹安排，有系统、有步骤地推进，实现基本公共服务的目标。

首先，尽快出台基本公共服务的国家及地方标准。实现均等化，必须有一个权威的参照标准，尽快解决弱势群体、贫困地区的基本公共服务问题。其次，探索基本公共服务体系建设的模式，借鉴国外的成功经验，树立地方典型，学习交流可行模式。探究城市基本公共服务引入市场机制的可行性和农村基本公共服务的地方特色。再次，建立配套的法律法规体系。围绕基础教育、卫生、文化、就业、社会保障、生态环境、公共基础设施、社会治安等方面，形成比较完善的法律法规，为基本公共服务政策制定、执行、监督提供法律依据。依法行政，做到有法可依、执法必严、违法必究。整合现有法律资源，提升法律层次，能以法律形式制定就不要以行政规章形式体现。因地制宜的政策文件虽然有时作用明显，操作灵活，但其不确定性存在隐患，要慎重选择。基本公共服务法治化还需要对中央和地方的职能定性法律化，确认市场在基本公共服务建设中的法律地位。

（二）建立城乡统一的公共服务供给制度，拓宽公共服务供给渠道

城乡之间由于经济社会发展水平的差异，城乡居民对公共服务的需求有所不同，城乡公共服务的水平可以有差别，但城乡的公共服务供给制度应该是统一的。长期以来，城乡之间公共服务非均衡化的主要原因在于城乡迥异的公共服务供给制度。要实现城乡公共服务的均等化，必须尽快建立城乡统一的公共服务供给制度。要从城乡统筹发展的高度出发，逐步取消对农民带有歧视性的体制障碍、制度障碍和政策限制，使城乡居民享有同等的待遇。建立起城乡统一的劳动就业制度、户籍管理制度、公共卫生和新型农村合作医疗制度、统筹城乡基础设施建设的农村社会保障制度，加快建立覆盖城乡居民的社会保障体系，逐步提高保障水平。

为城乡居民提供均等的公共服务是政府不可推卸的责任，政府作为公共服务的供给主体，理应在公共服务的供给体系中占据主导地位。但是，我国农村人口众多、农村地域广阔，现阶段政府财政收入还很有限，由政府独自供给公共服务已无法满足农民公共服务需求的多样性和广泛性。为了提高农村公共服务的质量和效率，尽快实现城乡公共服务的均等化，应拓宽农村公共服务的供给渠道，建立公共服务多元供给体系。农村义务教育、医疗卫生、最低社会保障等纯农村公共服务，政府应担当供给的主体，对于交通、科技推广、通讯等准公共服务可以由市场或非政府部门来提供。这既减轻了政府的负担，又会提高公共服务的供给效率。

（三）加大公共服务财政支持力度

合理调整中央与地方的关系，调整省、市、县、乡四级政府的分配关系，

调动上级政府的积极性，事权要与财权相结合，减轻县乡一级的财政负担，缩小县乡之间的财力差距。

第一，中央、省级政府改变对城市的基本公共服务财政支撑力度，协调对基本公共服务各个领域财政供给比例，加大投入农村地区的基本公共服务，从财政上支持基层政府建立农村基本公共服务体系。例如，调整目前分级管理的税收体制，划分出与基层政府共享的税种，对于财政状况不好的区县，减少上缴的税收，要求下级政府将下放的税收更多地用于城市基本公共服务薄弱的领域和农村基本公共服务。

第二，建立政府对城乡特别是农村基本公共服务投入的稳定增长机制。财政向农村、城市郊区倾斜，保证教育、文化、就业、卫生、医疗、社会保障等法定支出的增长。采取城市对口支援郊区和农村、发达地区带动欠发达地区的方式，一对一改善农村的基础教育、医疗卫生条件，根据支援地区和被支援地区的情况，因地制宜，采取不同的标准，要求在一定时期内完成一定任务，并取得一定成果。

第三，增加公共事业补助，提高保障能力，规范部门管理，完善调节机制，提高资金使用效益。减少资金拨付环节，杜绝层层克扣。规范资金的使用，加大财政监督检查力度，建立首长负责制，经手人员追责制，依法行事，违法必究。

第四，解决村级、乡镇和县级债务问题，不管是东部还是中西部，都存在财政透支问题。债务逐年积累，压得当地政府喘不过气来，债务问题没解决，基本公共服务建设就无从谈起。因此，上级政府要帮助解决这一问题，这些政府及村集体要“增收节支”，求真务实地顾全好发展稳定的大局。

（四）鼓励人才流向农村

长期以来，我国对农村和城市郊区的基本公共服务人力投入不足，这些地区人口素质较低，缺乏高新技术人才成为制约地区经济发展的重要因素。要努力实现城乡对基础教育、文化、科技、医疗卫生等方面人力资源的需求。鼓励专业技术人才走向基层。教育是决定人口基本素质的关键，医疗卫生能够提高人口身体素质，文化能促进社会精神文明建设，教育、医疗和文化是提高人口综合素质的关键，农业科技人员又能提高农民的技术水平。因此，必须积极促进教师队伍、医疗队伍、农业科技型人才的交流，鼓励教师、医生、农业专家从城市走向农村、郊区，致力于提高这些地区的教育、医疗水平和农业科技含量。中央和各级政府应采取各种政策鼓励人才进基层，如对主动提出调动者和服务一定年限者给予相关的物质奖励和精神奖励，对农林牧副渔业有显著贡献者授予特别奖项，并给予这些人员比在城市更高的福利待遇，留住人才，吸引人才，共同实现城乡基本公共服务均等化。

第三节 深化财税金融体制改革

城镇化的发展离不开财政金融的支持。正如上节所探讨的城乡公共服务均等化，目前我国城乡公共服务的非均等化局面在很大程度上是因为财政的城乡二元差距，而要均等化城乡财政收入，也必须要有财政的大力支持。除了财政的扶持之外，城镇金融的作用也不可忽视，金融的基本作用是融资筹资，这可以很好的弥补城镇化进程中资金缺口。城镇化发展离不开资金的支持，而财政和金融便是最主要的资金来源，所以城镇化配套建设中，必须高度重视财政和金融体制改革，这也是本节的主要内容。

一、我国财政体制制约城镇化进程的方面

我国目前的财政体制，在很多方面都不利于城镇化的发展，主要的表现有以下几点：

（一）财政“二元结构”，限制了城镇化的发展

再次强调，我国是典型“二元结构”的国家。建国初，我国为了尽快建立工业体系，不得不牺牲农业农村的发展，率先发展工业，优先发展城市，形成了城乡二元结构，与之相对应的财政方面的二元结构。一方面财政向城市和工业集中，市民享受着国家财政的种种优惠待遇和福利；一方面是农村和农业财政支持城市和工业，农民财政只能自给，形成农村财政。我国的财政二元格局在特殊的时期，适应了国家战略发展需要，使得国家在较短时间内建立了较为强大的国民工业体系和国防安全体系，维护了国家主权，增强了人民的自信心，促进了社会主义的现代化进程。但另一方面，这种农村事业农民办的“二元”财政格局，在有利于城市与工业发展的同时，又大大地降低了农村发展的效能，拉大了市民与农民之间的距离，形成一种城乡间割裂的状态。正是这种财政“二元结构”，使得我国财政对农村农业的支持力度较小，城乡在基础设施、教育、医疗、社会保障等方面有着很大的差距，这种“二元结构”也将制约城镇化的发展，财政应该以统筹城乡发展为目标。

（二）各级政府财权事权不对等，制约城镇化发展速度

1994年，我国进行了分税制改革。分税制改革的主要目的是要提高“两个比重”，增强中央的宏观调控能力。中央长期的财政拮据使得这次调整力度很大。中央税都是税基广，流动性强的税种，而且改革将原本属于地

方的税种如营业税，增值税都划入了共享税种，中央财政享有绝对的优势比例，分税制实行以来，中央财政收入不断提高。各级地方政府也仿效中央的做法，上级政府利用在财税分权方案设计中拥有的动议权和决定权，且追求自己利益的最大化，努力做大做强自身财政，减少负担，利己倾向明显。这导致了财权层层集中上移，而事权层层下放，政府间财权事权不对称。结果是，处于行政最底层的县乡两级财权最少，但最贴近百姓，事权最重。

另外，地方政府没有相应的主体税种，财政没有稳定的收入来源，加之中央严格控制地方政府的税收立法权，税种选择权，致使地方政府只能依靠中央的转移支付来维持公共产品的提供，这当然导致地方政府在民生建设方面投入不足，地方尤其是县乡财政拮据，地方财政存在巨大的收支缺口。加上中央转移支付中存在的问题，使得地方政府无法应对沉重的支出负担，不得不通过租用或出售土地使用权，以及其他途径借贷。这严重影响了公共产品的提供，制约了地方民生的改善，也逐步拉大了城乡差距，不利于城镇化的发展。

（三）转移支付制度不合理，没有很好地发挥“补缺”作用

由于财权与事权无法达到真正的对称，转移支付制度在一定程度可以弥补这一缺陷。在我国，转移支付的主要目的是弥补地方政府的一般性财政收支缺口，保障各级政府的最低公共产品的供应，让全国各地的居民都能享受到最基本的公共服务。由于转移支付制度是建立在明确的事权和财权划分的基础之上，事权与财权的界定不清让我国的转移支付制度发展滞后，并没有实现其缓解横向、纵向财政失衡的目标。首先，缺乏用法律确定的科学的转移支付标准。这导致转移支付有着较大的随意性，尤其是省以下政府间财政转移支付制度，基本上由各省自行决定，各地差异较大，

无法与中央对地方的转移支付制度接轨，而且主观因素多，具体操作也很不规范，不但不能缓解地方政府间的财政差异，反而带有一定的马太效应。其次，转移支付结构不合理。一般性转移比例较少，专项转移比例较大。由于专项转移支付的资金都有规定的使用方向，地方政府并不能随意支配，一般转移支付不足使得转移支付并不能弥补地方政府的财政收支缺口，甚至铤而走险，挪用专项转移支付的资金去“补缺口”，这使得国家专项转移所支持的项目质量也受很大影响。最后，由于事权划分不清，法律不明确，让整个转移支付过程很不透明，而且转移后资金的使用也缺乏监管。地方政府经常挪用和挤占转移支付，不能专款专用，将转移款项用于政绩和形象工程，导致一些基层政府难以维持基本的财政支出。

二、完善我国财政体制的建议

城镇化的发展离不开财政的支持，尤其是城乡基本公共服务均等化的实现有赖于公共财政制度的完善。依据我国财政制度的现实情况，必须进一步完善财政体制，健全财政转移支付制度，增强基层政府的公共服务供给能力，创新农村基本公共服务的供给制度。

（一）建立财力和事权相匹配的财政体制

城乡基本公共服务均等化的实现要求政府的财力与事权相匹配，这要求处理好各级政府之间财权与事权的关系。

1. 明确中央与各级地方政府在农村基本公共服务供给中的职责

建立利于城镇化发展的财政体系，关键是要明晰各级政府在农村公共服务中的职责，一般而言，受益范围遍及全国的基本公共服务支出，主要应由中央政府提供，如全国性的义务教育、公共卫生服务医疗和生活保障、农业基础科学的研究、大型生态农业保护工程等。受益范围局限于某一地区的基本公共服务，则由相应层级的地方政府提供，如本辖区范围的行政管理、区域性的农田水利建设、辖区道路建设等。具有外溢性的地方性基本公共服务以及与民生直接相关的基本公共服务应由中央政府和地方政府共同提供，并根据各类基本公共服务所具有的不同性质和特点以及各地经济发展水平确定各级政府的职责。比如农村医疗卫生服务的支出主要由县级政府负担、中央与省级政府进行补助；农村的合作医疗由各地区依据实际情况确定中央、省、市、县的比例分担；农村的社会保障主要由中央和省提供，由县级政府进行管理。再比如义务教育，在西部农村，其支出全部应由中央和省级政府承担，通常情况下以省级政府为主；在经济中等发达的地区，应该由中央、省、地方三级政府共同承担，但中央与省的负担比例不应该少于一半；在经济发达地区，由于地方财政实力较强，应该由三级政府共同承担，但是应该以县级政府为主。

2. 培育地方财政稳定的收入来源

地方政府最了解当地的民生，也最适合进行公共产品供给。但分税制改革后，中央将税权上收，地方没有自己独立稳定的税种。因此，下一步的财税改革还应该保证地方有足够的财源进行公共产品的供给，建设民生。应该赋予地方政府一定的税收权力。要充分考虑地方经济发展的需求和地方政府运用税收调控经济的能力，使地方税收收入随着经济发展而持续增长。

具体而言，应该按照“中央立法为主，地方立法为辅，中央、地方分税分级管理”的原则划分税收管理权限，先扩大地方财政的税收征管权、再逐步完善税收立法权。税基应该由中央统一规定，事关全局性的税种的立法权、开征停征决定权、税目税率调整权等集中在中央。可赋予地方政府必要的税收立法权和在一定范围内税种、税率的选择权。即赋予地方政府地方税种的开征、停征、调整税率减免税权，以及在中央统一指导下，对具有区域性特点的税源开征新税种的权力。逐步建立起我国的地方税制体系，从而保证地方政府包括基层政府能够有稳定的财政收入。通过开设新的税种，形成地方政府完整的税收体系，从而获得稳定的财政来源。当然，为了维护税收法律制度的统一性，中央应对地方政府的税收立法权予以必要的监督，将地方税收立法权纳入法制化轨道，坚决杜绝地方政府巧立名目，增加百姓的课税负担。

（二）完善转移支付制度

1. 正确处理一般性转移支付与专项性转移支付的比例

针对我国当前专项支付比例过高的现象，我们应该适当缩减其比例及相应的覆盖范围。专项转移支付具有目标性强、见效快的特点。但我国目前的专项转移支付几乎覆盖了所有的预算科目，财力性转移支付中除了一般转移支付及民族地区转移支付，其他转移支付也带有专项的特征。这导致地方政府对资金支配的自由度降低，限制了一些地方政府向居民提供公共服务的投入。同时专项转移支付过多也导致地方政府与中央的讨价还价及地方政府间争项目、争资金的恶性竞争。

提高一般性转移支付，是提高地方政府可用资金额度的主要方法，其分配力度应与各地的支出需求成正比，与各地的税收能力成反比。通过中央财政投入，保证地方政府提供最低公共服务水平，满足各地区最低公共服务水平的需要，实现地区间公共服务水平的横向公平。最终形成一般性转移支付与专项性转移支付并重的转移支付体系，功能明确、互不交叉的转移支付框架。

2. 多样化转移支付模式

目前，国际上政府间的转移支付模式主要有两种——纵向转移和纵横交错转移。我国采取的主要是纵向模式，即由上级政府对下级的转移支付。

为了提高转移支付效率，不少国家已经开始采用纵横交错的模式。横向的转移支付主要用于解决经济落后地区公共开支不足问题，纵向转移支付侧重于实现国家的宏观调控目标。我国经济发展有着很强的区域性，东部地区非常发达，而中西部地区则相对落后。可以适当的增加横向转移支付，通过发达地区与欠发达地区的交流，不但能够减轻中央财政的负担，还可以促进地方间政府的交流，以此充分发挥地方政府在平衡地区间财力的重要作用。

（三）推广“乡财县管”和“省管县”模式

我国目前有中央、省、市、县、镇等五级财政体系，这在世界上并不多见，其他国家如美国、日本、澳大利亚等国家均为三级或准三级的行政架构。过多的财政层级不仅带来了财政体制运行的低效益，还大大增加了理顺这五级财政之间事权和财权关系的难度。各级政府都想拥有自己的独立稳定的主体税种，但税种毕竟是有限和稀缺的，在分税制的模式下，上级政府利用本身的权力，不断的上收财权，这样至少乡一级的政府是看不到希望的。县乡政府基本没有自己独立稳定的主体税种，这使得县乡政府很难长期维持财政大体上的收支平衡和公共服务产品的提供。财政制度的“省管县”，“乡（镇）财县管”模式是一个很好的制度创新，它能打破“一级政府，一级财政”的传统思维定式，在不改变现有行政体制的情况下，减少财政级别；能很好地满足当下的需求，并最终过渡到中央、省、市县三级财政体制。

所谓“乡（镇）财县管”是指要取消乡镇一级的财政级次。近年来，农村人口大量外出务工，乡镇村民为了良好的教育、就业、医疗，都向县级城市靠拢，出现了“去乡化”的趋势。在这样的形势下，我们可以考虑“虚化”乡级财政，可以尝试将乡镇政府改为县级政府的派出机构，撤销乡镇财政。政府级次能够得到有效精简，职责也会相应的较易廓清，有利于减少行政运转经费，减少财政支出，更可以减轻农民的负担。

“乡财县管”之后进而还可以考虑在省、县之间把地区（市）一级政府虚化。一方面，淡化市级财政的功能，让县级政府和省级政府直接对话，市级政府实际上和县级政府“平行”，不再有财政的上下隶属关系。“省管县”的推行减少了市一级财政，也就减少了一个财权上收和事权下放的环节，将有限的财政资源更加充裕的划分给各级政府；另一方面，财政层级减少了，政府间的财政经济关系更加清晰了，政府间的财权和事权在三级政府之间进行划分就更加容易，基层政府的财政困难也能得到更有效的缓解，同时也能提高政策下达和反馈上行的效率，能够使上下级之间的信息交流沟通更加有效。

三、金融支持对城镇化重要意义

财政对城镇化的支持更多的是国家义务责任的体现，然而国家财政的实力毕竟有限，而且财政支持的市场性较差，如果一味地依靠财政扶持，会给我国县乡财政带来极大的赤字压力。因此，需要拓展城镇化发展的资金来源渠道。金融作为当代经济的核心，它既服务于经济，又反作用于经济。金融信贷结构的调整、资金投放额度的改变、金融服务方式的优化等对农村经济发展速度、农村城镇化建设进程均会产生重大影响。我们应该高度重视金融在城镇化中的作用。

（一）城镇化的发展离不开金融支持

著名经济学家H. 钱纳里和M. 塞尔昆在1975年提出的城镇化与工业化的“发展模型”中指出，城镇化的发展初期是由工业化推动的。从我国的实际情况来看，农业产业化水平较低，不但没有起到对农村工业化的有效支撑作用，反而在一定程度上制约着农村城镇化的进程。因此，在今后及一个相当长的时期内提高对城镇工业化和农业产业化的金融支持力度，将成为城镇化过程中的一项重要工作。

金融支持农业产业化至少应包括以下几方面：（1）金融机构为农业产业化发展提供充足的信贷资金；（2）金融机构利用信贷杠杆工具，通过贷款的投向，可以引导农业生产部门进行产业结构调整和升级；（3）发挥金融服务的避险功能，防范和化解农业经营的高风险；（4）金融机构成为农业产业化的信息平台，引导农民合理组织生产，降低市场风险，加快农业产业化健康发展。

（二）城镇建设和城镇经济发展的金融支持

发展城镇经济和增加基础设施投入都离不开金融的支持。城镇经济以第二、三产业为主，其经济主体是城镇中的中小企业，无论是中小企业的设立还是中小企业的发展都离不开金融服务，尤其是信贷资金的扶持。当前，融资难已经成为我国中小企业发展的最大瓶颈，急需创新金融制度，加大对中小企业的融资，推进城镇化发展。就城镇基础设施而言，本来应该是政府财政的支出责任，但基础设施建设存在周期长、资金占用额大、成本回收时间长的特点，单纯依靠财政资金并不足以支撑整个建设项目，所以向金融体系进行融资就成为募集资金的重要手段。

（三）农民市民化过程中需要金融支持

当今，现代化的金融服务已经成为城市经济生活中不可缺少的基本要素之一，使进城农民逐步学习和熟练运用各种金融工具，逐步提高他们的金融意识和在城市的生活水平，已成为金融支持城镇化建设的重要任务。金融服务对促进进城农民生产、生活方式的转变具有以下重要作用：金融支持可以满足进城农民对消费信贷服务的需求；可以满足进城农民对个人财产保险和医疗社会保障等方面的需求；可以满足进城农民在自主创业，自谋职业等方面对银行信贷资金的需求。

四、加大金融对城镇化建设支持力度的建议

（一）制定信贷融资策略使之与城镇化建设相匹配

为了更好地发挥金融机构在农村城镇化建设中的支持作用，各级政府应与金融部门签订有关城镇化建设方面的合作协议。在确定融资规划时认真考虑当地的城镇发展规划，要与当地的经济环境相符合。规划的具体内容应包括城镇化发展的长远目标、与城镇化发展目标相匹配的融资目标、主要融资方式、融资策略与原则、融资渠道等。在融资过程中要尽量按计划融资，防止融资过度造成的资金闲置或浪费情况的发生。同时，为了防范并化解融资风险，可以利用地方政府部门的组织优势来强化融资信用管理。另外，金融机构要对现行的信贷管理体制进行深化改革以适应市场的需求，打破原有的信贷管理权限过于集中的局面，适当下放权力，放宽贷款审批条件，简化审批手续，提高办事效率。重新制定信贷政策及相应的信贷操作办法，充分满足贷款者的需要。要根据城镇化进程中不同阶段的特点确定相应的信贷支持目标，在制定具体目标时要确保质量，要有战略眼光，用发展的观点去考虑问题。

（二）加快金融体制改革，完善金融服务体系

第一，发挥政策性金融在城镇化过程中先导作用。国家应出台相应政策措施，促进国家开发银行、中国农业发展银行等金融机构开展有针对性的贷款，也可以成立新的开发性金融机构，专门满足城镇化中基础设施建设的贷款需求。

第二，国有商业银行、城市商业银行及股份制商业银行应主要在健全

城镇功能和发展城镇社会服务中寻求商机。例如，中国农业银行和农村信用社主要在发展城镇经济、促进社区服务水平提高上开展金融服务，重点支持农业产业化、农产品结构调整、农产品深加工、运输、储存等，同时积极支持面向城镇社区服务的各类服务机构，特别是有需求潜力和就业容量大的服务业，促进城镇第三产业发展。

第三，建立和发展地方性中小金融机构。充分发挥农村合作金融机构服务县域小企业的生力军作用，努力推动地方中小银行发展成为中小企业的伙伴银行，有序扩大村镇银行和小额贷款公司等新型金融组织试点。同时，大力引导国有商业银行设立中小企业信贷专营机构。

第四，改变市场准入条件，为民间资本进入金融机构打开方便之门。

（三）在城镇建设中施行多元化融资方式

金融部门要因地制宜，适时选择、尝试多样化的融资方式。充分发挥诸如银行贷款、出口信贷、对外劳务承包贷款、境外项目融资、票据贴现等新型信贷模式的优势。并以此为基础，根据各地的经济发展状况，探寻更多的诸如“集合资金委托贷款”、“土地储备贷款”等具有城镇建设融资特色的新型融资方式。

（四）完善金融政策扶持，鼓励失地农民创业

促进农民市民化，关键在于引导失地农民有效实现向非农产业的转移。实现产业转移的主要途径，一是就业，二是创业。随着经济结构的升级，部分企业随着技术水平和资本密集程度的提高，就业岗位减少，失地农民以就业方式实现向非农产业转移的难度加大，然而，失地农民所处的区域大都是城乡结合部，工商业和交通相对发达，城市辐射效应明显，创业机会多，成功率较大，鼓励创业成为解决失地农民问题的有效途径之一。当前，失地农民既不能适用小额农户信用贷款政策，也不能享受城镇下岗职

工小额贷款的待遇，更难以得到信贷市场准入及利率优惠政策的支持，在一定程度上，失地农民已经成为金融支持政策上的“盲点”，信贷资金扶持措施跟进缓慢，严重影响了失地农民的创业之路。因此，政府部门应完善金融政策，例如借鉴下岗职工小额贷款管理办法，出台失地农民小额贷款管理办法等政策法规，为失地农民的创业发展提供金融政策上的保证。

第四节　稳妥推进户籍和土地制度改革

城镇化的核心问题就是农民转为城市市民，在这个过程中永远绕不开两个问题：户籍改革和土地制度。新型城镇化主要是以农民市民化为重点的土地、户籍等相关改革，放弃农村的土地意味着要换来城市市民的同等待遇，这事关城镇化改革的成败。

一、我国户籍制度和土地制度存在的问题

户籍制度在我国由来已久，早在战国时期，商鞅就提出了户籍制度，目的是为了限制人口的流动，将百姓限制在当地的土地上进行生产，有助于社会的稳定。建国以后，我国仍然延续了户籍制度。而且为了优先发展城市，采取了城乡二元户籍管理制度，限制城乡之间人口的流动。如今虽然户籍制度几经改革，居民可以在城乡之间流动，但如今的户籍已经不单单是一个管理人口的工具，其背后附加着很多福利。正是这种福利的差异，使得农民工仍然难以真正融入城市，转变为市民，户籍就是拦在农民和市民之间的一道门槛，让农民工难以逾越。直接影响了我国城市化的进程。据相关统计显示，如果以常住人口计算，我国城镇化率已经突破了50%，

但如果按照有城镇户籍的人数，按照政府提供的教育、医疗、社会保障等公共服务水平来说，中国的城镇化率大概只有35%—36%。远低于世界52%的平均水平。目前，在城镇打工的2.6亿的农民工中，真正在城市购房的还不足1%，大约有1.59亿在城市工作半年以上的农民工及其家属是处于“半市民化”状态。

城镇化的另一个难点是土地制度改革。这主要表现在以下两方面：

一是农村土地集体所有制与土地国家所有制主体之间的关系不平等。土地国家所有制主体是国家（政府），是强势的一方，土地集体所有制的主体是村镇经济组织，是弱势的一方。因而往往导致国家（政府）不顾农民的利益强制性地以较低的价格征收农民的土地。这也是中国农村城镇化道路中土地的城镇化大大快于农民的城镇化的主要原因之一，从而也是使很多失地农民找不到工作陷入更贫困境况的主要原因之一。主体之间不平等关系还导致了农村用地跟城市用地没有做到同地、同权、同价，农民付出了土地，却没有享受到土地增值的利益，城乡居民收入差距不断扩大。

二是农村土地集体所有制的产权关系不明晰，从而不利于土地的流转和规模经营，影响到农村城镇化进程。就农村土地集体所有制而言，在法律上其产权关系是清晰的，是属于集体的，但是“集体”既不是国家，也不是农民个人，土地集体所有权主体没有真正的法人代表，从而削弱了集体经济的独立性，影响到农村城镇化道路中集体对土地有效合理的统一规划和使用，并加剧了农用土地的减少和流失。虽然中央已经明确规定土地承包经营权30年稳定不变，并明确规定了承包经营权的多项权能，允许其流转。但是中央规定的家庭承包经营权的期限和各项权能并没有真正落实，农民对自己已有的权利不放心，从而不敢放心大胆地舍弃土地，进入城市。

二、我国户籍制度改革的方向

户籍改革看似简单，但要厘清户籍制度背后的各项福利就非常的困难，是一项极为复杂的工程。如果户籍继续和社保、就业、医疗、教育的机会密切相关，进程的农民还是无法真正的融入城市。户籍改革必须要朝着以下三方面进行：

（一）去利益化

从结构上讲，户籍制度作为特定的社会控制手段，也是社会的必需。在功能上，本来只限于户口登记、管理等。不是户口迁移决定人口流动，而是人口流动决定户口迁移。但根植于计划经济背景下的中国现行户籍制度除了承担其应有的内在功能之外，还承担了诸如身份认同、资源分配等外在功能。正因为与权利挂钩，与分享社会经济成果和利益交织，使得户籍成为国人顶礼膜拜、疲于奔命的东西，由此还衍生出对婚姻家庭领域、教育、政治上的寻租行为。所以，户籍改革本身并不复杂，但附加在户籍制度之上的相关社会经济政策以及由此形成的社会利益分配格局却是错综复杂的。不研究解决好相关的社会经济政策问题，户籍管理制度改革将难以稳步推进。因此，国务院应综合协调有关部门对计划生育、最低生活保障、社会保险、义务教育，特别是农村土地承包和集体经济收益分配等与户籍改革相关的现行法律法规政策进行一次全面清理，并制定出相应的修改和过渡性措施，彻底祛除嵌入在户籍制度中的各种利益分配制度，还户籍管理本来面目。

（二）城乡一元化

从实质上看，户籍的魅力不在于它区分了农民和市民，不在于它划分了乡村与城市，而在于隐藏其背后的权利资源分配体系。户籍制度的改革和城市化的推进就是要打破挂在户籍名义下的各种权利壁垒，摧毁以户籍管制为基础的城乡分治的二元经济结构。户籍制度改革能否彻底的主要问题不在户籍制度本身和户口迁移制度，也不在公安机关，关键要看相关制度、相关部门是否能够实行配套改革。只要就业、教育、住房、社会保障等各方面真正一视同仁，不分地区、不分户口性质，才能真正打破城乡二元经济格局。只有相关方面顺应形势及时改革，户籍管理制度的改革才具有实际意义。

（三）迁徙自由化

迁徙自由是指通过人口的有序流动和合理配置，实现人尽其才和安居乐业的终极价值。这是公民的一项基本权利，也是市场经济发展的内在必然要求。在人口自由流动、劳动力充分竞争的市场中，城乡居民都会为获得更好的工作岗位而努力学习、工作，劳动力交易成本会大大降低，劳动力资源将获得最佳的分配，劳动力的积极性和创造性将得到最大限度的发挥。我国传统的户籍制度最初是允许人口自由迁徙的，后来才逐渐演变为对人口自由迁徙的严格控制，目前的户籍制度改革也主要是逐步放宽自由迁徙的条件，但对农民迁入城市仍然存在不同程度的“准入门槛”，这与市场经济的内在要求是不相容的。

三、城镇化中土地制度改革的方向

（一）进一步明确保护承包土地产权

2007 年颁布施行的《中华人民共和国物权法》赋予了农村土地承包经营权以物权的概念，2008 年党的十七届三中全会更是明确要求：“赋予农民更加充分而有保障的土地承包经营权，现有土地承包关系要保持稳定并长久不变。”因此，鉴于现行农村土地制度将所有权归属于虚无的“集体”并割裂了要素使用者和要素间纽带关系的现实，当前的改革和创新要立足于稳定家庭联产承包关系，并在此基础上弱化集体所有权、强化农民永久使用权。通过明确集体所有权和农民使用权的权能界限，既可以强化国家的宏观调控，也最大限度保护了农民合法权益，不仅无损于国家利益，还有助于农民用好和用活承包土地，再次激发农民的无限创造力，从而为城镇化发展贡献更大推力。

（二）大力探索土地流转机制

全国各地都已经从本地实际情况出发，因地制宜在承包土地流转方面进行了一些尝试和创新，2008 年党的十七届三中全会通过《中共中央关于推进农村改革发展若干重大问题的决定》，允许农民以转包、出租、互换、转让、股份合作等形式流转土地承包经营权，发展多种形式的适度规模经营。在这轮土地改革中，全国各地先后出现过各种新型城镇化的改革尝试，例如以对土地确权颁证，建立农村土地产权交易市场，设立建设用地增减指标挂钩机制的“成都模式”；以乡镇政府主导的“以宅基地换房”，先解决搬迁农民的安置问题，然后通过土地集约增值的收益发展地区产业，解决农村居民就业问题的“天津模式”；以股权分红为特征的“广东佛山模式”等。但目前农村土地使用权流转发生率总体上仍然较低，这既有悖于实现农业现代化所要求的土地规模经营，也与城镇化发展要从农村转移大量人口的实际需求不尽一致。有鉴于此，当前要继续深入探索建立合理的农村承包土地流转机制，培育和发展承包土地流转的市场中介，鼓励和支持多种形式的流转行为，努力在流转中放大地力和人力、不断提高边际收益水平；与此同时，要在全国范围内尽早就承包土地流转建章立制，提高工作的规范化水平。

（三）改革征地制度，提高农民在土地增值收益中的分配比例

近年来，随着城市化的发展，征用农村土地，进行城市化建设，发展工业化已经非常普遍。征地行为的增加，征地纠纷也随之增加，农民的利益无法得到保障，亟需我国完善征地制度，保护农民作为土地所有者的权力。首先，应该建立征用土地的法律法规，应在征地目的、征地范围、征地程序、征地补偿等方面做明确规定，对征地过程中的基层政府、农民集体、村委会、农民个人、用地单位等相关主体的权力义务做出明确规定，并明确规定违反后的惩罚措施。其次，为了保障农民的利益，在确定土地补偿金时，必须将土地增值收益计算在内，可以增加补偿金、土地经营权入股、将土地增值收益给农民缴纳保险金等形式实现，并确保补偿金能够足额的发放到农民的手中。最后，做好失地农民的就业安置工作。作为农民生存的土地一旦被征用后，就意味着农民的失业。政府要解决失地农民的就业保障工作，可以通过对农民进行完整的培训，使农民具有再就业的技能和条件。在当地创造新的就业机会，扶持当地企业，让农民就近就业。

户籍制度和土地制度改革是项复杂而长期的工程，其背后牵连着太多的相关利益，但又是城镇化所绕不开的话题，直接决定着未来城镇化的走向。有学者认为，“在推进新型城市化过程中，政府应该把征地、户籍、财政三方面的制度改革统筹起来通盘考虑，并通过制定配套性的改革方案来从整体上推进，实现土地—财政—户籍改革的全面突破”。但具体怎么推进，考验着执政者的智慧。

第八章

城镇化建设与可持续发展的国外经验与误区

第一节　国外城镇化建设的经验

第二节　国外城镇化建设的教训和我国的误区

城市化是人类社会发展的必然趋势，基本上每个国家都在经历着城市化的过程，只是所处的程度不一样罢了。如英国、法国、美国是城市化发展最早、城市化程度较高的发达国家，而日本则是城市化发展速度最快的后发国家，在几十年的时间里走完了英、美等国几百年才完成的城市化进程。拉美地区国家在城市化中普遍都存在“城市病”。“十二五”规划和十八大报告中都将城镇化作为我国下一步的发展重点，为了少走弯路，借鉴各国已有的发展经验是必不可少的。本章主要介绍英国、法国、美国、日本、拉美地区等城市化发展的经验和教训，为我国城镇化的发展提供一些参考。

第一节　国外城镇化建设的经验

一、世界各国城镇化进程

（一）英国的城市化进程

英国是世界上第一个实现工业化的国家，也是第一个实现城市化的国家。1801 年，英国的城市化水平不足 26%，半个世纪后，城市化水平升至 45%，2005 年，英国的城市化率已达到 90% 以上。英国的城市化在一个毫无前例、毫无经验借鉴的环境下实践和发展，这使得英国学术界和城市规划工作可以毫无束缚、大刀阔斧的改革和创新，同时也为世界其他国家的城市化发展奠定了基础，提供了可以借鉴的经验以及在城市化发展中应该吸取的教训。

16 世纪中期，英国展开了声势浩大的圈地运动。圈地运动导致了土地所有权的变革和大规模的人口迁移，改变了农村中小型生产的传统，取而代之的是大规模的畜牧业、农业，提高了土地资源的利用率，同时为大规模的机械化农业提供了可能。圈地运动后，原来的土地贵族变成了资产阶级，农民则变成了第一代工人。由于农业采取了规模作业，生产率得以提高，无地耕种的农民则大多数进入城市成为工人。

16—18 世纪的商业革命也为英国城市化打下了坚实的基础。这一时期，封建制度逐渐没落，重商主义政策日渐抬头，新航路的开辟，英国的殖民体系的建立，“随着殖民地的扩大，英国对外贸易在 18 世纪增加了 6 倍，伦敦成了世界贸易中心。”这种国际性的贸易往来也带来了人口的大规模流动，这也是英国城市化的一大重要因素。

英国大规模的城市化始于 18 世纪中叶的工业革命。工业革命使产业结构发生重大变化，就业人口分布发生相应的变化，城市就业机会增加，把大批农村劳动力吸引到城镇，为工业化的发展提供了充足的劳动力。1801 年，英国城市人口仅占总人口的 33%，到 1851 年，英国城镇人口占到了总人口的 54%。从业人口的分布也有了变化，农、林、渔业的从业人口数从原先的 40% 以上，降为 1851 年的 21.7%，到 1901 年，只占从业人口的 8.7%，而工业、建筑业的从业人口则从 1801 年的 29.7% 上升到 1901 年的 46.3%。工业革命对英国经济发展的影响是前所未有的，它极大地解放了英国的生产力，原煤、钢铁、纺织品等的产量都位列各国第一，且优势明显。

随着工业集中化趋势的出现，一大批工业城市如雨后春笋般建立起来；一些传统的城市发展缓慢、日渐衰落，无法适应工业变革的需要而难逃被淘汰的命运；而一些地处资源丰富、交通便利的地区则得到了很好的发展。城市的传统格局由于城市化的快速发展而被改变，如英格兰南部的米德尔赛克斯、萨里、肯特、格洛斯特、萨摩赛特等都是由于城市化而出现的大批新工业城市。工业革命使城市的地位和作用大为增强。城市的聚集经济效益使制造业及其他服务业集中到城市，使其成为吸纳农村剩余劳动力的中心。英国工业革命还导致了交通运输业的变革，1825年世界第一条铁路在英国修建，到19世纪50年代，英国的大中型城市基本都通了火车，内陆和沿海城市都被密密麻麻的交通网连在一起，不仅方便了人们的出行，也促进了商品的流通和贸易的发展。伴随人口向城市的高度集中带来的是人口密集、交通拥挤、住房紧张、环境污染的“城市病”。由于交通网的四通八达，人们生活水平的提高，许多为了寻求更优质的生活质量的人们选择了到郊区居住，出现了郊区城市化的趋势。可见，工业化在英国的城市化发展过程中起到了核心的推动作用。

（二）法国的城市化进程

法国在大革命后，拿破仑政府推行了扶植国内工商业的政策，并于1804年颁布了《拿破仑法典》，这是一部“典型的资产阶级社会的法典”。它为法国工业的兴起创造了必要的制度条件。在18世纪初，法国的农村人口还占总人口的90%，落后而分散的家庭手工业与小生产者占着绝对的优势。法国的农业革命到18世纪中叶才开始出现，各种比较先进的农业技术才逐渐得到运用。农业生产率的高低成为城市化进程最有力的“促发剂”或“钳制器”。

法国长期盛行“家庭加工”的办法，制造商或承包商把原材料委托给地方，分配到户进行加工。这样在很长一段时期，法国的城市并没有英国那样大的吸引力。法国由于地理和气候条件，除粮食作物外，果木园艺业和养蚕业作为传统生产部门，在农业中占有举足轻重的地位。这类农业要求精耕细作，需要劳动力较多，又特别需要稳定的有一技之长的专业队伍。另外，小农经济在法国农业中长期占据主导地位，土地对农民的维系力较强。所以，农业将其人口向外转移的“推力”不足，使农民与土地的分离经历了一个相当缓慢而长期的过程。

1812年，法国里昂的丝织业已发展到具有1万家工厂、8万工人的规模。1825年，英国解除了机器输出禁令后，法国得以从英国输入大量的机器设备，有力地推动了法国工业的发展。到1848年，法国农村中的手工纺织工业已基本上被大机器纺织工业所消灭。此外，金属工业、化学工业、银行业也都相继发展起来。由于设备的更新和新技术的推广，煤、铁生产业也迅速增长。1831年法国建造了第一条长度为39公里的铁路，到1848年时，修建了从巴黎到各地区铁路，铁路总长度为1931公里。在铁路沿线的一些地区也逐渐发展起来，大大加快了法国城市化的进程。

法国是资本主义发展较早的国家之一，19世纪时与英国同为世界强国，由于法国的经济发达，工业发展水平较高，法国的城市化进展也较快。据统计，1994年法国城市人口占总人口的96%，农业人口仅占总人口的4%。非农业劳动力占总劳动力的95.7%，农业劳动力仅占总劳动力的4.3%。由此可见法国的城市化率已达95%以上。尽管法国工业发达，城市化率很高，但法国的农业并未萎缩，反而很发达。1993年，法国耕地面积为1825.5万公顷，占陆地总面积的33.2%，人均占有耕地0.316公顷，高于世界平均水平（0.246公顷）。法国农业总产值在国内生产总值中的比重虽然仅占3%，但农业在整个国民经济中仍占有非常重要的地位，同时在世界农业中也有举足轻重的作用，法国甜菜产量居世界第1位，葡萄酒产量居世界第2位，牛奶产量居世界第3位，肉类产量居世界第4位，小麦、玉米产量居世界第5位。

（三）美国的城市化进程

美国是一个非常年轻的国家，从1776年宣布独立至今只有二百多年的历史，但却是世界上城市化水平较高的国家之一。美国从殖民地变成了超级大国；从依靠殖民地经济的国家变成了最大的工业国家；从相对单一以白人为主的人口结构变成了各民族、各人种的大熔炉；是当今世界上最大的发达国家，是现代世界经济体系的核心，国民生产总值居世界首位。纵观美国的城市化发展历史，主要经历了以下三个阶段：

1. 城市化酝酿时期（1690 年—1830 年）

这一时期是美国城市化的起步阶段，城市数量少、城市规模小，经济主要以出口原材料和进口制成品为主要的贸易形势，交易对象主要是欧洲国家，尤其是与英国息息相关。由于海洋贸易的发展，在沿海出现了一批以贸易为主的港口城市，其中的大城市主要分布在大西洋沿岸，例如，纽约、波士顿、巴尔的摩和费城等。1776 年美国宣告独立后，在经济上也谋求结构转型，将南方种植园经济转换成棉花经济，向英国出口棉花。从南方运往英国的棉花在纽约中转，造就了纽约无可替代的交通地位。同时开放西部，开通运河，修建铁路。1825 年伊利诺伊运河通过哈得逊河将纽约和五大湖地区连接起来，联系五大湖、哈得逊河、俄亥俄河与密西西比河的运河网络开通以后，布法罗、克利夫兰、芝加哥、底特律、米尔沃基等城市作为重要的批发中心出现了。这一时期美国的城市数量、规模以及城市内部产业结构、就业结构的状况对后期的城市化进程有重要影响，其特征表现在以下几个方面：

第一，城市数量少，城市人口增长不稳定。

第二，农业占国民经济的主导地位，但城市中从事商业、制造业以及其他服务业的人口比例高。

第三，运输上仍以传统的交通运输方式为主。

2. 城市化开始、加速及初步完成时期（1830 年—1920 年）

这一阶段是美国城市化最重要、发展最快的阶段。人口流向的特点是集中流入城市。

工业化发展迅速，铁路等交通建设促进了城市化的发展。受19世纪中期欧洲工业革命的影响，美国大规模工业资本主义迅速发展。蒸汽机的出现，铁路的发展推动了城市的发展进步，尤其是铁路系统的构建，改变了原有的城市空间体系，连接起中西部与东部地区，使地区间的联系大大加强，在中西部产生了大批新兴城市，芝加哥成为美国中西部最重要的铁路枢纽，中西部成为美国经济的第二中心。这一阶段受工业区位影响，由波士顿、纽约、匹兹堡、费城、克利夫兰、巴尔的摩、底特律、芝加哥等城市组成的制造业带已初具雏形，并成为全国的经济中心地带，大城市成为大都市区的中心，小城市成为高度专业化、高利润制造业的工业区，形成城乡交错、融合的局面。城市结构已经定型，高楼大厦分布在市中心，仓库、交通位于市中心周围，居住区向外发展。城市呈多中心发展，用地沿交通线向外延伸。

3. 城市化的新阶段——郊区化时期（1920年至今）

这一阶段美国城市化最大的特点不再是农村人口向大城市的集中，而是出现了人口的回流，郊区化，即人口、就业岗位和服务业从大城市中心向郊区迁移的分散化过程，城乡差别逐渐缩小，都市区成为城市发展最重要的形式。郊区化现象的出现，使得城市人口密度有较大降低，大大缓解了中心城市人口密集、交通拥挤、住房紧张、环境污染等问题。人口的回流也在一定程度上缓解了城市的就业压力。郊区化促进了美国区域经济发展趋同，缩小了城乡差别，也造成了老城中心的衰落。这一阶段美国出现郊区化现象的主要原因，一是由于汽车的普及和州际高速公路的建设，大大缩短了时空距离，方便了人们的出行、购物、居住、就业，使距离对人们在选择居住区时的影响下降。二是由于联邦政府实施了住房贷款等有利于郊区化的政策，推动了城市空间由集中向分散过程的转变。

（四）日本的城市化进程

在城市化发展的进程中，日本有其独特性，在战后不到30年的时间里，完成了欧美发达国家100年才完成的城市化过程，在亚洲率先实现了城市化，一度跃居成为世界上的第二经济大国，令世界瞩目，其发展的经验非常值得我们学习。

日本的城市化进程，大致可分为四个阶段：

1. 城市化起步阶段

1868年明治天皇迁都东京，日本开始学习西方现代化的政治、经济和社会改革，开始了所谓的产业革命。该阶段日本人口大量涌入城市中寻找工作。1890年的日本城市人口约320万，仅占全国总人口的7.8%，产业革命的后期，1920年到1930年的10年间，城市人口增加了849万人，城市人口达到了1544万人，占全国总人数的24%。

2. 城市化中期阶段

20世纪30年代，日本政府加大了对新兴产业的扶持力度，少数财团逐渐控制了整个国家的工业生产，形成了相关领域的寡头垄断。这个时期的日本城市人口继续增加。1940年全国城市人口的比重也达到35%。只是二战时期，由于战争的缘故，大量居民躲避轰炸而迁居农村，城市化的步伐减缓下来，1950年日本的城市化率仅上升到37%。

3. 二战后城市化的快速发展阶段

二战时期，日本的城市化进程被中断，大量居民为了躲避战争的侵袭都迁回农村，使得1945年二战结束时，日本的城市化水平急剧下降。战后日本实施了一系列政治、经济、文化的改革，经过了10年的恢复，从1955年起重新开始了高速发展，日本人口再次涌入城市寻找工作，大部分人口都进入了东京、大阪、名古屋等大城市，城市人口再次增长。此外，城市数量也大幅增加，1962年日本有城市558个，到1973年达到643个。

市区人口比重战后初期不足 40%，到 1960 年已超过 60%，1970 年已达到 70% 以上，1977 年城市化率达到了 76%。这一阶段也是日本工业发展的黄金时期，快速推动了日本的城市化进程。

4. 城市化的后期阶段

20 世纪 70 年代，由于美元汇率制度的变更，再加上 1973、1979 年的两次石油危机的影响，日本经济增长速度减缓。为了减低生产成本，日本的企业开始迁离大都市，搬到农村或者将工厂迁到亚洲、北美一些国家和地区，城市人口增长变得十分缓慢。另一方面，因为人口的大量增加，“城市病”现象日渐突出，因而又出现人口从大都市向外迁移的“逆城市化”现象。这时期的日本城市人口逐渐饱和，城市化进展不大。

（五）巴西的城市化进程

上述介绍的均为发达国家的城市化案例，同样，在发展中国家也有城市化水平较高的国家。巴西是世界第五大国，作为一个发展中国家，其城市化水平在全世界所有国家中名列前茅，2000 年巴西的城市化率已经达到 81.4%，而同期世界平均水平仅为 46%，其农村城市化则随着整个国家的城市发展而具有很高水准。

巴西的城市化发展可以分为以下几个阶段：

1.1930 年前城市发展雏形阶段

巴西有着非常丰富的资源，城市化过程也是以资源集散交易为起点的。其城市化历程可以追溯到 16 世纪，那时，在葡萄牙人经过了长期殖民以后，巴西随着种种著名出口产品的轮回变迁，各地形成了各种出口交易中心，城市化趋势初步显现。比较著名的有：16、17 世纪在巴西东北部形成的巴西木和食糖交易中心；18 世纪在戈亚斯和马托格罗索形成的黄金中心；19 世纪在亚马孙地区形成的橡胶中心和 20 世纪在东南部形成的咖啡交易中心。这些都使巴西在1930年以前就已出现了城市化趋势，圣保罗、里约热内卢等城市已初具规模。

2.1930—1970年城市集中发展阶段

巴西真正的城市化进程是伴随1930年以后的工业化进程而不断发展的，1930年瓦加斯革命结束了“牛奶加咖啡”的农业寡头统治，开始了工业化进程，巴西全面实施进口替代发展战略。50年代后半期，巴西工业化进程加快，注重重工业和耐用消费品工业的发展，在替代进口发展战略的指导下，1967–1974年经济年均增长速度达到10.1%，创造了“巴西奇迹”，并初步建立起了较为完整的工业体系。在工业化的带动下，城市化飞速发展，新城市不断产生，圣保罗和里约热内卢等大中心城市的集聚和规模经济开始起作用。如圣保罗在1907—1919年间，工业品占国家的份额从15.9%上升到了31.5%，到1950年时达到了55%。尤其是资本品工业和耐用品工业发展起来之后，圣保罗的集聚作用更强，一直在巴西工业化过程中处于领先地位。除此之外，多数区域的产业也迅速发展，从而为先前殖民时期的沿海城市带来了现代化和增长。

3.1970年以后城市化分散布局阶段

1970年以前，由于工业化的集中，使巴西的城市化主要在圣保罗等沿海地区集聚。1970年以后，巴西则又经历了一个工业分散布局和城市分散发展的阶段。为了改变巴西的工业和城市过分集中在沿海地区的状况，开发内地不发达区域，政府开始实施各种区域政策，如实行从圣保罗到边缘经济的工业资本的转移补助，在圣保罗的主导作用下，提高互补工业，将圣保罗和其他区域经济连接起来。1960年4月21日，巴西迁都巴西利亚，带动中西部地区的经济工业的发展。通过一系列区域一体化的政策，中西部地区从最初城市人口分布为零跃升到1970年的4%，并且人口超过2万人的城市增加到了303座。东部、东北等沿海地区城市人口下降。巴西的城市分散化还在进行，工业化和城市化仍将向内陆地区、南巴西和中西部地区发展。

二、各国城市化中的经验

（一）工业化和城市化应相互促进

著名经济学家 H. 钱纳里和 M. 塞尔昆在 1975 年提出的城镇化与工业化的“发展模型”概括了两者之间的关系，城镇化的发展初期是由工业化推动的，在工业化率与城镇化率共同达到 13% 左右的水平以后，城镇化开始加速发展并明显超过工业化，到工业化后期，制造业占到 GDP 的比重逐渐下降，工业化对城镇化的贡献作用开始表现出减弱趋势。从各个国家城市化的进程来看，确实符合“发展模型”。

工业化之所以居于城市化动力中的核心的地位，不仅仅是因为它有助于其他动力要素的发展，而且是因为它在城市化发生、发展中处于主导性、支配性的地位。工业化必然会导致城市化的发生，这是因为，工业化经济具有突出的空间密集性，从事工业生产活动的企业为获得集聚的经济效益而在地理上趋于集中，随之引起区域工业化的提高，带动了非农产业就业比例相应提高，非农产业就业人口向城市迁移并引起了城市人口比例的提高；同时，由于工业经济要求经济要素和经济活动的集中，所以必然会对共同资源、交通运输、市场以及为生产和生活服务的各种基础设施产生必要依赖，而对这些方面的投入增加也使得城市规模扩大或者新的城市建立。

回顾英国、法国、美国、日本、巴西的城市化发展历程可以发现，城市化的进步是伴随着工业化的发展以及工业区域的不断变化而演进的，工业化本身的集聚效应导致经济和人口的不断集中，对城市化产生了极大的推动作用。伴随工业革命的发生和发展，英国城市人口占总人口的比率从

1801年的33.8%上升到1911年的75.1%，城市人口增长了44.3%；1830年—1920年是美国工业发展最快、最关键的时期，城市人口占总人口的比率也从1830年的40%上升到1920年的50%；日本的工业经过二战后的休整，从1955年起开始了其创造经济神话的历程，一度跃居世界经济第二大国，城市人口占总人口的比重也从1955年的不足40%上升到1977年的77%，增幅达37%。巴西城市化进程发展最快的阶段也是打破"咖啡牛奶"垄断后，由工业的快速发展推动的。

因此，在我国建设城市化的进程中，必须要重视产业，尤其是工业的带动作用。应处理好工业化和城镇化的关系。如果工业化的发展跟不上城市化的步伐，那城市的基础设施建设就满足不了人口城市化的要求，会阻碍城市化的进程：如果城市化滞后于工业化，也会阻碍工业化的发展。所以应寻求二者的均衡协调发展。

（二）充分发挥政府在城市化中的作用

在英国、法国、美国、日本、巴西城市化的进程中，政府都扮演了非常重要的角色，制定规划，指引方向，提供资金等方向的支持，并适时调整战略，以达到科学发展城市化的目的。政府的作用主要体现在两个方面：一是普遍制定适合国情的城镇化发展战略，通过城镇化发展战略确立城镇化的目标、原则和基本思路，据以引导城镇化进程；二是发挥政府主导作用，在立法保障、资金扶持、政策引导等方面纷纷出台法律法规和政策措施，特别是在人口政策、资源利用政策、生态环境保护政策等方面更是具体和明确。如日本为促进城市化的健康发展，根据形势的不断变化制定了五次《全国综合开发计划》，以解决城市化发展中产生的问题。1962年，为了缩小地区间差异，防止城市过大化，促进地区间均衡发展，日本开始实行第一次《全国综合开发计划》，分散工业布局，指定了新产业城市和工业特区。随后，为解决城市化过程中产生的“过疏”和“过密”问题，于 1969 年、1977 年制定了新发展计划。针对东京“一极集中”的现象，日本政府于 1987 年制定了第四次《全国综合开发计划》，以建设国际化的多极分散型国土为中心目标，把全国划分为 10 个地区，针对各地区的特点，提出了今后地区建设的基本方向及地区中枢城市、核心城市的重要功能。巴西在 1970 年以后城市化分散布局阶段，为了分散圣保罗等沿海地区集聚工业，让全国各地区工业化均衡发展，采取了一系列政策，鼓励工业化向中西部扩张，甚至还建立了新的首都巴西利亚，来带动中西部城市化的发展。

城市化的发展离不开政府宏观的引导和规划，因此，在我国城市化进程中，也要更加强调政府的引导作用，根据城市化不同阶段的特点，因地制宜，因时制宜，制定适时、合理的战略规划，引导城市化健康发展。

（三）重视城市产业发展

没有产业支撑的城镇化都是空话。城镇化程度比较高的几个国家中，都十分重视产业的发展。产业发展是城市化的基础，只有产业发展到一定高度才可以吸纳大量劳动力，才会吸引人口在城市集聚，促进城市化的进程。美国的产业发展经历了工厂手工业时代、制造业时代和信息产业化时代，经济中心也从东部逐渐向西部、南部推进。美国的工业化，比较重视配套服务业、第三产业的发展，以及产业的升级换代。通过产业结构的不断升级，改变区域经济的不均衡状态，为美国城市化发展提供持久动力。日本的产业发展，伴随着战后日本的产业结构和产业政策的发展及演变。日本政府推行“产业行政干预”的一系列政策，主要以促进产业发展为目的，以产业和企业为对象，对“瓶颈产业”、“主导产业”和“先导产业”实施产业扶持政策，对产业结构进行主动调整，对衰退产业也实施了产业调整政策。这些措施不仅弥补了市场的不足，也确保了产业政策目标的实现。

“产业兴则城镇兴，产业强则城镇强。”产业支撑是工业化的支撑，也是城镇化的支撑，特别是在当代，以信息技术为代表的高新技术产业成为多数国家和地区城镇化发展的重要动力，第三产业也逐步成为其城镇化发展新兴的产业支撑力量。加快新型城镇化建设要坚持以工业化带动城镇化，以城镇化促进工业化，在工业化中着力发展一批支柱产业、主导产业、特色产业，为新型城镇化提供产业支撑。同时要着力引导企业发展、资金流向、项目开发等向城镇化集聚，加速发展城镇二、三产业，促进产业结构升级，加快城乡产业发展，提升产业支撑能力。

（四）发挥都市圈带动作用，注重中小城镇发展

大都市区在美国城市化进程中发挥了重要作用。大纽约区、五大湖区、大洛杉矶区三大都市带的产值占到了全美 GDP 的 76%。几大都市圈都凭借各自的区位优势，在金融、商业、文化、服务等各个方面发挥着巨大的聚集能力，优化了资源的配置，同时带动了城市化的发展，并推动了城市化向郊区化的过渡。日本的城市化道路是以大城市为主导的。日本的东京都市圈是其国最大的工业、商业、金融、文化、政治中心，依靠东京作为首都的优势，聚集了强大的生产、资本、人口、信息等要素，发挥了其作为经济枢纽的巨大经济带动作用，以及产业集聚和扩散的实力，带动了整个都市圈甚至全国的发展。巴西的圣保罗和里约热内卢也吸引着巴西的工业、城市化在这一代聚集。城市化中，都市圈具有极强的辐射效应，能迅速的聚集工业和人口，较快的提高城市化水平。

从国外城镇化历史进程来看除了重视大都市圈的带动作用之外，各国都比较重视小城镇的发展。发达国家城镇化大都经历了从小城市、中等城市、大城市到都市区、大都市区的发展过程，而在这个过程的终点，又转

向发展小城镇。从当今世界城镇化的基本趋势看，各国越来越重视在大城市郊区发展小城镇。

对我国而言，政府应发挥跨行政区规划的协调、引导作用，尽力消除体制障碍，加大力度推进长三角、珠三角以及京津冀区域经济一体化进程，构建和谐、有序的城市与区域发展模式，充分发挥都市圈对国民经济的带动作用，打造全国经济的多极增长，加快城市化的进程。同时，由于我国人口众多，大城市容量本身就已经饱和，发展中小城镇产业，鼓励当地农民就近就业更加具有现实意义。

（五）重视文化和观念在城市化过程中的作用

城市化过程可以说是农村人口向城市大规模迁移的过程。1851 年，英国几乎所有的大城镇中，移民占到了大多数。移民在美国的城市化进程中也起到了极为重要的作用。但是伴随农村人口向城市的大量涌入，也产生了一系列的经济、文化、社会治安等问题，究其原因主要是“农民”在向“市民”身份过渡时，能否很好地适应身份转变的问题。而对于促进这一转变做得比较好的是日本。日本政府采取了制定法律法规以及资金扶持等多种手段来推进农村建设，重视扶持农业和农村的发展，保障其资金需求。政府不惜花费大量资金，促进农村生活基本设施水平不断向城市靠拢，同时也推进农村生活方式、文化、观念向城市看齐。值得注意的是，日本的城市化进程并不是盲目地将农民的土地征收，使农民被迫离开土地而进入城市生活，而是通过政府的政策倾斜和资金支持，带动农村经济发展，农民生活方式转变，进而推动农村文化、农民观念的更新和改变，推动农村的城市化进程。

在农村城市化的进程中，城市文明也通过多种渠道传递到了农村社会，城市的价值观和新风俗开始影响农民，这又对农民传统的观念发起了冲击。

城市生活呈现一种快节奏的状态，城市居民的时间价值观、时间效率观较强，注重时间的运筹和时机的把握。城市化改变人们的文化、观念，而文化、观念的更新又促进城市化的发展。

第二节 国外城镇化建设的教训和我国的误区

国外城镇化建设的过程中，有很多值得我们借鉴的成功经验，当然也有很多深刻的教训，如环境污染、贫民窟等等，这些教训是我国在城镇化发展过程很好的警示，应该引起我们的高度重视，避免经历同样的问题。

关于城镇化过程中的教训，拉美地区的国家是最好的例子，虽然拉美国家是城市化水平很高的地区，但拉美国家的城市化不仅没有推动经济的持续发展，反而出现了很多危机。由于拉美国家多为发展中国家，与我国国情有很多相似的地方。本节主要介绍拉美地区城镇化过程中出现的失误，对我国更具有警示意义。

一、城镇化中忽视环境的保护

环境污染是城市化的通病，不仅仅是拉美地区，即便是发达国家也都经历过严重的环境破坏。国外如英国的城市化过程，由于对环境问题的忽视，也经历了一系列的环境问题，工业废水和生活污水的任意排放，多条河流被污染，仅泰晤士河就受到400多条排污管道的污染，还成为一些传染病的滋生源头，破坏居民的生活环境，严重影响居民的身体健康。1952年还出现了伦敦烟雾事件，造成多达12000人因为空气污染而丧生。20世纪60年代的日本，城市化进程加速发展，伴随着经济高度增长，重工业、化工工业增长飞快，公害现象不断发生。在当时，经济高度增长，居民的健康受到严重威胁，而政府的对策和法律体系不健全，受害的原因也很难查明。除此之外，化学污染、光污染、交通噪音、废气污染、城市生活垃圾等现象也很严重。在美国的工业革命时期，由于人口大量涌入城市，造成居民居住环境的恶化，工厂排污严重，环境污染导致传染病流行，并威胁着人们的身体健康，死亡率上升。这些国家后期为治理环境均付出了惨痛的代价。

中国的城市化正处在快速发展阶段，必须吸取国外城市化进程中的这些教训，统筹安排，保护环境，走可持续发展道路。近年来，我国环境破坏日益严重，人们已经能明显地感受到环境破坏所带来的影响，所以今后的城市化建设中，必须要高度重视环境的保护，走可持续发展道路。

二、“过度城市化”导致的社会问题

（一）城市化与工业化脱节，“过度城市化”严重

拉美国家城市化进程当中，过度城市化现象特别明显。城市化与经济发展水平很不协调，由于城市人口过度增长，城市化水平明显超过工业化和经济发展水平。拉美很多国家城市化率都已经达到 70% 和 80% 以上的水平，而工业部门的就业比例仍然维持在 20% 和 30% 左右。正是这种过度城市化，带来了很多社会问题。贫民窟是拉美永远挥之不去的痛，我们可以从贫民窟中看出拉美城市化进程出现的社会问题。

（二）住房问题

由于过度城市化，大量农民涌入城市，城市的基础设施难以承受如此大的需求，住房问题非常紧张。拉丁美洲和加勒比地区人口总量在二战之后增加了 5 倍多，“正规住房”的建设速度却难以跟上人口爆炸的速度。

由于拉美国家过分强调住宅自有率，而忽视政府提供的公共住宅，所以，相当一部分转移出来的农村人口迁移到城市之后只能通过非正规渠道自己来解决住房问题，最终导致“非正规住宅”大量存在。一般来说，“非正规住宅”是指没有上水和下水、缺乏基本生活设备等设施的住宅，在一些国家就直接表现为“贫民窟”，甚至在有些国家，非正规住宅直接就是指贫民窟。从某种程度说，由于拉美城市化过度泛滥，尤其是拉美各国住房政策出现导向性失误，于是，便出现贫民窟现象比较普遍的后果。

（三）就业问题

同住房情况一样，快速的城市化过程很快剥夺了农民的土地，把农民赶到了城市。由于城市创造就业的机会和能力十分有限，不能为蜂拥而至的城市人口提供足够的就业机会，所以转移出来的农民大多都从事于非正式工作，或者就直接找不到工作，失业。和正规就业部门不同，非正规就业部门的就业需求、工作岗位、收入水平都不明晰，没有良好预期，农民失去了土地，到城市又找不到工作，大量贫民窟必然成为他们蜗居城市的所在。

（四）贫困化现象十分严重，贫困率居高不下

由于经济基础薄弱，居住条件差，同时没有正规、固定的收入来源，从农村迁移到城市的人口往往处于贫困线边缘，是拉美社会中最脆弱、最穷苦的一部分群体。加上社保制度的覆盖面十分狭小，他们是最需要社保制度的，但他们却没有能力和条件加入进来，不得不生活在贫困线的边缘上，成为社会排斥的主要对象，经济地位十分脆弱，一有风吹草动，就必然落入贫困线以下。这个群体在拉美城市中数量庞大，导致拉美地区的贫困率长期以来居高不下。在 20 世纪八九十年代，拉美的贫困发生率一直在 40% 以上，最高时竟达 48.3%，就是说，拉美地区大约有一半人口生活

在贫困线以下。拉美地区也是贫富两极分化最大的地区，基尼系数甚至高达 0.8 以上。

（五）社会治安混乱

由于大量的居民生活在贫民窟，这部分人逐渐形成“边缘群体”或“边缘阶层”。贫民窟内人口密度大，环境肮脏，卫生条件恶劣，暴力事件时有发生，有些城市的贫民窟已经演变为一个广大的、难以根除的、连成片的“社区”。例如，墨西哥一个地区的贫民窟连成片，居住人数多达 200 万人，成为暴力斗殴、吸毒贩毒等藏污纳垢的发源地，社会治安很差，暴力事件层出不穷。社会治安状况差、犯罪行为猖獗是拉美国家大城市普遍存在但又长期得不到解决的问题。这非常不利于社会和谐发展。

这就是“过度城市化”导致的主要社会问题。这些社会问题互为前提，长期以来成为拉美地区的社会顽疾。应该引起我国的高度重视。城市化一头连着工业化，另一头连着农业现代化。农业产业化把农村富余劳动力释放出来，工业化推动城市经济发展和城市规模扩张，把农业剩余劳动力吸收过来。拉美国家城市化教训表明，城市化不能超前，必须与工业化和经济发展同步，才能实现社会经济的协调发展，避免、缓解或消除“城市病”。长期以来，我国有着广大的农村作为缓冲地带，所以一直没有出现大规模的贫民窟现象。所以在今后的城镇化的发展中，有关农民土地的问题要尤为慎重，一旦大量农民被迫失去土地，大量涌入城市，那么现在很多大城市的“蚁族地带”有可能就会演变成贫民窟。

三、我国城镇化建设中存在的误区

我国城镇化已经进入到一个新的发展阶段，各方面都高度重视。然而，城镇化是一项系统的，复杂的工程，不能一蹴而就。需要我们一切从实际出发，走出以下几个常见的误区：

误区一：城镇化就是要大力发展工业，忽视农业发展？

毫无疑问，城市化必须建立在工业化的基础之上，但是这并不是要削弱农业的基础地位。城镇化一头连着工业，一头连着农业。目前，全球经济一体化进程加快，虽然粮食资源可以全球配置，但从长远角度看，农业仍然是人类生存和发展必不可少的行业。农业不仅保证一个国家的吃饭问题，而且保持、改善生态平衡，创造良好的生活环境。英国土地资源匮乏，城市化的快速推进在一定程度上影响了农业的发展。日本在城市化中后期注意到农业、农村发展问题，制定了大量法律促进农村发展。

因此，我国不能以牺牲农业和农民的利益为代价推进城镇化，应清醒地认识到农业基础还不牢固，自然灾害频发，农业生产规模化、产业化水平偏低，种粮比较效益低等问题。解决上述问题，需要转变农业发展方式，走现代化农业道路，强化现有土地承包制度，同时，要防止政府直接用行政手段推动土地规模经营以及随意改变农村土地产权关系；建立最严格的耕地保护制度，稳定粮食生产面积，完善粮食补贴和价格支持政策，保证农民种粮的基本收益；促进资本、技术向农业部门投入，从而确保农业生产的发展。

误区二：乡村城镇化建设起点越高越好？

一段时间以来，一部分人盲目地认为：目前，我们已经进入信息时代，城镇化建设应当跟上时代的脚步，体现出时代气息，应当向先进地区看齐。因此，各地区纷纷争上高科技项目，试图以此带动经济的跨越式发展。应当说这种想法是好的，但却脱离实际。我国是一个人口大国，地域辽阔，地区之间资源禀赋差异较大。对于经济发达地区而言，乡村城镇化建设的高起点，是无可非议的，也是能够实现的。但是对于经济欠发达地区，乡村城镇化建设的高起点则是不切实际的。因为，高科技产业必然要求较高的人才素质，要求强有力的资金支持，而这正是落后地区所不具备的。如果按照这样的发展思路走，必将出现一方面高素质人才短缺，另一方面低素质劳动力无业可就的劳动力供求错位现象。而我们乡村城镇化建设的初衷之一，就是为了吸纳更多的农村剩余劳动力就业，以减轻剩余劳动力对于有限耕地的沉重的压力，并且使这部分剩余劳动力的生活水平得到逐步提高。高起点建设乡镇的思路有违初衷，对经济欠发达地区的经济发展不具有实际意义。

误区三：农民向城市转移越多，则城市化水平越高？

我国的城市化水平一般是以城镇人口占总人口的比例来确定的，从普遍意义上说是没有问题的。所以，人们就认为农民人口进城越多，则城市化水平就越高。其实这种说法有两个弊端。一方面，这一指标有可能发生偏差。随着近年来的经济结构调整，一些原有的落后产业因为不符合产业政策而纷纷被淘汰出局；一些原有的资源型城市因资源枯竭纷纷变成空壳。造成了在这些行业从事劳动的工人也因为无业可就而重新回到农村，重新成为实际意义上的农村剩余劳动力。而与此同时，一些原来没有被统计在内的农业人口，由于近年来加入到城镇第三产业之中，并且已经拥有了相对稳定的收入来源和住处，从一定意义上讲，这部分人已经成为城市人口的一部分。但在实际生活中，这部分人却仍然作为农业人口加以统计。所以，按照城镇人口衡量一个地区的城镇化的水平是有很大误差的，更不能依据此来制定政策。

另一方面，这一指标并不能反映农民是否真正的融入城市。有这样一组数据，按照常住人口计算城镇化率，我国城镇化已经突破了50%，但如果按照有城镇户籍的人数，按照政府提供的教育、医疗、社会保障等公共服务水平来说，中国的城镇化率大概只有35%—36%。远低于世界52%的平均水平。在城镇打工的2.6亿的农民工中，真正在城市购房的还不足

1%；大约有1.59亿在城市工作半年以上的农民工及其家属是处于“半市民化”状态，并没有真正融入城镇生活，也没有真正实现城市化，实际上他们属于准城市人口。

城市化发展不仅仅是土地和人口城市化，更重要的是观念、文化的城市化。在城市化过程中，农民的利益没有得到很好的保障，而被迫离土离乡进入城市生活，却在就业、医疗、卫生、教育、社会保障等方面享受着区别于城市居民的不平等待遇。即便他们进入了城市，身份从农民变为市民，但是农村生活方式、观念、文化在他们心中已经根深蒂固。因此，要推进城市化的进程，简单地追求城市人口的数量是不够的，要建立和谐的城乡关系，促进农村生活方式、文化、观念的城市化，需要考虑这部分进入城市的人口是否能够真正适应城市生活。

误区四：城市化进程越快越好?

很明显，这个问题的答案是否定的。但是就是有人明知道是错误的，还是一味地追求城镇化的发展速度。当前，世界各国城市化主要有两种类型：第一种类型是同步工业化。即城市化进程和工业化进程同步发展，相互促进。而农民职业与空间的转移是同步完成的。农民进入城市变为工人，原来居住农民的农村被改造成城市，这就是典型的工业化与城市化同步发展。西方国家的城市化过程基本是这样的，例如英国、法国、美国和日本。同步发展的好处是可以根据城市的发展程度来接收农业的剩余劳动力转移，不至于出现太多的社会问题，是一种稳健的发展路径。

第二种类型是过度城市化，即城市化水平远远高于工业化水平。农民的空间转移在前，职业转移在后。在这种情况下，相当一部分农民进入城市后找不到工作，没有办法在第二产业和第三产业就业，他们成了无业游民，或者成为流浪汉，这就是农民的空间转移在前，职业转移在后。也就是我们通常说的“假城市化”。上节介绍的拉美国家地区就是典型的过度城市化，在工业化没有发展到位的情况下，农村人口大量涌入城市，超出了城市所能承载的最大极限。大量农民住进了贫民窟，并导致了一系列的社会问题。

毫无疑问，我们应该吸取拉美国家在城镇化进程中的教训，走城市化和工业化同步发展的道路。而且还应该统筹城乡发展，综合考虑环境，就业、安全、社会保障等问题。城镇化是一项系统的工程，切不可盲目追求发展速度。就我国目前的城市化状况来说，已经出现了人口过度集中带来的就业、安全、环境、社会保障等问题。而且全球生态问题严重，人类也面临着前所未有的挑战，空气污染、水土流失、土地沙化、水资源严重短缺、自然灾害频繁、全球变暖等生态问题日益突出，也为我国城市化发展提出了新的要求。要走出一条经济发展、城市化发展与人口、资源、环境协调发展的可持续发展道路。

误区五：城镇化主要发展城市?

我们可以从字面上理解，“城镇化发展”有别于“城市化发展”，这一字之差就代表了我国的特色。和国外的城市化不同，我国主张的是城镇化发展，是以乡镇的发展为核心的。不可否认，大都市圈往往拥有独特的区位优势、良好的基础设施、丰富的各类资源、发达的经济体和国家政策的重视，具备较强的经济实力，同时也具备带动周边城市发展的能力，能够吸纳较多的人口就业，有利于推进农村人口向城市的转移，解决农民就业的问题。我国应该扫清障碍，促进大都市圈的形成。

但是我国人口众多，城市的容量毕竟有限，况且我国约有7亿的农村人口，占全国总人口数的54%。鉴于我国农村人口众多的特殊国情，在人口城市化道路的选择上，除了要继续支持现有大都市圈、大中城市的发展，积极促进小城镇的快速发展之外，要将更多的精力放在乡镇的建设上，高度重视中小城镇的建设，同时加快建设新农村。建设新农村与推进城市化并行不悖，城市化并不意味着要消灭农村、农业、农民，而应当把城市化同新农村建设和农业现代化相互促进，推动农业规模化、产业化、特色化经营，通过提高农业劳动生产率、扩大农村消费、推进农村工业化、转移农村剩余劳动力等方式来促进城市化的发展。重点应通过乡镇企业体制创新、制度创新、结构调整和增长方式转变，使乡镇企业实现园区化、集群化发展，使农村工业尽快融入现代工业体系，在提高资源利用效率和规模经济效益、减少污染的同时，促进城镇规模的形成、扩大和持续发展。中小城市和小城镇将是未来我国城市化的主导力量。

附录一：典型案例参考

城镇化 看亮点

江苏苏州

试点居住证制度

苏州市2012年流动人口已超过户籍人口，是江苏省内流动人口最多的城市。2011年，苏州在江苏省率先试点居住证制度。年满16周岁的外来人口，凡拟在苏州生活半年以上，即可申请居住证，而不足半年的，则可申请短期居住证。

《苏州市居住证管理暂行办法》规定，居住证持有人基本上享有本地居民所享有的市民待遇：可按规定参加社保并享受相关待遇；子女入学可接受义务教育；享有计划生育、优生优育等服务，按规定儿童也享有计划免疫保健等服务。

广东深圳

推进“同城人、同待遇”

围绕服务实有人口目标，深圳市2012年新增学前教育补贴、免费婚前孕前健康检查和基本殡葬服务等 8 项基本公共服务均等化项目，初步实现了“同城人、同待遇”目标。

为了加快实现基本公共服务均等化、全覆盖，深圳市在教育、城镇企业职工养老保险和失业保险等方面进行了改革，提高外来务工人员和农村城市化人员享受到的公共服务水平。目前深圳市义务教育阶段 70% 以上的学位提供给了非深户籍学生，将外来务工人员纳入失业保险保障范围等。

四川双流

户口按居住地登记

推进城镇化，四川省双流县的经验主要包括：通过产权制度改革和土地综合整治，因地制宜地建设新型社区；通过户籍与经济利益、公共服务脱钩，让农民享有市民的社会保障和公共服务；通过产城一体建设，实现产、城、人的融合发展；通过小区自治管理，让农民“在心理上进城”。

双流县实行的户口与实际居住地一致的登记制度，剥离了公共服务、经济利益与户籍的挂钩。在此基础上，全县完善了城乡统一的就业、社保、教育、卫生等公共服务和社会管理配套制度，建立健全了以身份证号码为标识，集居住、婚育、就业、纳税、信用、社保等于一体的公民信息管理系统。通过放宽政策、简化手续等方式，打破了用指标限制户口迁移的固有模式。

陕西 107 个镇

试点统筹城乡社保

陕西省选择具有鲜明特色的 107 个建制镇作为重点镇，推进城镇化建设。根据《陕西省人民政府关于加快重点镇建设推进全省县域城镇化的意见》，在重点镇实行户口一元化管理。凡进入重点镇（街办）的外来人员，只要有稳定的居住地，有稳定的就业或者稳定的收入来源，均可办理本人及其直系亲属居民户口。

重点镇（街办）试点城乡统筹社保。凡退出承包地和宅基地的当地农民及办理落户的外来人员，实行与城镇居民统一的养老、医疗、失业、工伤和生育保险待遇，加快重点镇居民社区化管理改革。

（来源：《人民日报》2013年4月26日第18版）

河南新型城镇化建设的启示

按照国务院建设中原经济区的要求和省委九次党代会的部署，河南省创造性提出探索一条以新型城镇化引领“两不三新”（不以牺牲农业和粮食、生态和环境为代价的新型城镇化、新型工业化、新型农业现代化）的“三化”协调发展的路子。全省新型城镇化建设持续推进，持续探索，持续创新，持续提升，初步呈现出具有战略意义的亮点。

中心城市拓展发展空间

中原经济区建设的核心之一是要加快建设郑州都市区，形成中原经济区核心增长极，使郑州真正成为全国区域性中心城市，实现增长速度、发展质量和综合效益居于全省和中西部地区前列的目标。都市区规划由“三核五城十组团”组成，基本明确了郑州作为国家区域性中心城市的未来发展前景，摆脱了过去传统的发展思路，是继郑东新区规划建设之后郑州市规划建设整体思路的全面提升与重大跨越。特别是郑州航空经济示范区等这种凸显新功能的城区规划与建设，对依托原有城市发展基础，改善区域性中心城市经济发展质量，具有重要的理论创新意义和实践价值。

继郑东新区规划建设成功之后，全省各市突破传统的“摊大饼”发展模式，全面规划建设城市新区，拓展城市发展空间，获得突破性进展。先后有开封、洛阳、焦作、平顶山、新乡、许昌、南阳、鹤壁、安阳、漯河等获准建设复合型新区，拓展了城市发展空间，大幅度提升了中心城市发展实力。特别是每个城市新区更加重视产城融合与地域文化建设，建设高质量绿地系统，研究探索和推广应用节能低碳建筑技术，形成产业发展特色和规划建设特色。郑州、三门峡等市县全面启动规划建设中心商务区和特色商业区，为新型城镇化注入新的活力，促进第三产业加快发展，有利于改善产业结构，促进经济发展方式转变。

城市群一体化与城镇特色化并进

以加快公共基础设施建设为载体，以加快集聚发展、提高城市经济发展效率为基本方向，促进了中原城市群一体化网络化发展。发挥“两群融合”（城市群与产业集群融合）的叠加优势，节约集约利用土地资源，依托中原城市群产业集聚区和现有产业基础，全省集中规划布局和引导建设了一批科技含量较高的产业集群，把已经创造的产业集聚区项目容易落地的政策优势与最具核心竞争力的产业集群发展优势有机集成，产生放大效应，推进中原城市群二三产业上水平、上档次、上规模，让新型城镇化更具时代性、创新性和地方特色。

县城是河南省吸引人口转移、发展现代产业、推进新型城镇化建设的前沿基地。河南省各县（市）紧紧抓住全省新型城镇化高速推进的历史机遇，制定优惠政策，吸引投资、完善基础设施，提升公共基础设施和公共服务水平，以产业集聚区发展带动产业与人口集聚，促进了县城的快速扩张。

以特色工业、旅游业或商贸业为主，全省一批特色镇正在迅速崛起，向着中小城市方向迈进。著名工业重镇回郭镇，经过多年打造，形成具有全国影响的铝材加工产业集群，2011 年销售额达 400 亿元以上。以冶铁著称的安阳县水冶镇，拥有著名的钢铁冶炼产业集群，2011 年被确定为全国 25 个经济发达镇行政管理制度改革试点之一，有望发展成为一个中等规模的城市。全国最大的玉器工艺品加工制造销售中心镇平县石佛寺镇，更是先后荣获“全国特色景观旅游名镇”、“中国人居环境范例奖”等荣誉。

新型农村社区建设获突破

新型农村社区，是指打破原有村庄界限，把两个或两个以上行政村，按照一定标准，经过统一规划，建设新的居民住房和服务设施，统筹产业发展和居民就业，形成农村新的居住模式、管理模式和发展模式。新型农村社区不是新农村的概念，它们之间有着本质的区别。比如，城市公共服务设施要延伸到自然村难度很大，但可以到达农村社区。通过这种途径，未来10年，河南至少可以节约400万亩耕地，这些耕地可以部分解决河南未来城镇化、工业化进程对土地资源的需求。

河南省委书记卢展工说，这是继家庭联产承包责任制之后农村发展的第二次革命，是继“离土离乡”城镇化、“离土不离乡”城镇化之后探索的“既不离土也不离乡”的第三条城镇化道路。通过新型农村社区建设，可以节约1/3到1/2的农村居民点建设用地，具有重要的政策试验与示范意义。

（来源：《中国科学报》2012年8月18日第3版）

站在更高起点上推进新型城镇化

“十二五”以来，介休市紧紧围绕建设晋中市域副中心城市的目标，以城区和义安一体化发展为重点，实施“中心城区—重点镇—中心村”三位一体、整体推进的城镇化战略，加快打造全省经济强市、国家园林城市、国家卫生城市、大太原都市圈南部区域性中心城市。2011 年底，城市规划控制区达到 50 平方公里，建成区达到 20 平方公里，城镇人口达到 24.1 万人，其中城区人口 18 万人，城镇化率达到 58.91%，探索出一条介休城镇化发展新路子。

城镇化不仅是在造城市，更是在造文化、造产业、造生态、造环境、造精神、造活力，把城镇化置于全市经济社会发展全局之中，注重经济社会发展的整体性、协调性、科学性，高起点规划，全方位推进。

“三规合一”助推产城一体化发展。在推进城镇化建设进程中，介休市始终坚持规划为大、规划为先、规划为要，将“十二五”经济社会发展规划、土地利用总体规划、城乡总体规划“三规合一”，统筹城镇化总体发展战略，明确功能定位和产业发展重点，形成与历史、文化、生态、发展相衬的城镇化建设风格。按照“市域一体、城乡一体、产城一体”的发展思路，在全市 744 平方公里市域面积内重点对 240 平方公里义安平川区作为工业化、城镇化“两化”重点发展带总体规划，将城关乡、宋古乡、三佳乡的全部和义棠镇、绵山镇的部分区域纳入产城发展范围，规划布局义安等 7 个中心集镇和 60 个中心村，形成市域城镇支撑体系。建立健全由市长担任组长的城乡规划委员会和土地出让委员会，对全市城市建设和土地出让实施严格把关，确保城镇规划的严格执行、严格落实。三年来投资4000多万元，聘请清华大学、天津大学、同济大学、荷兰尼塔、西安建筑科技大学、山西城乡规划设计院等单位编制城镇规划，启动新一轮《城市总体规划》修编和《市域城镇化总体规划》编制；启动义安循环经济、装备制造、新材料、青云直升机四个工业园区规划；完成城市控制性详细规划和历史文化名城保护建设规划编制；完成城市道路、绿地、环卫、排水等专项规划编制；开展城市重要节点的景观、色彩、户外广告设计；全面完成7个中心集镇规划编制。坚持规划全域覆盖，坚持规划的科学性、整体性、前瞻性，有力指导新型城镇化建设。

“三大一创”描绘美丽介休新篇章。新型城镇化，生态要优先。介休过去是全国闻名的“焦炭之都”，与焦炭产业发展相伴随的是环境污染，一度环保欠账积重难返，介休的城镇化必须立足生态之城、绿色之都的发展定位，让生态文明成为介休城镇化发展的必然内涵。三年来介休市以湿地森林大公园、汾河综合大治理、生态建设大修复为突破，创建“国家园林城市”“三大一创”为抓手，构筑“肺、心脏、筋骨、脉络”等功能健全的完整生态生命体。投资2亿元实施了汾河湿地森林公园和3万亩汾河生态防护林建设，形成了水清岸绿、河畅景美的城市水环境，创造“介休之肺”；全面展开总投资6亿元的境内32公里汾河生态综合治理工程，新建汾河五坝，打造穿越新城的汾河生态走廊，培育“生态心脏”；投资1.3亿元建设东南丘陵山区绿色屏障工程，即龙凤3万亩核桃林和银锭山、天峻山、洪山森林公园，强壮“绿色筋骨”；实施环城林带、纬二路等十大园林绿化工程和城市景观水系，建成区绿地总面积达到610万平方米，城市绿地率、绿化覆盖率、人均公园绿地面积分别达到34%、37.5%、9.8平方米，构建了“城在林中、林在城中、居在绿中”的园林景观，疏通“城市脉络”。2012年完成了国家园林城市创建，正在纵深推进汾河生态整治，向生态园林城市迈进。

“三产一循环”推动城镇化持续发展。产业发展是城镇化的核心和关键，没有了产业的支撑，城镇化就成了无源之水、无本之木，就不可能“化”起来。介休市注重人口集聚与产业发展协调推进，以产业基地、产业融合、产业积聚和循环经济“三产一循环”为发展路径，狠抓产业培育和园区发展。依托义安循环经济、装备制造、新材料和超轻直升飞机四大产业园区，打造全省最具影响力的千万吨级焦化产业基地和最具潜力的煤化工、新材料、超轻直升飞机产业基地；推动煤炭、焦化、洗煤、电力、碳素五大传统产业提档升级、资源整合，培育钢铁、煤化工、新材料、装备制造、新型建材五大新兴产业做大做强、转型崛起，构筑十大工业百亿元产业体系，形成具有介休特色的产业融合路径；通过政府主导兼并重组和“退城进园”，装备制造园区已吸引汾矿机修厂、多智管模、介休市煤化成套设备厂等企业入驻，产业积聚初显成效，辐射功能逐步放大。近年来，全市累计实施重点项目220个，总投资510亿元，完成投资260亿元，136个项目建成投产。产业发展为集聚人气、留下人脉、满足需求、发挥人的才智创造了良好条件，为全市城镇化建设提供了强大发展动力。

“三位一体”复兴历史文化名城。在城镇化进程中，文化的影响、凝聚、规范人们行为习惯的功能和振奋人们精神的作用是其他要素无法替代的。介休是一座历史文化名城，但是由于缺乏“文化自觉”，守宝不识宝，文化遗产濒临消失，让介休的历史和文化特色重现，是介休城镇化的重大使命。介休市按照“慈孝之都、琉璃之城、寒食之乡、三贤故里”的文化发展定位，坚持“抢救、保护、利用”三位一体，实现了文化遗产保护与城市总体规划、周边环境整治、民生改善相结合的良好机制，掀开了历史文化名城复兴的帷幕。我们聘请西安建筑科技大学王树声教授制定了《介休市历史文化街区保护复兴规划》，所有文化遗产保护项目严格按照规划方案实施。从2010年后半年起先后展开了一批全国、省、市重点文物的保护修缮和文物周边环境整治，在老城区内文物本体的维修费用投入近亿元，对文物周边环境综合整治、居民搬迁投资2.5亿元；加快2.37平方公里老城历史文化街区保护步伐，探索出一条“碎片重构、新旧共融”介休文化遗产保护模式，老城范围内不批任何新建筑，拆出广场10.8万平方米；在实施文化遗产抢救保护工程中，注重文化遗产空间公共化，让周边居民最大限度地享受文化遗产保护的成果。2011年以来开工建设顺城关历史文化街区“一街”，介休博物馆“一馆”，明代古城墙复活，后土庙、祆神楼、城隍庙“三大广场”和后土庙、祆神楼、城隍庙、文庙、龙泉观文物维修11项重点工程。2013年10月份一期工程竣工后，将再现介休老城的历史风貌和城市肌理，深刻展示介休深厚的文化底蕴和独特的人文景观。

突破城镇化发展瓶颈，做到既加快城镇化发展，又不触“红线”、“底线”和“高压线”，打造充满活力、富有效率的城镇化推进机制，用创新的方法解决城镇化推进过程中的具体问题。

多管齐下提供城镇化发展用地。在严格耕地保护政策下，提供用地是城镇化建设的第一瓶颈，最大限度地利用国家土地相关政策，充分发挥土地综合利用效益，努力保障城镇化建设用地。一是利用新一轮土地总体规划修编成果，优化城乡用地空间布局，积极争取上级用地指标，保障了文化艺术中心、人民医院、一批学校等城镇化重点项目用地，抓住国家优先保障性住房建设用地的机遇，两年争取到756亩增量用地指标。选好的工业项目对上争取用地指标，破解审批管制难题。二是规范土地有偿使用制度，加强土地市场管理，对国有土地使用权出让严格实行“统一收购、统一储备、统一调控、统一供应”，储备城镇化建设用地，破解征收管制难题。三是积极推动城乡建设用地增减挂钩试点，增加建设用地周转量，置换城镇建设用地，义棠项目区500亩周转用地指标全部用在城区、镇区建设迁村移民小区上，今年再争取1000亩以上增减挂钩指标。四是盘活低效利用土地，关闭32户污染严重的企业，通过“评估—补偿—关闭—拆迁—出让”，为装备制造园区、安晟新材料项目解决用地647亩。五是在不改变土地性质的前提下对农民给足利益，充分利用废弃地、滩涂地和城区部分土地用于城市绿化，建成2000亩汾河湿地森林公园和3000亩城市防护林带。

拓宽融资渠道集聚发展资金。城镇化建设需要大量资金，仅靠财政投入杯水车薪。通过政府资金“投”、企业资金“用”、社会资金“聚”、资本运作“借”等方式，初步建立起介休城镇建设投资主体多元化、融资方式多样化、运作方式市场化新机制。一是政府资金“投”。市财政每年投入城市公共基础设施资金5亿元左右，政府投资要做到量力而行，确保重点工程的顺利推进。二是企业资金“用”。对2012年政府主导实施的保障性住房项目实行企业代建模式，由企业垫资建设，工程完工具备销售、分配条件后，政府整体回购；对城市道路等重点工程由具有实力较强的施工企业垫资建设，政府按3:3:4分三年付清工程款。三是社会资金“聚”。城市供热、供气、污水处理、垃圾处理设施由社会资本投资建设，利用社会资金建设五星级酒店、商业街区、专业市场等；引进社会资金实施“平战结合”人防工程建设。四是资本运作“借”。组建城乡基础设施投资公司，运用实物优质资产、股权资产、未来收益权资产打造融资平台，实现资金融通，保障性住房工程与山西开行贷款6.9亿元；正在推动历史文化街区、人民医院等重点工程融资，政府性融资要控制在可偿还能力之内。

均衡配置公共服务夯实发展基础。城镇化首先是人的城镇化，我们努力提升教育、医疗、住房、社会保障、社会管理等方面公共服务水平，努力均衡配置城市公共服务和加强城市承载功能。三年来投资7亿元完成城乡38所学校安全工程和学校标准化建设两件大事，形成“高职中向城区集中，初中向城区和集镇集中，小学向城区、集镇和中心村集中”的城乡教育一体化布局；深化医疗卫生体制改革，投资3.2亿元的人民医院进入主体施工，7个乡镇卫生院和4个社区卫生服务中心建设进展顺利；提升基础设施水平，城市污水处理率达到95.5%、集中供热普及率达到88%。两年投资25亿元新建保障房15329套，在城区重点区域和关键部位建成一批标志性工程，打造了一批精致的城市家具；“智慧介休”助力社会管理，投资900万元建成网格化管理指挥中心、乡镇（街道）、村（社区、规模以上企业）、基本单元格四级社会管理服务平台，把社会治安、安全生产、公共事务、人口管理等全部纳入网格化之中。

推进城乡发展一体化增强发展动力。抓工业化同时抓城镇化、抓城镇化同时抓城乡一体化是推进城镇化的重大战略。新型城镇化不管何种发展模式，应该是让更多的农民转化为城镇居民，推进新型农村社区建设，城镇基础设施和公共服务向农村延伸，城乡有效统筹。面对介休城镇化滞后于工业化的实际，我们坚持城区、集镇、中心村三个层面推进城镇化，推动城镇人口进城区、农村人口进城镇，促进城区和集镇、中心村合理分工、功能互补、集约发展。构建科学合理的城市格局，以北部新城、义安新区和名城复兴带动城市及周边7个乡镇发展，投资4.5亿元新建纬二路、经四路等11条新城区道路，构建城乡发展一体化的态势；以农村社区为引领，打造“农民市民化、就地城镇化”的小城镇发展模式。义安新区整合7个村整体入驻，打通纬二路推进北部新城与义安园区一体化发展；张兰镇统筹移民迁村工程，将旧寨、东风、南窑头3村2300人整体搬迁至镇区长泰园社区；义棠镇将要里等4个村搬迁至城区，既集中提供了水暖电、教育、医疗等公共服务，又将旧村2000余亩土地腾出用于工业项目和城市建设；以“一村一品”为依托，探索“以强带弱、协同发展”的中心村发展路径。

我们确定了离集镇较远、人口在2300人以上的60个中心村重点扶持，带动农村均衡发展。三个层面推进城镇化，形成中心集聚、轴线拓展、梯次明显的城镇化体系，实现城市资源下乡、农村资源进城、城乡资源互动的效果，形成以工促农、以城带乡、工农互惠、城乡一体的新型工农、城乡关系。

站在更高起点上推进新型城镇化，不懂的东西实际上比我们熟悉懂了的还要多，面对以“知识赤字”“能力赤字”为突出表现的“本领恐慌”的挑战，要求我们在实践中时刻保持清醒头脑，孜孜不倦地学习研究问题，才能“逢山开路、遇水搭桥”，我认为城镇化特别要把握好四个方面的关系。

近年来，介休新型城镇化建设的实践，有独特的个性，也有普遍的共性，有成功的经验，也有亟待完善的地方，站在更高起点上努力走出具有介休特色的新型城镇化发展之路，应把握好城镇化内涵与外延上的“四个关系”：

“老城”是基础，“新城”是发展。一座城市的形成、扩张和形态塑造，是由“老城”起步的。作为城市当政者，在确立城市发展战略时，应首先对城市的文化价值有充分的认识，先把城市的个性、文化基因、历史脉络、文化灵魂找到，为历史建筑焕发新的生命，做一个新用途，让市民走进并欣赏历史建筑，让静态动起来、让功能再利用，在强化公众参与度过程中为公众带来最大效益，这是城市建设首先要解决的问题，有了“老城”，这座城市才有个性和特色。“新城”是一座城市创造新文化的必然产物，是承载公共服务和城市功能的载体，是城市新生命力的孕育腹地。“新城”必须突出空间区域上的重点，迅速拉开城市框架，适度扩大规模、扩张空间，构建“新旧两城、协调发展”的新型城市格局。

“物”是条件，“人”是核心。“物”是城市必不可少的基础设施、城市家具、标志建筑，高楼大厦、公园广场等构成城市的“形”。“人”是城镇化的核心，新型城镇化应从土地城镇化转向人口城镇化。城市从最开始形成时起，就对人进行了重新塑造，深刻地改变了社会的组织方式、生产方式和生活方式。人形成城镇化的“魂”。城镇化的人生存要有尊严、未来有希望，要享受教育权、健康权、就业权、保障权等基本权利。新型城镇化首先为“人”的城镇化，一切“物”应服从服务于“人”。

城区是重点，镇村是支撑。城市、城镇、新型农村社区协调发展、互促互进是新型城镇化体系的内在要求。新型城镇化的基本特征是不以牺牲农业和粮食、生态和环境为代价，着眼农民、涵盖农村，逐步实现城乡基础设施一体化和公共服务均等化的渐进过程。城镇化过程将伴随农业活动比重逐渐下降、非农活动比重逐渐上升、人口从农村向城镇逐渐转移这一结构性变动。城区现有各种生产生活要素聚集，具备了以城带乡、城乡统筹的基本条件，城区是城镇化龙头，发挥加快带动、辐射镇村发展作用。镇村建设是城镇化重要支撑，要视当地财力、物力向镇村倾斜。

城镇化是载体，工业化是前提。新型城镇化是“两化”互动、城乡统筹的过程。工业化创造社会资源，城镇化消耗社会资源。工业化主要通过就业转换效应、人口集聚效应和财富积累效应带动城镇化发展。城镇化发展能够带来劳动、土地、资金与技术的集约利用，使各类生产要素由分散无序状态向规模型、集约型转变，产生巨大的规模经济效益。工业等非农产业发展所提供的就业岗位，为人口城镇化提供了前提，城镇化发展离不开大规模的基础设施建设，工业化带来的财富积聚为城镇基础设施建设和改善提供了必要的支撑。城镇化能带来需求的扩展和升级，不断为工业化的深入发展创造新的需求条件。城镇化过程就是工业化过程，工业化须臾离不开城镇化，两者相互依存、相互促进，是一对孪生兄弟，孤立“两化”，任何一化都是失败的。

（来源：人民网 2013 年 4 月 16 日）

森工改革促发展 林区人民俱欢颜

——黑龙江森工林区城镇化建设的调查与思考

黑龙江森工林区地跨10万多平方公里，拥有53.5万职工，新中国成立60多年来累计向国家提供木材5.2亿立方米、上缴利税约120亿元，地域之广、职工之多、人口之众、贡献之大，在全国国有林区堪称独一无二。

20世纪90年代森工人推进治危兴林和天保工程，再造秀美山川，20多年少伐了7600万立方米的木材，少消耗森林资源1.2亿立方米，新增了1.3亿立方米的森林蓄积。截止到2012年末，森林面积853.2万公顷；森林总蓄积8.17亿立方米；森林覆盖率达到84.6%。森工人发扬能吃苦、能奉献、能实干的精神，开展了全国规模最大、速度最快、品位最高的城镇化建设3年会战，创造了“森工速度”、“森工品位”和“森工奇迹”。诗人杜甫憧憬的“安得广厦千万间，大庇天下寒士俱欢颜”的千年梦想，如今已真真切切呈现在广袤的黑龙江森工林区大地上。

“四大奇迹”引领城镇化传奇

森工人在经济发展相对滞后的困难条件下，3年基本实现城镇化，创造了城镇化建设史上的一个奇迹。

——规模的奇迹。从1949—2008年，森工人平均每人奉献了可建成百套房子的木材，大多数人自己却长期居住在低矮简陋、破旧不堪的棚户房里，人均居住面积只有14平方米，经过5年的保障房建设，人均居住面积提升到23.1平方米，新建、改造住宅及配套总面积近3000万平方米，推动了林区城镇大规模的扩张，支撑了人均居住面积的大幅度提升，创造了每年城镇建设相当于过去20年规模的奇迹。

——速度的奇迹。森工人由城镇化建设的“门外汉”，转变为“行家里手”乃至“领头雁”，用5年时间，全省森工林区共拆迁棚户区约2000多万平方米，未发生一起强拆事件，做到了“无事故、无上访、无诉讼”，被称之为世界少有的“森工速度”、全国罕见的“和谐拆迁”，并普遍地做到了当年拆迁、当年施工、当年入住，对此很多建筑行业的大牌专家和资深企业都惊叹不已。

——品质的奇迹。森工人把突出特色、提升城镇品质和魅力作为建设的根本着力点，创造了“一低三高”的奇迹。“一低”就是千方百计压低城镇化建设成本。“三高”：一是城镇建筑的品质高。许多来自京城和省城的领导和专家惊呼：“每平方米1000元的建筑成本，林区能打造出这样和谐统一、特色鲜明的高水平城镇住宅，完善的服务配套，不亚于大城市的中高档社区，不可思议！”二是城区绿化的品质高。森工人打造的园林式城镇绿化，坚持就地取材和“大树进城”、针阔混交、乔灌搭配、立体复合、精益求精，整体森林覆盖率达到40%左右，高于全省和全国城镇森林覆盖率约10个百分点，受到国家林业局高度评价。三是城建细节的品质高。森工人在林区城镇化建设中，注重唯美追求。以往“傻大黑粗”的老面貌，在3年会战中荡然无存，取而代之的是“精细灵秀”新形象。

——民生的奇迹。森工林区5年会战，换来了近百万居民告别棚户，喜迁新居。新楼房、柏油路、天然气、自来水、太阳能进入居民生活，使森工人幸福指数大幅提升。

生态建设促进经济社会转型

森工林区城镇化建设的跨越，消除了林区人燃木取暖的陈年痼疾，降低了资源消耗，缓解了环境污染，实现了生态效益、经济效益、社会效益的有机统一。

森工林区城镇化建设有效地带动了产业由林木生产向非林非木转型，使其成为加快城镇化建设的重要支撑。带动了建筑建材、家具装饰、交通物流等二、三产业的快速发展，从而极大地推动了森工林区经济的快速增长。经过 3 年会战，全省森工采伐、加工和替代产业的产值分别由 17 ∶ 24 ∶ 59 调整为 5 ∶ 26 ∶ 69；投资环境得到改善和优化，3 年招商引资落地资金 70 亿元，全部为加工和替代产业项目。柴河林业局结合棚改推进局县共建海林市国家级经济开发区，培育壮大了一批龙头企业，成为森工坚果产业第一局。

森工林区城镇化建设的新跨越，从根本上补上了林区社会服务“短板”。在森工林区城镇化建设中，提供集中供热、供水、教育、卫生、文化配套和公安、金融、商服等完整的社区服务、行政服务，提供一对一的快捷服务，让林区人一天办成 10 件事也不稀罕。

5 年会战，森工林区棚改和城镇化建设投资总额约为 552 亿元，均超过了过去 60 年的投资总额，使投资真正成为拉动森工发展的强大“引擎”，有效地拉动了居民的消费需求。同时，森工人以城镇化建设为载体，推进与毗邻县镇的城镇同步规划、生态环境共管共护、企业拉动辐射、基础设施和公益事业共建共用，森工林区的图书馆、体育馆、旅游景区等全部对周边居民开放，实行资源共享。初步达到了资源整合、优势互补，有力地促进了区域经济快速发展、社会共同繁荣。经济结构的转型，企业综合实力的增强，提高了职工财产性收入和工资性收入大幅提升。

森工林区连年被评为全省社会稳定先进行业、全省信访先进单位、全省精神文明建设标兵系统。

“五大模式”推动城镇化跨越式发展

森工林区在短短3年中发生的历史巨变，主要得益于党中央、国务院对国有林区棚户区改造的英明决策，给予森工林区46.8亿元补贴；得益于黑龙江省委、省政府对改善百万森工人居住条件的高度关切；得益于黑龙江森工总局党委坚持民生至上，闯出一条具有森工林区特色的鲜活城镇化道路。

“大谋划”提升城镇化

森工林区注重科学编制规划，超前明晰并制定出以棚改牵动全面大发展的跨越式发展战略，为森工林区城镇化建设起步定位提升到了难得的高起点。森工林区认真贯彻省委提出的“二十年不落后，五十年不后悔，一百年仍是景”的建设要求，提出以“局址城市化、环境生态化、生活小康化、发展持续化、城乡一体化”为标准，科学规划城镇建设，要求所有林业局的城镇建设都科学地规划为“产业集聚、生活服务、医疗卫生、生态休闲、文化教育”等五大功能区，做到“布局有章法、建筑有特色、街道有景致、小区有品位”，凸显了林区城市建设的独特追求。

“大棚改”推动城镇化

森工人以棚改为契机，将城镇化建设与生态建设、大面积整合撤并林场（所）通盘谋划，同步推进。3年棚改，撤并了29%的林场（所），生态移民人数占山上人口的24%。森工人视棚改工程质量为生命，强力推进城镇化进度。总局对下层层签订责任状，建立联系点，对口指导，跟踪问效，并设立奖惩机制，确保了3年会战成为高速工程；通过抓工程成本，组织联合、集中和反季采购，最大限度地降低建筑成本；通过抓工程监督，层层设立棚改质量监督机构，抽调优秀干部任专职监督员，对建筑工程实行全方位监督，确保了3年会战成为满意工程。

“大配套”支撑城镇化

森工人敏锐地意识到，城镇化建设的高水平需要高在大配套上，不是单纯的拆房盖房，而是生存方式品质的跃升，发展方式根本的转变。在这样一种超前的理念主导下，城镇化目标被浓缩为8个字：宜居、富裕、幸福、和谐；城镇化内容被转换为四句话：布局合理、要素齐全、功能齐备、比例协调。森工人闯出的大配套、高水平城镇化建设之路可以概括为“四个坚持”：坚持与环境建设相配套，创建宜居城镇；坚持与经济转型相配套，促进产业富镇；坚持与民生改善相配套，打造幸福城镇；坚持与社会管理相配套，构建和谐城镇。

“大会战”运作城镇化

森工人具有组织大会战的光荣传统，如今实现高效率城镇化建设走的又是一条会战之路，创造高速度、大建设奇迹。发挥精神优势是林区城镇化建设大会战运作成功的重要支撑，发挥组织优势是林区城镇化建设大会战决胜的重要保障，森工这支“靠得住、调得动、上得去、过得硬”的坚强队伍，过去为战胜森工林区“资源危机和经济危困”做出了巨大贡献，今天再次成为林区城镇化建设大会战决胜的重要保障。

“大共建”带动城镇化

森工人以“领跑”城镇化建设的战略眼光，主动跳出仅在林区范围内搞建设的“小圈子”，致力于谋求推进局县共建的“新天地”，初步探索出了优势互补、互利双赢、和谐发展的“大路子”。柴河林业局与海林市共建产业园区，税收五五分成，调动了局市联合做大、共建做强的积极性，开辟了同处一片蓝天、一片沃土、共享一个政策的条块合作“先河”。

成功经验值得借鉴。归结起来，森工人取得的巨大成就，创造的发展模式，产生了许多令人意想不到的巨大震撼：森工人不仅只会砍伐林木，更善于保护森林；不仅会搞林木加工，更善于发展替代产业；不仅会搞经济转型，更善于推进深化改革；不仅在棚改中善于“破坏”一个“旧世界”，也更善于建设一个新天地——林区新城镇。他们的经验不仅属于森工林区，也不仅属于黑龙江省，对全国的科学发展、均衡发展，尤其是城乡一体化建设，都具有重要的借鉴意义。

抢抓发展机遇，在解放思想方面要有大突破。森工人在“山穷水尽”时主动创造机遇、争取机遇、用好机遇，实现城镇建设大跨越、生态建设大提升。诸如森工大棚改的发展机遇每提早抢抓一年，仅基建造价就可节省10亿元的资金；而诸如东北振兴、城镇化建设和对外开放提升为国家战略这类大机遇，在一个省每提早推进实施一年，将可创造上百亿元乃至上千亿元的大效益。因此，各条战线、各地市县都应学会像森工人那样，“白加黑”、“五加二”，以只争朝夕的精神用足用好千载难逢的大政策，让黑龙江这块神奇的土地及早启动装满机遇的“动力引擎”，乘上科学发展的“特快列车”。

“森工精神”是科学发展的主要动力。黑龙江省不乏精神资源，曾经叫响的四大精神，即北大荒精神、大庆精神、铁人精神和闯关东精神，鼓舞引领着一代又一代黑龙江人开拓进取。在某种意义上说，新中国成立以来森工人发展大林区，营造大生态，进行的大创业，特别是城镇化建设的3年巨变，深刻启示我们应在森工林区大力弘扬“森工精神”：坚韧不拔、自强不息的“红松”精神；奋发有为、拼搏进取的“头雁”精神。森工林区各级领导班子，不等不靠，勇于创造，坚决实施了符合森工实际的发展战略，坚定维护了让森工明天更美好的理想信念，坚持突出了森工林区不飞则已、一飞冲天的引领作用。几代森工人锤炼出这种极其宝贵的“红松”、“头雁”等精神，既是黑龙江精神的生动写照，也是中华民族精神的真实体现，值得借鉴。

放大政策效应，深化改革。森工治危兴林、民生改善和发展转型，既靠内生动力迸发，也靠外部政策推动，内部活力需要外来动力激发。我们欣喜地看到，国家和省里现行政策顺应了森工生产力发展的需要，森工林区的生机活力已迅速显现，正在以加速度的态势推进生态建设、城镇建设和产业转型升级，尤其是城乡一体化发展日新月异，小城镇变化天翻地覆，森工已由黑龙江省经济、社会、生态发展的老大难变为大动力。

发挥体制优势。森工林区多种职能兼有，其体制在全国是一个特例。森工林区不是纯粹的企业，政府的职能几乎都有，且拥有完整的公检法系统。事实上森工林区既体现了完备的企业功能，同时又经国家林业局、省人大、省政府批准和授权，行使了资源管理、行政管理、社会管理等 149 项政府行政管理职能。过去长期没有政府拨款，行政管理经费全部由森工林区自行承担，森工林区一方面向国家缴纳税金、一方面承担着政府行政公共经费，为国家做出了双重贡献。现在虽然森工总局机关、公检法、教育经费已经到位，但尚有一些政府职能缺位，普惠政策缺少，经费供给缺失。其体制问题成为学界、政界和业界长期争论的焦点。就黑龙江森工林区而言，评价其体制的优劣，最重要的是应该用生产力标准。鉴于黑龙江森工在现有体制下，已经做到了明显有利于森林保护和生态恢复，明显有利于森工林区经济社会发展，明显有利于森工林区百姓生活改善，这种体制应得到肯定与支持。

推广典型经验，实施条块结合方针。鉴于森工林区城镇化 3 年会战发生的历史巨变，天保工程二期提供的千载难逢机遇，使森工林区成为黑龙江省乃至全国加快发展、加速转型的一面旗帜，在黑龙江全省乃至全国推广森工经验、森工速度和森工奇迹，大手笔推动森工带动地方的条块结合显得至关重要。从森工总局的决策层到管理局、林业局领导集体，是顾大局、兴大业、干大事的领导班子，是能战斗的领导团队，应在重视发挥森工林区带动地方城镇化、工业化作用的同时，实施干部交叉任职，既从森工林区选拔优秀干部到各级地方政府兼职，也从地方选拔优秀干部到森工林区兼职，以助推形成局县共建的合力。同时，充分考虑森工林区经济尚处转型期，木材压产期，经济实力仍不够强大，应量力而行、循序渐进地发挥森工对全省的带动作用。

顺应民心，改善民生。森工棚改5年会战、推进城镇化之举，成就斐然，大得民心，国家和地方政府用103.57亿元（国家每平方米补贴300元、地方政府补贴200元）启动支撑了森工林区城镇化建设，根本改善了林区职工的居住条件，实现了安居梦，换来了160万林区居民的人心，赢得了林区人民发自内心的呼声："感谢共产党！"

（来源：《人民日报》2013年4月8日第20版）

城镇化：构筑内蒙古县域经济新格局

城镇化是内蒙古现代化建设的历史性任务，是经济增长和结构调整的重要引擎，也是推动县域经济发展的重要力量。目前，内蒙古城镇化率已达56.6%，但县域城镇化率只有31.8%，这既是差距，也是潜力。

自治区党委九届五次会议暨全区经济工作会议指出，必须紧紧抓住国家加快推进城镇化的有利时机，推动中小城市和小城镇协调发展，加快构建具有内蒙古特色的城镇格局，特别要大力推进县域城镇化进程，加快形成工业化和城镇化良性互动、城镇化和新农村新牧区建设协调发展的县域经济发展新格局。

关键词：促进集聚

旗县基础设施和公共服务能力薄弱，是制约县域经济发展的最大瓶颈。为此，内蒙古加大资金投入力度，突出抓好旗县（市）城关镇和国家、自治区确定的重点镇的基础设施、公共服务设施建设，提升小城镇承载能力，促进产业和人口集聚。

各地加快城镇综合交通体系建设。以形成布局合理、结构完善，衔接顺畅、安全可靠的综合运输体系为目标，畅通城镇进出口通道，完善城镇内部交通道路系统和配套设施，优化城镇路网结构，构建边界高效的城镇综合交通网络。着力完善市政公共设施建设，进一步加大投入，加强道路、供（排）水、供气、供热、污水垃圾处理等市政公用设施建设，全面提高城镇综合承载能力。

全面建设绿色宜居城镇。按照人居空间环境舒适、人文社会环境良好、生态自然环境优美、生产环境清洁高效的要求，突出亮点，体现特色，建设一批独具魅力的绿色宜居城镇。全面实施城镇环境综合整治工程，着力改变城镇环境质量和整体形象。例如，赤峰市喀喇沁旗锦山镇利用有限财力建成了北方颇具亮点的典型城镇。该镇坚持适度超前规划和高标准建设，充分发挥锦山小城“群山环绕、一水穿城”的独特优势，建成了一批特色精品工程，提升了城镇品位和管理水平，彰显了文化内涵，初步形成了“城在山中、水在城中、人在绿中”的北方山水生态园林宜居城镇格局。截至2012年末，全区开工建设绿色建筑159万平方米；安排既有居住建筑节能改造1844万平方米，超计划844万平方米。

自治区住房和城乡建设厅村镇建设处副处长杨宝峰说：“产业集聚、县域经济发展较快的地区，其城镇化基础设施、城镇化程度和城镇化水平也比较高。推进城乡一体化，首先要抓好城乡一体化基础设施建设，实现城乡公共服务的均等化，在硬件上缩小差别。”

与此同时，内蒙古各地深入抓好小城镇改革试点工作。借鉴区外小城镇发展改革经验，总结自治区小城镇改革试点经验和问题，以体制机制创新为突破口，推动小城镇科学发展。

呼和浩特市政府出台了《呼和浩特市加快推进小城镇建设工作的实施方案》，确定通过3到5年使旗县所在地“3年见成效，5年大变样”。2012年，该市完成市政基础设施建设和旧区改造、新区建设、危房改造等小城镇建设投资36.8亿元；赤峰市部分旗县在制定扶持小城镇建设各项政策的同时，实行以奖代补，每年分别拿出300万元至1000万元不等的以奖代补资金，专项用于城关镇以外的小城镇基础设施建设奖励扶持。

近5年来，自治区本级共安排小城镇建设奖励资金1.25亿元，扶持了195个国家和自治区重点小城镇的公用基础设施建设。各级政府也加大了小城镇建设资金投入，全区小城镇建设总投资近160亿元。

全区50个全国重点小城镇和118个自治区重点小城镇中，赤峰市元宝山区元宝山镇、锡林郭勒盟西乌珠穆沁旗巴拉格尔高勒镇、巴彦淖尔杭锦后旗陕坝镇3个小城镇被列为全国小城镇建设示范镇。

关键词：产城融合

内蒙古各地加快城镇建设，在产业化和城镇化深度融合的道路上探索前行。各地从实际出发，选择小城镇建设发展的支柱产业，实现了产业发展和小城镇建设相互促进、相互提高的良性互动，形成了各具特色的区域性中心小城镇，推动了县域经济发展。

呼和浩特市和林格尔县就是通过产业集聚壮大县域经济，城镇化率和城镇化水平加速提高的一个例证。和林格尔县通过兴建和林格尔经济技术开发区，带动了二、三产业发展，一举摘掉了“国家级贫困县”的帽子。

2012年，和林格尔县GDP达到168.75亿元，财政收入达18.97亿元。和林格尔县委书记吴志强说，产业集聚不仅带动了县域经济大发展，更带动了城镇化大提速和农牧民大受益。目前，全县城区面积由1997年的6平方公里扩大到38平方公里，城镇人口由3.2万人增加到9万人，城镇化率达到45%，城镇绿化面积由5.4平方公里扩展到10.88平方公里，城区绿化率达到35%。如今，该县跃升为全国小城镇建设重点镇、示范镇和全国文明县城。

作为自治区乡村城市化试点的赤峰市元宝山区元宝山镇坚持开发与改造相结合、城镇建设与产业发展相结合，着力打造工业主导、旅游服务、流通商贸、特色产业和交通枢纽型的特色城镇，成为全国小城镇建设示范镇。

自治区统计局统计显示：近年来，内蒙古加快推进工业化和城镇化，多数地区实现了由农业主导型向工业主导型经济的转变，城镇化率由2005年的47.2%提高到2012年的57.6%。

内蒙古城镇化率以年均1.05%的速度增加，每年由农村牧区向城镇转移人口数量在50万人左右。如何保障这部分人群的就业？内蒙古提出，“十二五”期间大力推进城镇化，完善城乡规划和产业布局，加快发展县域经济，引导生产要素向重点城镇、重点园区和重点产业集聚，有序推进农牧民转移。

记者从全区小城镇建设现场会上获悉，内蒙古将坚持集中发展原则，调整优势生产力布局，引导工业向园区集中、人口向城镇集中、居住向社区集中，在城镇密集地区和大城市郊区小城镇重点发展深加工产业链和第三产业，承接中心城市的工业转移和改造升级。农牧业地区重点发展农牧副产品深加工业，为现代农业服务，逐步建立贸工农一体化经营体系。产城融合，在城镇化进程中被寄予厚望。

关键词：扩容提质

大力推动县域经济发展，城镇建设无疑是一篇必须做好的文章。而要做好这篇文章，必须迈过三道坎儿。

其一，城镇化水平远远低于城镇化率。城镇化率是一个地区城镇人口占总人口的比例，城镇化水平则反映一个地区产业集聚、城镇数量增加、城镇实力增强、服务功能健全的一种综合发展水平。目前，内蒙古城镇化率保持了较高的增长速度，但是城镇化水平却远远落后于城镇化率，在8项市政公用基础设施指标中，目前仍有5项低于全国平均水平。自治区政府研究室工交财贸处处长洪冬梅说，内蒙古城镇化率虽然高于全国平均水平5个百分点，工业化率也已达到50%，但是居民在二、三产业的就业比重低于全国11个百分点；第一产业就业人员比重达46%，大大高于全国水平，产业发展对就业拉动不足。城市规模扩大、人口增加与支撑城镇发展的产业体系滞后之间的矛盾日渐突出，使进入城镇的人口缺乏就业和增收的途径，人口城镇化滞后于土地城镇化。

其二，县域城镇化率较低。目前，内蒙古城镇化率已达56.6%，但是县域城镇化率只有31.8%，大多数农村和小城镇人口密度小，村镇分布稀疏，经济发展水平较低。

其三，部分城镇规划建设出现不良倾向。业内人士分析说，内蒙古一些城镇的产业发展忽视了与当地农村经济的联系，土地利用粗放，工业用地浪费现象突出。很多城关镇建设只是跑马圈地，开发区、工业园区、新区有名无实，产业聚集带动社会分工深化、细化不够。服务业发展严重滞后，人口集聚能力较低，吸纳就业能力不高，工业化、城镇化与服务业的发展没有形成良性循环，对城镇发展的支撑能力不够等等。

如何有效解决上述问题，抓好城镇建设，进而推动县域经济发展？经过审慎思考，内蒙古围绕扩容提质、抓好城镇建设的脉络日益清晰。

——推动县城扩容提质。内蒙古社科院经济研究所所长于光军认为，内蒙古要突出抓好县城扩容提质，坚持高起点规划、高质量建设、高水平管理，打造一批市政设施完善、服务功能配套、产业特色鲜明的重点县城，吸引更多生产要素和优势资源向县城集中，发挥其对县域经济的辐射带动作用。要统筹抓好建制镇建设，加强分类指导，搞好示范带动，强化产业支撑，打造一批集聚带动力强的专业镇、特色镇。同时，保住耕地这根红线，有序引导农牧民就地相对集中。

——把城市和农村牧区作为一个有机整体，在规划布局、基础设施建设方面统一考虑、统一布局、统一推进。业内人士认为，要强化城乡设施的衔接、互补，加大对农村牧区设施的投入，让城市基础设施建设向农村牧区不断延伸，使农牧民真正享受到城市先进的生产力和城市文明，从而实现城乡共建、城乡联网、城乡共享。

——处理好工业化和城镇化的关系。以高度发达的工业和现代服务业提升城镇发展实力和水平，以高质量的城镇化带动各种优势生产要素的快速积聚，加速产业集约化和集群化发展，进而推进新型工业化和城镇化深度融合、良性互动、协调发展。

——城镇要打造生产要素集聚“洼地”。要本着宜农则农、宜牧则牧、宜工则工、宜商则商、宜游则游的原则，在推动产业集聚的同时，更加注重合理使用土地资源，更加注重环境保护。与此同时，城镇产业选择、园区布局要与城镇体系建设、城镇功能相适应，以人定城、以城定产、产城一体，双向互促。

——鼓励和引导民间资本进入市政公用事业及政策性住房建设领域，以多元化的资金投入推动城镇市政基础设施建设。

内蒙古全力以赴，力争让城镇化这篇文章做得更加精彩，构筑县域经济新格局。

（来源：《内蒙古日报》2013年4月10日第10版）

安徽城镇化发展现状和路径选择

【编者按】

城镇化是不可逾越的历史过程，是扩大内需、转型发展的最大潜力所在。安徽已进入城镇化快速发展阶段，要全面把握这一重要战略机遇。为此我们约请省社会科学院专家撰写了本版文章，就安徽推进新型城镇化的若干重要问题进行阐论。

城镇化是我国现代化建设的历史任务，也是经济社会现代化的重要标志。近年来，安徽各地坚持把城镇化作为重大发展战略，科学规划城市功能定位和布局，不断增强小城镇公共服务功能，积极稳妥推进新型城镇化进程，城镇化速度不断加快，城镇布局体系得到优化，城镇化成为转变经济发展方式和建设美好安徽的重要引擎。

安徽城镇化发展现状

城镇化速度明显加快，但整体水平较低。我省城镇化率从2008年的40.5%提高到2012年的46.5%，年均增长1.20个百分点，高于全国平均增长速度。全省城镇化水平与全国平均水平的差距由2002年的8.39个百分点缩小到2012年的6.1个百分点。但是，安徽省城镇化率仍低于全国平均值，城镇化率位居中部六省第五位，2012年的城镇化率分别相当于全国、湖南、湖北、江苏和浙江的88.4%、87.7%、86.9%、78.8%和73.6%。

城镇布局体系逐步优化，但区域发展不平衡。全省积极实施中心城市带动战略，把培育壮大中心城市摆在优先位置，加快县城和重点镇的规划建设，初步形成了层级合理、分布均衡、梯次分明的城镇体系。2012年，全省城镇人口数100万以上的特大城市有4个、50万至100万人口的大城市有5个、20万至50万人口的中等城市有15个、10万至20万人口的小城市35个、10万人以上的特色镇48个。全省城镇化区域发展失衡，合肥经济圈城镇化发展优势明显，皖江地区城镇化实力强劲，皖北地区城镇经济社会实力较弱，皖西地区城镇化规模较小。另外，我省城市的区域首位度不高，皖北、皖南缺少有集聚力、带动力、辐射力和影响力的区域中心城市。

城镇建成区面积快速增加，但整体竞争力较弱。全省各地根据经济发展水平、历史文脉特色、产业发展基础，积极引导产业向开发区、产业园区集中，到2012年全省城镇建成区扩大到1565平方公里，比2008年的1311平方公里增加了254平方公里，年均增长近20%。但是全省城市规模和体量普遍较小，产业结构较为单一，城市创新能力较弱，城市特色不够鲜明，在全国城市竞争力排名比较靠后。

城镇综合承载力逐年增强，但城镇发展质量不高。全省坚持城市发展与产业成长“两手抓”，促进城镇产业优化升级，把城镇化与调整产业结构、培育新兴产业、促进就业创业结合起来。各城镇实施完成城市路网、燃气供水、污水处理、园林绿化、公共事业、安置房建设等一批基础设施项目，城镇承载能力有所提高。黄山市荣获“中国人居环境奖”，芜湖市保兴埠城市排涝及周边环境综合治理项目、阜阳市城市中心区园林绿化建设项目获得“中国人居（范例）奖”。但是我省城镇化质量仍然较低，表现在人口城镇化滞后于人口非农化，城镇化滞后于工业化，人口城镇化滞后于土地城镇化。城镇之间产业结构的雷同、城镇建设模式相似、城市文化特色缺失成为普遍现象。

安徽新型城镇化的路径选择

积极构建新型城镇体系。科学把握城镇存量人口、增量人口的发展趋势，以区域一体化、产城一体化为发展方向，结合不同区域的城镇功能定位，编制好各个层次和不同类型城镇的发展规划，科学确定城镇的空间布局、基本功能、文化特色和发展目标。“十二五”和“十三五”时期，全省要把提升中心城市能级作为推进城镇化的首要任务，大力促进城市规模扩张和城市群发展。按照建设“大湖名城、创新高地”的目标，加快推进区域性特大城市，促进合肥经济圈一体化；加快建设芜湖次中心城市和滨江城市群，加速沿江城市带率先崛起；推进沿淮城市群建设，结合中原经济区战略实施，支持皖北地区跨越发展；建好皖南国际旅游文化示范区，突出文化生态特色，加强皖西大别山区的生态保护；推动安庆、蚌埠、阜阳、黄山等市成为重要的区域性中心城市；加强与安徽周边城市的互动错位发展，合力推进长江中游城市（长沙、合肥、南昌、武汉等四个省会城市）集群建设，培育中国经济增长第四极。

提高城镇综合承载水平。各地应结合城镇自身成长的特点，从区位优势、产业基础、文化资源、人才开发、生态环保等角度来定位城市的发展方向，探寻并逐步培育城镇的核心产业，形成鲜明的城镇个性及特色。城镇化的核心是人的城镇化，城镇化过程是农民进城转化为市民的过程，所以在产业选择上，要考虑城镇扩大就业的功能，在大力推进高科技新型产业的同时，注重发展劳动密集型产业和生产生活型服务产业，发挥服务业作为城镇就业容纳器的作用，创造条件促使部分产业向小城镇集中发展，以便充分吸收农村富余劳动力，使长期在城镇生活，有工作、有稳定住所的农民固定下来。在产业园建设中，统筹考虑产业发展和居民就业、居住需求，将保障性住房与城镇产业规划同步衔接，与基础设施同步建设。加强综合交通体系、地下管网体系、生态环境体系、防灾减灾体系等基础设施建设，为产业和人口集聚提供基本条件。

提升城镇创新驱动能力。着力在管理体制、服务功能、文化教育、人才培养、制度设计、政策引导、发展环境等方面提升城镇创新功能，推动创新型城镇建设，提高城镇创新活力和竞争力。坚持“试点先行、以点带面、分步推进”的原则，以信息化、智能化助推城镇化，积极开展智慧城市、生态城市、宜居城市试点工作，探索新型城镇化的模式和机制。推动电信网、广电网、互联网“三网融合”，推广应用物联网、云计算等信息技术，加快智慧社区、智慧场区、智慧园区建设。加大科技研发投入和高端人才培养，发挥市场主导和企业主体作用，促进集成创新和自主创新等多种方式加快城镇发展，提升城镇化的科技含量和创新水平。

提升城镇建设的文化内涵。文化是城镇发展的核心竞争力。城镇建设要统筹好城镇建设与历史文化保护，使城镇的历史延续和现代发展相得益彰，以文化来塑造城镇的特色和品牌，以文化来增强市民对城镇的认同感和归属感。新型城镇化彰显文化特色，必须对各地的历史文化名城、历史文化街区、特色古建筑进行高标准规划和保护，并严格按照规划对其进行有效保护和利用，保护好各类文化遗产和文化遗存，保持城市的文脉和记忆。加强城市主题文化建设，突出城镇建筑特色，打造城镇徽风皖韵魅力。加强对城市主题文化的“顶层设计”，将城镇建成纪念性空间，在建成区范围内建设环城绿道、文化街区、中心绿地、博物馆、纪念馆、美术馆、雕塑群，建设一批文化地标，体现出外形的典雅和文化内涵，注重与城镇周边环境的协调，形成人文景观与自然风光的和谐格局，提高城镇文化软实力。

创新城镇化发展体制机制。实施“阳光规划”工程，完善全省各级城乡规划民主决策和科学决策制度。发挥土地政策调节优势，严格执行城镇土地利用总体规划，提高县级中等城市土地用地比重。建立和完善市政公用产品（服务）价格形成机制，加快城市管理市场化步伐。加快户籍制度改革，实行差别化户籍政策，以具备条件的农民工为重点推进试点，综合考虑推进现行的城市户籍制度、劳动用工制度、教育制度、社保制度改革，实现进城农民与城镇居民享有同等待遇，降低农民在城市生活、就业成本，引导非农产业和农村人口有序向中小城市和建制镇转移，真正使进城农民“进得来、住得下、过得好”。积极推进保障性住房建设，有效满足居民生活需要，到2015年实现保障性住房覆盖面20%。

（来源：《安徽日报》2013年4月15日B3版）

滕州市加强管理多项措施全力推进全域城镇化建设

近年来，滕州市城市管理局高度重视全域城镇化建设，紧紧围绕加强精细化管理，提高城乡环境质量，提升城市品位的要求，通过采取多项措施，积极服务全域城镇化建设。

积极推进城管执法重心下移。相继在城区4个街道设立了副科级分局，在高铁新区驻地设立了东沙河分局，同时向鲍沟、大坞、木石、级索、龙阳、西岗、滨湖、柴胡店、界河等镇派驻了执法办公室。各镇执法办公室（分局、中队）设立以来，经过不懈努力，城镇驻地容貌环境得到明显提升，为优化乡镇招商引资环境，促进小城镇健康发展做出了重要贡献，成为镇党委、政府一支不可或缺的重要执法力量。

滕州市容市貌不断优化。编制了城市道路设摊导则，将城区110多条道路划分为严管街、严控街、规范街三类，实行分级管理，建设便民摊点群8处，疏导安置摊点900余个，设置“放心早点”64处，每年春节期间设置临时年货摊点群14个，建设了3处夜市、2处小吃城和3处烧烤园区，丰富了城市夜生活。开展户外广告升级改造工作，累计升级改造广告牌2500余块，清理违章条幅广告610余条，清理野广告5万余处，广告设置水平大幅提升。大力推行“门前五包”，城区主干道“门前五包”责任书签订率达到90%，形成了共建、共管良好氛围。先后建成农贸市场5处，施化停车泊位2000余个，配合相关部门打通主干道丁字路、断头路20余条，治理背街小巷 21 条。加强对龙泉广场、市民广场、火车站广场、汽车站等公共场所及热点部位的治理，督导 400 余家企事业单位、居民小区、个体经营户对楼体实施亮化，安装了亮化设施。

环境卫生质量明显提升。在城区主干道全面推行了“水冲路面、机械清扫、人工保洁”三位一体的保洁方式，主干道路全天 14 小时巡回捡拾垃圾。善国路、府前路、解放路等“七纵七横”的 14 条主干道实行生活垃圾上门收集，减少垃圾临时堆放造成的“二次污染”。对 38 条（段）、165 万平方米的道路实施市场化运作，提升了保洁水平，积累了管干分离、政企分离的经验。加大渣土管理力度，成立渣土管理执法大队和渣土行业协会，强化运输途中监管，渣土抛、洒、滴、漏等问题明显减少。在城区新建高标准垃圾压缩中转站 12 座，配备密闭压缩车运输垃圾，确保了城区 350 吨生活垃圾做到了就近压缩、日产日清、无害化处理。新建改建水冲公厕 100 余座，实行一人一厕全天候保洁，完善了环卫设施布局，解决了群众如厕难问题。

违法建设管控到位。坚持“打早打小”与“宣传教育”相结合，重点加强高铁新区、城市规划区、冻结区域的违法建设管理力度，加强对房地产开发及其他公建项目的全过程监管，靠巡查密度来保工作力度，大力推行前置式执法、说理式执法，2012 年全年成功制止违建行为 350 余起，避免群众经济损失 3500 余万元，强拆行为同比下降 80%。

城乡道路环境综合整治成效显著。2013 年以来，先后对善国路、北辛路、清河路等 9 条城区主要道路实施综合整治，坚持高起点规划、高标准建设、高效率推进，完成改造建筑立面 120 余万平方米、改造道路管线 13 公里，整治户外广告 4.3 万余平方米，打造了门户大道、行政大道、旅游大道、景观大道、健身示范大道，提升了城市品味和档次。

城乡环卫一体化全面启动。专门组织人员到桓台、寿光等地考察学习先进经验，结合滕州市实际，研究制定了《关于推进城乡环卫一体化的意见》，明确了运作模式、设施建设、人员配备、经费保障等运行机制，从政策层面保障了这项工作规范化、科学化。市财政、城管、规划、国土等部门和各镇街上下联动、协调配合，全面推进基础设施建设。目前，14个镇垃圾中转站已有12个建成投入使用或即将投入使用；滕州市财政投入2000万元，购置了8辆大型压缩转运车、18辆密闭式垃圾收集车，21个压缩箱体；17个镇全部建立保洁队伍，招聘保洁人员825人，村级设立垃圾收集点528处，初步构建了农村垃圾“村收集、市镇转运、无害化、资源化处理”的滕州模式。

（来源：人民网2013年4月12日）

产城融合 城镇化建设新路子

——记浙江丽缙五金科技产业园

2012年2月，浙江丽水被国土资源部正式批准列为全国首批低丘缓坡开发利用试点，在这一利好的政策大背景下，时年5月，丽水市委、市政府在辖区内缙云县壶镇镇成立浙江丽缙五金科技产业园区。仅半年多时间来，园区积极向低丘缓坡要空间，目前已完成2000多亩土地的平整工作，园区各项建设快速推进、平稳有序，走出一条具有丽水山区特色的城镇化和集约利用土地发展的新路子，为全国低丘缓坡开发利用积累了经验。同时，低丘缓坡开发利用也为丽水地区新型工业化、城市化互动发展带来了活力，成为推动丽水实现“绿色崛起、科学跨越”的主引擎！

浙江丽缙五金科技产业园位于缙云县壶镇镇，是丽水市委、市政府根据省委、省政府和国土资源部对低丘缓坡开发利用试点工作的总体要求，按照“台地工业、坡地城镇”的思路，围绕“先行先试、风险可控、经验可推”的原则，以保障发展、保护耕地、改善生态、节约用地为目标，全力打造的全国低丘缓坡开发利用先行区和示范区。

产城融合 联动发展

浙江丽缙五金科技产业园区按照工业化、信息化、城镇化、农业现代化“四化”同步的要求，立足壶镇小城市试点建设的良好基础，在政策处理上依靠壶镇，在城市建设上承接壶镇，在产业发展上带动壶镇，推动园区建设与壶镇发展同频共振、互促共进，以工业化与城镇化的互动发展带动园区科学发展，极大地发挥园区的辐射带动作用。

绿树成荫的坡地四周，错落有致地分布着厂区、厂房，而这片工业特征鲜明的区域内，则分布着“小桥流水人家”。作为一个新兴的开发区，园区的建设要享受国家推进城镇化所带来的改革“红利”，就必须按新型城镇化的思路推进建设。

壶镇自2010年底被列入浙江省27个小城市培育试点镇以来，在各项扶持政策拉动下，全镇经济社会呈现出前所未有的活力。2012年，壶镇实现生产总值45.1亿元，实现财政总收入7.19亿元，实现工业总产值136亿元。2000万元以上规模企业达到98家，上亿元企业29家，其中有9家企业进入丽水100强工业企业。累计完成全社会固定资产投资24.9亿元，同比增长80.9%，增幅列浙江省27个小城市培育试点镇前茅。2012年壶镇居民人均可支配收入24482元，农村居民纯收入10150元，城乡居民收入差距进一步缩小，统筹城乡进程加快。

“选择壶镇作为打造丽水工业新城，开辟生态产业集聚区的第二分区，具有不可比拟的区位、产业、资源和工作基础优势。这是壶镇发展的历史大机遇，也是缙云县发展的重大机遇。”中共缙云县委副书记、浙江丽缙五金科技产业园区管委会主任芦忠于如是说。

产城融合的实现，依赖于科学的规划，以及对规划精确而严谨的有序推进。浙江丽缙五金科技产业园在总体规划和城市总体规划的指导下，依据“宜农则农、宜林则林、宜建则建”的原则，充分论证了区域范围内的土地利用、功能定位、综合交通、环境保护、建筑规划、绿地水系、交通衔接等方面问题，全方位、全景式、综合性地规划了园区的发展蓝图。这些都为“环境优美的现代产业园和生态科技新城”打下了科学基础，也为园区的可持续发展奠定了基础。

芦忠于表示，规划先行，既保障了低丘缓坡开发的科学性、合理性、有序性，也保证了农民权益的切实维护。作为丽水新型工业化的新平台，这里将以打造现代化工业新城为目标，以发展高端机械装备、现代五金、通讯电子、特种车辆以及新材料等为主，突出产业发展上的精、高、尖，这些都是浙江省的战略性新兴产业。

在产城融合的核心区域内将投资15亿元的城市综合体，这里不仅有现代生活住宅区、超级购物中心、特色商业街、星级酒店，还有配套的中小学、幼儿园，未来这里居住人口将达到4万人。

园区对各区块功能进行准确定位，充分结合其区域优势、产业优势和工作基础优势，提升该区块对周边产业的承接能力，促进其产业转型升级。城镇化必须和产业化紧密结合，防止新城空心化，浙江丽缙五金科技产业园区很好地支撑了壶镇城市化的发展。芦忠于说：“城市化首先是区域内产业发达，人才集聚，这是城市化最重要的两个方面。然后是功能完备、设施现代、环境优美、出行方便，自然风光秀丽，人文气息浓郁，社区充满活力等等。新型城镇化根本目的就是让百姓过上最美的幸福生活。”

敢为人先 创造奇迹

土地空间和用地指标一直是制约丽水经济社会发展的重要瓶颈。丽水市委、市政府意识到，丽水能成为“国”字号低丘缓坡开发试点，是丽水市统筹经济发展与耕地保护、破解土地要素制约千载难逢的机遇。作为项目所在地，缙云县委、县政府高度重视，主动介入，超前谋划，就项目选地、空间布局、交通建设等进行实地调研部署，并把项目落在壶镇。

壶镇，被称为丽水的第三大平原，低丘缓坡资源更丰富，且山坡高度低、坡度小；壶镇地处丽水、金华、台州三市的交界处，有“浙南北窗”之称；区内交通便捷，台金高速公路东西贯通，42、35省道南北穿连，有规划中的高铁；紧邻永康五金城，带锯床、缝纫机、工磨具等产业基础雄厚，多个产业居全国前列水平。

据了解，丽缙五金科技产业园区总面积约42.7平方公里，其中“十二五”规划建设面积约10平方公里，首期开发的苍山区块面积约7平方公里，建成后可提供5000亩工业用地，将极大地缓解缙云县乃至丽水市的工业用地需求。

2012年4月23日，在丽水市行政中心，一个庄严而特殊的会议正在举行：市委专题研究壶镇区块低丘缓坡开发工作，明确了建设“浙江丽缙五金科技产业园”的思路，4天之后，丽水市委干脆将常委（扩大）会议“搬”到了缙云。市四大班子领导驱车直奔壶镇，在这次的市委常委扩大会议上，确定了市县共建、责任共担、利益共享的原则，提出了建设国内一流园区的目标，由此拉开了产业园区建设的序幕。5月16日，原市委副秘书长、政研室主任芦忠于等人正式进驻壶镇履职。丽缙五金科技产业园的机构筹建与项目前期同时展开。5月21日，园区召开征地拆迁动员大会，全面启动了征地拆迁工作，108名来自缙云全县30多个部门、乡镇的干部进驻壶镇，分组开展工作。

一个月时间，完成6200多亩土地的征地协议，基本完成首期建设用地征迁任务；两个月时间，完成了几十万株青苗清点以及其它地面附着物的清算；三个月时间，完成了坟墓登记、土地丈量、房屋测量以及项目报批各项细化工作，完成了项目招投标工作。这被干部群众自豪地称为“缙云速度”。

为了完成土地征收协议签订，工作组的同志深夜等待村民代表，不厌其烦地作通村民代表的思想工作；为了完成清苗清表，工作组的同志采取

"朝四晚七"工作法，凌晨四点出发，晚七点收工，尽量节省时间，赶超进度，忙起来是"两头见星星"；为了和谐征迁，工作人员对违章建筑并没有简单地一"阻"了之，而是以人为本，处处为群众着想，最大限度减少违章建筑农户的损失；为了加快进度，大家放弃了午休、放弃了周末、放弃了节假日，在烈日下行走田畈、攀爬山林，在风雨中进村入户、踏勘地形，雨天当晴天，晴天当两天，把自己的全部精力都投入到工作中去……

四个月时间里，上至园区负责人，下至进村入户的干部，"朝四晚七"、"白加黑"、"晴加雨"、"5+2"成了工作常态。经过4个月艰苦卓绝的努力，在做了大量的前期工作以后，2012年9月21日，浙江丽缙五金科技产业园区破土动工，这标志着低丘缓坡开发进入了实质性阶段。

阳光动迁 和谐民生

低丘缓坡开发项目涉及很多拆迁工作，浙江丽缙五金科技产业园积极开展征地拆迁阳光工程建设，做到政策、程序、补偿安置结果、实物指标、监督电话等"五公开"，努力打造低丘缓坡开发利用的"阳光工程"和"民心工程"，切实维护被征地农民的合法权益，确保实现"零信访"目标。

芦忠于说："园区建设的目的是惠及全镇群众利益，园区建设必须紧紧依靠当地群众，园区建设的成果必须由群众共享，这是园区建设的基本原则。"在工作中，园区始终坚持从群众利益出发，多角度、多思维、多方式去协调利益、化解矛盾；园区坚持依法征迁、阳光征迁、和谐征迁，在四个多月的时间内完成征迁工作，做到了"安全征迁零事故、和谐征迁零上访"。

"征迁政策好不好，群众心里都有本账，关键是给群众说清楚、算明白。坚持从群众利益出发，实现了群众合法利益的最大化，从而赢得村民的拥护和支持。”征迁工作总指挥、壶镇镇委书记陈骏这样说。园区紧紧围绕政策精心编印了《征地拆迁政策宣传手册》和“拆迁安置规划设计方案”，下发到每个村民手中。园区征地拆迁干部分村分组分户，深入村民家中逐条讲解各项政策，晓之以理，动之以情，和村民描绘园区建设投运后美好蓝图，从而赢得了群众的支持和理解。

开发园区要求工作人员对事关群众利益的事不能讲“不”，要以对群众高度负责的态度，全心全意为群众服务；办事要联心，要深化联心工作，坚持在密切联系群众上下工夫，带着感情为群众办实事；凡事能办则办，不能推诿扯皮，要进一步提高办事能力和服务本领，要有奉献精神和牺牲精神，舍小家为大家，树立起良好的干部形象。

以最大限度为群众谋利益、维护群众利益为根本出发点，内树形象，争取当地群众的最大支持，为园区建设创造最优条件：在酷热的暑天，征迁工作紧锣密鼓地开展。为了清点青苗，征迁干部天不亮就往村子里赶，顶着烈日，冒着暴雨，在没有树木遮掩的水稻田里一待就是一天；上山清点坟墓，每名干部用五六米长的竹子裁成上百根小竹签，用水笔做好记号，用来标注已清点登记的坟墓；为了征地、调解山林的权属纠纷等，征迁干部要等村民干完活回家，上门反复说明利益关系，说服他们不要为争“蝇头小利”而错过园区开发的发展大机遇。有的干部强忍失去亲人的悲痛，有的干部在野外作业受伤，一直拄着拐杖坚持在一线，大家的心愿只有一个，就是更快更好地推进园区建设工作！

签署整体征迁协议，必须得到每一位村民代表的支持。为此，进驻上王村的征迁干部不分白昼，逐一走访每位村民代表，白天找不到，他就晚上去家里碰。由于走访村民太晚，加上跟村民聊起来很投机，一位村民硬是留住他不让走，夜宿农家拉家常、议工作。

园区工作人员说，征迁既要雷厉风行，讲原则、方法，又要从群众利益出发，和村民分析眼前、描绘未来美好蓝图，才能赢得群众的支持。正是对未来发展的信心，村民们理解了，赞同了，就会同你“讲奉献、讲大局”。

伴随着征迁工作的顺利进行，首期启动区块苍山区块的详规编制也进入最后的修改完善阶段，资金保障、林地报批、坟墓迁移等工作也正积极有序进行中……

“这次征迁工作，工作组同志们用自己的汗水、智慧和意志，创造了一种速度、一种奇迹、一种精神！”上级领导作了高度评价。

芦忠于说：“工作的快速推进，得益于浙江省委、省政府的高度重视，得益于丽水市委、市政府的正确领导和倾心关爱，得益于缙云县委县政府、各级各部门和广大干部群众的大力支持和积极配合，更得益于管委会和征迁指挥部全体工作人员的连续作战和忘我的工作。”

保护环境 承担责任

丽水山清水秀，森林密布，水系纵横，是浙江省的后花园。向山地要空间，以空间促发展，如何在低丘缓坡开发利用过程中保护好生态环境，是园区低丘缓坡开发利用工作成败的关键。为此，在开展低丘缓坡开发利用工作之初，园区按照中央、省市的要求，因地制宜，科学谋划，精心部署，有序推进，坚持资源开发和保护并重，为低丘缓坡开发利用建立起一套系统的配套支撑机制和体系。

丽水市人均耕地面积仅为0.54亩，优质耕地更加稀缺。为了将保护优质耕地的目标落到实处，园区在低丘缓坡开发利用区块选择方面，坚持以少占耕地为原则，并在土地利用总体规划修改中，将原纳入有条件建设区和允许建设区内的平原地区优质耕地划为基本农田进行严格保护。

在低丘缓坡开发利用过程中，浙江丽缙五金科技产业园坚持规划先行，坚持保护生态环境，实现经济发展与环境保护的有机统一。园区非常重视低丘缓坡开发利用过程中对生态环境的保护工作。在低丘缓坡开发利用项目实施前，邀请相关部门认真做好环境质量影响评价、水土流失评价、地质灾害危险性评估和压覆重要矿产资源调查评估等工作，制定切实有效的防治措施，加强生态环境保护工作。

在产业规划上，园区严格执行国家产业政策和供地政策，提高门槛，瞄准高新技术产业，对引进的项目把好准入关，以生态、集约、环保、节能、安全为基础，严格执行园区产业准入政策，在招商项目选择过程中，坚持生态化评审，对不符合产业政策、区域发展规划要求、达不到排放标准和总量控制的项目采取“一票否决制”，实现土地节约集约利用和经济效益增长双丰收。

园区立足于生态保护需求，以周边山林地为依托，以区内公园绿地、山塘水面为节点，以好溪、高速公路、省道和城市干道为纽带，构建区域生态安全构架。

科技产业园区的建设严格按照市委提出的园区建设要求及壶镇小城市试点建设要求，利用园区的大投资、大开发、大发展的机遇，带动辐射壶镇小城市试点建设，推动壶镇小城市试点建设向更高层次迈进，从而实现优势互补、同步发展、同步推进。

芦忠于说：“建设国内一流生态园区，就必须高起点谋划、高标准建设。从低丘缓坡的区域地理特点出发，建设一个高低错落有致、生态与产业相得益彰的高端园区，这是丽缙五金科技工业园的目标。”

据介绍，已有不少企业确定落户科技产业园区，有的已开始先期建设。投资 9000 万欧元德国肖特集团已落户园区；上海昌鑫集团投资的 15 亿元商业综合体已达成意向；轮滑产品领军企业浙江金棒运动器材有限公司已入驻园区。多家国企、央企已到实地考察并表示出浓厚投资意向。随着园区建设的深入，已经有越来越多的优秀企业将目光聚集到这片财富的热土上。

创新发展 提供借鉴

自园区筹建以来，管委会围绕“建设国内一流园区”的目标和“突出项目、突出效益、突出速度”“三个突出”的要求，解放思想、抢抓机遇、开拓创新，全面启动园区开发建设各项前期工作，按照“一月一进展”的目标，全力打好征迁工作这场“攻坚战”，基本完成预定目标任务，为下一阶段工作奠定了扎实基础。

在理念创新方面园区不搞大而全，充分结合壶镇镇小城市试点工作，向专业化、高端化、精致化的方向发展，全力走产业化与城镇化的融合发展道路；在体制创新方面市县两级合作共建科技园并明确“市县共建、责任共担、利益共享”和“四个必须”（必须建设国内一流的产业园区，必须建立高效优质的运行体制，必须充分调动缙云的积极性，必须充分尊重缙云的利益）、“三个不变”（行政区划、司法管辖和汇总统计不变，园区开发建设过程中有关征地拆迁政策和房屋土地补偿标准按缙云政策执行不变，园区有关企业社会保障缴纳和农村农民有关补助、保障按缙云县政策执行不变）的建设管理原则，充分发挥市县两级优势，合力推进园区建设开发。园区的改革创新也得到了各级领导的关注和支持，国土资源部和省、市各级各部门领导多次到园区实地调研指导工作，为园区各方面工作的有效落实创造了积极有利的条件。

根据规划，2030 年以前，总面积达 42.7 平方公里浙江丽缙五金科技产业园区的蓝图将在这里实现，初步建成城东新城、产业先导区、产业拓展区和产业提升区即“一城、三区”。芦忠于说：“未来引进的产业将以特色机械装备、新型材料、高新技术产业为主导，要求亩均投资强度达到 300 万元，基本建成后可实现工业产值 150 亿元以上，税收 5 亿元以上。”

纵观丽缙五金科技产业园区的建设与发展，我们可以发现开展低丘缓坡开发利用试点，统筹兼顾了经济发展与保护耕地的客观需要，探索了保护耕地资源的新途径；统筹解决了山区城市土地资源匮乏与低丘缓坡资源闲置的问题，为山区城市经济发展提供了新动力；兼顾解决了土地资源开发成本过高与转型升级困难的问题，走出了一条节约集约用地的新路子；兼顾解决了山区土地要素制约城市发展的问题，成为促进山区城市可持续发展的新举措。

低丘缓坡开发极大地拓展了城市的生存发展空间，有效保护耕地资源，兼顾解决了保护耕地“对得起后代”和促推发展“对得起当代”的两难问题，为破解用地与发展“两难”局面、实现保护耕地资源和保障经济社会发展“双赢”，促进了丽水工业化、城镇化和农业现代化“三化”协调发展，推动了山区城市的科学发展、协调发展，为当地经济社会的全面发展注入了新鲜的血液。未来，浙江丽缙五金科技产业园区将成为丽水工业大发展的新平台、产业腾飞的增长极，并将在科学用地布局、创新土地管理制度、破解用地供需难题等方面积累经验，开辟工业化、城镇化发展新思路，真正为全国低丘缓坡开发利用提供借鉴和示范。

（来源：《人民日报海外版》2013 年 4 月 23 日第 5 版）

城镇化 4 个阶段在南京交织出现

“到 2012 年底，南京的城市化率 80.23%。”市统计局人口处处长张小玮说。2008 年 12 月，中国国际城市化发展战略委员会发布了《中国城市化率现状调查报告》，并首次发布城市化率排行榜。其中 31 个省会城市（含直辖市）排名前十是：武汉、广州、上海、乌鲁木齐、南京、北京、太原、沈阳、银川、天津。当时武汉 99.83%，广州 89.57%、上海 85.76%、北京 75.6%、天津 60.09%。2012 年底，省内的苏州城市率达 72.31%，无锡为 72.91%。

市社科院副院长李程骅说，在西方发达国家，经过 200 多年的工业化和城市化之后，城市化率已很少再被人们关注。城镇化已完成的俄罗斯城市化率 73%，日本至今城市化率仅 67%，法国为 78%，美国是 82%。还有城市化率更高的，但大城市病都很严重。

张京祥认为，80% 已经很高，南京没必要再追求数字的增长，关键还是看城镇化的质量和内涵。

江苏省社科院世界经济研究所所长田伯平认为，“城乡关系永远存在，城镇化率并不是越高越好，城镇化率高也并不意味着城镇化就完成了。”

新型城镇化与过去的城市化有很大不同，核心是“人的城镇化”——这是国家层面的定调。

“简单概括，过去的城市化是‘粗放发展’，一味突出大城市，求速度忽视质量，现在的新型城镇化最突出的是‘均衡发展’。”市发改委发展规划处负责人说，过去国家的政策是“推动经济和人口发展向中心城市集聚”，从战略上讲突出的是大城市，其中一个结果是现在相当多的街镇，人口下降，产业衰败，好的产业、就业岗位较多的产业都集聚到开发区了，人口自然向开发区集中了，但开发区的城市功能却没有发展起来。“这导致在国家大格局中忽视了中小城市的发展；作为一个大城市来讲，则是忽视了对城镇地区的发展。结果是中心城市的大城市病都很重，小城镇发展慢而弱，没有活力。”

根据诺瑟姆总结的规律，当城市化率触及50%的时候，普遍会出现“城市圈化”的特征：从农村向城市的人口迁移开始减速，城市化的发展方向转为形成城市圈，许多中小城市开始“晋升”为全国性的大城市。而中国的城镇化率刚好超过50%，正处于这样一个关键节点。

“城镇化不是简单的‘农民进城’。到了一定阶段就会出现人口外溢。”张京祥说，根据西方的历史经验，城镇化分为集聚、郊区化、逆城市化、再城市化四个阶段。西方国家上世纪50年代开始进入郊区化阶段，就是城市化率达到一定程度后，有钱人往郊区分散；更深的郊区化就是逆城市化，现在则处于再城市化阶段，因为过度郊区化，导致城市产业人口空心化，现在西方一些国家都在重新恢复城市活力，其中一个重要的举措是发展创意产业。

“从这个角度看南京，西方城镇化4个不同阶段特征在南京交织出现。西方的城镇化持续了二三百年，我们是30年走过了人家二三百年的路，各种情况挤压交织在一起，非常复杂。”张京祥认为，城镇化也分为有形城镇化和无形城镇化，前者是人口要素向城市集聚，城市越来越大，城市向农村扩张，后者指城市的生活方式和观念在农村渗透扩散的过程。现在到欧洲农村风景如画，村子里面往往只有几户是农民，其他都是城市人口，农民只是职业。“说起对生活的希望，农民有一句特别朴实的话：希望过上像城里人一样的日子。现在这句话在苏南地区，包括南京一些比较富裕的农村，已经换了另外一句：我们在这里生活得比城里人好，啥都不缺，还有保障，不用忍受城里的路堵和空气污染。出现了不愿进城的农民。”

张京祥分析说，南京的城镇化目前基本上处于“集聚”阶段，往新城、副城、新市镇集聚；也出现了郊区化现象，比如很多有实力的人到江宁江北买别墅，产业、大学、大企业都向郊区转移，大型商贸业也在发展。还有逆城市化、再城市化的因素，通过更新改造让城区恢复活力。

南京城市化的时间进程有怎样的特点？市发改委发展规划处负责人简要作了概括：改革开放前，南京的城市化进程几十年没什么变化；改革开放后到上世纪 90 年代，主要是开发区建设，大片连片土地得到开发建设，大量农村人口转为城市人口；新世纪头 10 年，实行“三集中一疏散”和“一城三区”建设，主要是新城新区建设；2009 年到现在，推出了十大功能板块建设，城乡统筹一体发展行动纲要，新市镇建设开始布局。

“从规划角度看，1980 年编制完成的南京市第一版城市总体规划中，就按照国家要求对南京市域层面的发展作了‘严格控制大城市规模’的安排。”市规划局城乡规划处负责人介绍，《南京市城市总体规划（1981—2000 年）》是新中国成立后第一部经过国家正式批准执行的总体规划文件，这份规划提出了“市一郊一城一乡一镇”的圈层式城镇空间格局，奠定了今日南京“多中心、开敞式、组团布局、轴向发展”的雏形。由于城建资金不足，市政设施覆盖空间有限，规划着重解决当时城市住宅困难和基础设施的历史欠账，城市建设主要集中在老城填平补齐，并向周边适度发展。

党的十四大以后，中国城市化进程加速。南京于 1991 年开始着手修编总体规划，首次提出了“南京都市圈”的概念，并提出加快外围城镇发展，将城市建设的重点向外围城镇转移。南京城市化进程大大加快，2000 年城镇化水平已超过 71%。主城的外围城镇尤其是依托开发区的东山、新尧、浦口等外围城镇快速发展，10年中，外围城镇建设用地由70平方公里增长到100平方公里左右。但回过头来看，规划与实施之间存在一定差距。

专家认为，在新一轮城镇化拉开大幕之时，重新释义城镇化的内涵非常必要。无论是中国城镇化发展的模式，还是具体到南京这样的城市，都要进行战略调整，从城镇化的速度、规模、采取的方式、走什么样路，都应该与过去30年不同。

（来源：中国新闻网2013年4月22日）

琼海：不砍树不拆房就地城镇化

在城乡一体化建设过程中，海南省琼海市没有采取让农民“弃农进城”的简单方式，而是在不改变农民生产和生活方式的前提下，充分保护和尊重现有农村的地形村貌、田园风光、农业业态和生态本底，将城市设施引入一个个村镇，让农民守在自己的土地上享受城市人的生活品质。与此同时，一个个改造后的美丽乡村像玛瑙一样散落在城市周边，让市民在家门口就能感受到田园生活气息。

让农村就地成为城市一部分

4月的琼海，天空碧蓝如洗，海风阵阵拂面。从琼海市委、市政府所在地的嘉积镇到博鳌镇、潭门镇，一路走下来，记者没有看到大拆大建的工地。映入眼帘的，是现代化的城镇中散落着一间间质朴的民居，一个个具有浓郁地域特色的风情小镇散落在城市周边，一条条散发着热带风情的景观带将城市和乡村连接成为一体。在这里，城市和乡村的边界难以区分，现代城市文明与传统乡村文化和谐共存。

“在海南全省各市县中，琼海的区位优势和自然条件都不是最好的。琼海不能和海口比大，不能和三亚比海，如何找到适合自己的发展之路？”琼海市委书记符宣朝向记者介绍说，经过一番思考和论证，2012年，琼海市委、市政府确定了“打造田园城市、构建幸福琼海”的发展思路，即在城镇化建设过程中，不走规模扩张型的老路子，除非是重要公共服务设施、重大基础设施建设的需要，政府原则上不再拆迁农村房屋，而是完全尊重老百姓的生产生活方式，对农村的基础设施进行就地提升和改造，让农村就地成为城市的一部分。

这一做法让村民们喜出望外。博鳌镇美雅村村民老郑告诉记者："去年听说市里要在这里建风情小镇，我们就担心要被搬迁走，离开祖祖辈辈生活的地方。没想到市里不仅没砍一棵树，没拆一间房，还出钱帮我们修好公路，建了乡村公园！"如今，琼海市在不破坏原有村容地貌的基础上，将毗邻博鳌墟的朝烈、美雅、岭头、南强、大路坡共5个自然村的村庄、田野、鱼塘、河溪、椰林、槟榔园等乡村特色资源进行整合规划、连片开发，打造成了"枕水朝烈、听风美雅、觅景岭头、拾巷南强、寻味大路坡"等主题鲜明、各具特色的田园村庄。在美雅村，由8户村民集资成立的"阿叔农家乐"就建在一片槟榔林之中。这样一来，槟榔果的收入一点没减少，还给农家乐带来了几分野趣。

在琼海市的就地城镇化改造中受益的，还有千年古渔镇——潭门。仅仅几个月前，潭门镇的情况还是"水在地上流，家里常断电，路上布满坑，车过尘满天"。如今的潭门却是这样一番景象：宽敞平坦的柏油路从镇中穿过，马路两旁的民居楼房修缮一新，连排屋顶装饰着栓船石柱、红漆渔船，门前柱廊用海石花贴面，路灯则是船舵造型，大海的气息扑面而来。村民们高兴地说："以前我们喝的水都是长苔藓的，还有小虫子，现在实现了城乡供水一体化，大家喝上了清澈的万泉河水！"

城在园中，村在景中，人在画中

如今，在琼海市1700多平方公里土地上，展现出的是一幅"城在园中，村在景中，人在画中"的美景。

琼海市区嘉积镇北边的龙寿洋，是琼海面积最大的田地，风景优美，土地肥沃。琼海市依托龙寿洋附近的村庄、农田、经济作物等现有资源，将其规划成一个万亩田野公园，作为“打造田园城市、构建幸福琼海”发展战略的先行区。龙寿洋万亩田野公园现已建成长10公里的人行木栈道、自行车道，以及休闲小站、农家乐等一批基础设施和旅游设施。瓜果飘香的田园，转眼间成了城里人休闲的景区，现在每到周末，琼海不少市民和外来的游客都会来到这里，呼吸新鲜空气，欣赏田园风光，采摘时令瓜果。

走进博鳌镇带状公园，一幅世外桃源式的生活画卷迎面展开，许多人惯有的对于“公园”的印象一下子就被颠覆了。这里水塘、椰树、农舍、田洋、槟榔林相映成趣，沿路的房屋、入村的小路都进行了改造，还精心选取有代表性的门、窗、雕梁、飞檐等建筑元素加以整合，打造出一面面“记忆之墙”。村民们说：“现在我们村里比城里都漂亮，生活也方便，游客们都很羡慕我们！”

除了博鳌镇，琼海市还对会山镇、潭门镇的每条街道进行了特色规划，突出当地鲜明的建筑特色，交融体现渔农文化、下南洋文化、万泉河文化，打造“一房一景观，一户一风情”。同时，对镇墟周边两公里的村庄，通过风情小道将乡村、鱼塘、河道、槟榔园、椰子林等乡村元素串联，以琼海特色文化贯穿其中，形成特色风情旅游乡村。一系列的城镇化改造，吸引了大批游客纷至沓来感受田园气息。村民们瞅准商机，纷纷开办了餐馆、民宿、农家乐、特产小店等旅游配套项目，收入大大增加。

符宣朝说，琼海市田园城市建设的一个突出特点，就是使村庄的基础设施功能达到城区的水平，在不改变农民的生产生活方式的基础上，按照市场的法则，在农村引入新业态，引导传统农业向休闲观光农业、高效农业发展，吸引游客观光旅游、体验乡村生活，以此增加农民收入、提高农民生活质量。据统计，今年春节“黄金周”期间，博鳌乡村游共接待游客3万多人次。现在，博鳌乡村公园每天的游客都在3000人次以上。

（来源：《光明日报》2013年4月18日第1版）

陕西省渭南市加快城镇化进程取得显著成效

近年来，渭南市根据工业化创造供给，城镇化创造需求以建设秦东生态田园城市群为目标。全力加快城镇化进程，突破城镇发展滞后、城镇化水平低这个制约渭南经济社会发展的“短板”和“瓶颈”。

渭南中心城市建设是渭南加快城镇化进程的一大“亮点”。

渭南市因为历史原因和现实原因，长期以来中心城市建设发展滞后，陕西东部政治、经济、文化中心有其名而无其实，对周边县城辐射带动作用乏力，曾一度被人们称为“土堡子”！在加快中心城市建设上，渭南市提出“百万人口中心城市”的概念，依托西安国际化大都市，加快实施中心城市“东进北扩”、西渭一体化发展战略，融入西安半小时经济圈。

五年来，渭南以“一城四创”为契机，城市建设资金投入以年均30%以上的速度递增，累计投入资金500多亿元，使中心城市建成区面积达到40.3平方公里，人口达到40.5万人，相继获得了“省级卫生城市”、“省级园林城市”和“国家卫生城市”荣誉称号。

一是城市“硬实力”提高。新建城市道路100多公里，并对30条城市约70公里道路进行了升级改造，打通了多条“断头路”，完善了城市雨污排水管网建设，建设排水管道38条总长度约80公里，对14个路段52公里的强电、弱电进行了综合管沟建设，完成日处理100吨的垃圾长渗沥液处理厂、垃圾无害化处理厂建设和渭南火车站货运站搬迁工程，完成了43条道路人行道的升级改造20余万平方米。这些项目的相继实施，极大改善中心城市的基础条件。

二是城市“亲和力”增强。按照“把城市建在森林里，让森林生长在城市中”的目标，大力开展了“大树进城”和“全民植绿、义务捐绿”等活动。完成了尤河公园、朝阳公园、滨河景观公园等35处绿地广场建设，共计栽植高大乔木33万株、各类灌木280多万株。为了能让市民有“推窗见绿，走上街头如漫步公园”感受，我们采取项目建绿、公园绿化、道路绿化、大树进城、见缝插绿、拆墙透绿等一系列措施，实施了沿街180多个单位的庭院绿化，90多个单位实施了拆墙透绿，城市绿地面积达到1337公顷、20055亩（新增11000多亩）。亮化方面，累计投资1000余万元，相继实施了中心广场等20处街头绿地广场亮化，完成了40项道路景观灯亮化工程和100多家单位楼体亮化工程，对渭蒲桥、渭富桥桥体进行了亮化，完成了朝阳公园、中心广场等4处公共场所的背景音乐工程。同时，按照节能、环保、实用、美观的原则，对市区大小广场公园及重点路段十字路口实施了节日景观亮化，使城市的形象品位有了大幅度提高。

三是城市“服务力”提升。投资近5亿元的城区三所学校、投资7亿元的中心医院、投资3亿元的湭河综合治理项目等建成投用。投资7亿元的奥体中心、投资5亿元的市民综合服务中心、投资3.2亿元的文化艺术中心、投资3亿元的博物馆等正在建设。加快建设渭南行政商务新区、国际会展中心、五星级酒店等重点工程，优化公交线路和中转站点，建设城市交通慢行系统，营造居住、消费、游园等10分钟生活圈，使市民在步行10分钟即可获取所需服务。

到2015年中心城市组团建成区面积达到80平方公里，人口达到80万人以上，建成西安国际化大都市副中心和秦晋豫区域性中心城市。

加快城乡一体化发展，要确保区县、乡镇的城镇化建设与中心城市同步规划、同步发展。

渭南市率先发展韩城、华阴、富平、蒲城、大荔等次中心城市，持续提升澄城、合阳、潼关、白水等县域中心城市。

“十二五”期间，渭南将逐步完善县城基本功能。县城道路硬化率达到 92% 以上，人均道路面积达到 14 平方米，供水普及率达到 95%，污水处理率达到 70%，排水管网普及率达到 92% 以上，人均绿地面积达到 7.5 平方米，亮灯率达到 95% 以上，垃圾无害化处理率达到 80%，垃圾收集系统达到全密闭。进一步完善文化、教育、卫生、体育、科技等公共服务设施，发挥好县域文化中心功能。增强经济辐射作用，改善县城卫生环境。以创建卫生县城、园林县城为动力，全面加强环境卫生综合整治。力争在“十二五”末，全市市、县全部达到国家卫生县城（城市），省级园林县城（城市）、环保模范县城（城市）标准。

同时，还将抢抓陕西省实施重点示范镇建设的机遇，大力支持建制镇加快基础设施建设。到 2015 年，平原镇镇区人口平均达到 3.5 万人左右，山区镇达到 1.5 万人左右，镇区人均道路达到 9 平方米，道路硬化率 90% 以上，自来水普及率达到 90%，人均公园绿地面积达到 6 平方米，亮灯率 90% 以上，建成污水和垃圾处理设施，环卫设施齐备，排水管网基本形成，污水和垃圾基本得到治理。加大对全市 13 个省级重点镇扶持力度，搭建创业平台，开发城镇地产，加快推进城镇特色产业和人口聚集。在交通干线节点、重要工矿区、旅游商贸集中区等，建成一批人口规模 8–10 万人、经济总量 10–20 亿元的重点镇、示范镇、特色镇和明星镇，形成“镇有常住民，民有不动产，草根经济兴，富民又强镇”的良性发展格局。

渭南为了引导农民进城，统筹城乡发展，渭南实施了住房、创业、就业、保障四项工程。先后开工建设保障性住房 4.3 万套，建成安置房 1.7 万套。依托全市 28 个农民工创业示范园和 39 个创业孵化基地，鼓励农民进驻创业。并对进城农民实行免费技能培训，优先解决安置就业。此外，还围绕进城农民的就医、养老等需求，在全市扩建5个医院、18个卫生院、5个社区卫生服务中心、180个农村社区服务中心；改扩建5个敬老院、26个城市社区服务中心和183个社区服务站，使社区公共服务设施能满足进城农民的需求。确保进程农民“进得来，留得住，过得好”。

到2015年，渭南市城镇化率达到58%左右，2020年，城镇化率达到65%。

（来源：人民网2013年4月17日）

恭城：以城镇化新理念描绘新农村蓝图

村中小桥流水，村旁的果林和青山让你与大自然融为一体，心旷神怡。这里就是当今的桂北瑶乡——恭城。作为山区农业县的恭城，多年坚持发展生态农业，以工促农、以城带乡，把建设“富裕生态家园”、统筹城乡发展作为加快农村城镇化建设的一项工作下力狠抓，以城镇化的理念抓社会主义新农村建设，取得了令人瞩目的成果。

为加快农村城镇化建设，该县根据过去农村有新房无新村，有新村无新貌的特点，在2001年就提出了用城市的理念建设新农村的大胆设想，并以“富裕生态家园”建设为载体，以点带面、以线带面不断探索新农村建设的路子。该县在全县每个乡镇选择一个以上具有一定代表性、有一定经济基础、有鲜明的产业特色的村屯，将其建设成为具有示范辐射作用的示范样板村屯，以此带动周边新农村建设的发展；同时通过控制沿公路两侧、沿河两岸、沿山四周统筹这些区域的设计，用符合城镇化的规划引导新农村建设。

在进行新农村规划时，恭城县根据集镇、村庄自然地理条件、历史文脉、风土人情、特色产业等实际情况，将村庄四周山地、农田、水系等自然要素进行科学规划，将文化、体育、卫生等配套设施和公益设施等列入村居建设规划来考虑，以此促进城乡的统筹发展，人与自然的和谐。

2003年，被誉为“广西第一村”的莲花镇红岩村，从桂林市请来专家，对红岩村的新村建设进行统一规划、统一设计、统一建设。红岩村把祖祖辈辈留下来的村子进行重新包装，建起了瑶寨风雨桥、滚水坝、生态旅游房。村民们搞起了生态旅游，对经营设施或者自己经营，或者大胆招商，与餐饮公司、旅游公司大搞双赢合作。该县工商、公安等部门积极为农民搞旅游保驾护航，工商部门一方面加强对从业人员的职业教育，另一方面加强食品卫生监管，确保游客安全。公安部门每天派出警力对各景点加强安全巡逻，让游客人身和财产安全，8年来没有发生各类事故。从2003年起，红岩村还办起了红红火火的“月柿节”。2005年以来，该村先后荣获“广西生态富民示范村”、“广西农业系统十佳生态富民样板村”、“全国农业旅游示范点”、“全国十大魅力乡村”绿色家园、“全国生态文化村”等荣誉称号。目前，红岩村每年接待游客10多万人次以上，旅游收入占村民全年收入的40%。

至今，该县已对881个村屯中的368个村屯进行了统一规划，实施规划建设81个，完成高质量、高档次、富有地方特色和现代生活气息的示范点18个。这些新村不仅环境优美，基础设施与城市之间并无根本区别，生活质量也不比城市差，形成了城里人向农村回流的趋势。

实践证明，以“富裕生态家园”为载体，统筹城乡发展推进城镇化建设，这一决策顺应了社会发展要求和农民的迫切愿望，找准发展生态农业与全面建设农村小康社会的最佳切入点。该县的干部群众，对瑶乡的城镇化建设充满希望，对建设社会主义新农村热情高涨，现在该县每年要求批地建新房的多达三、四千户，要求建新村的村屯五、六十个。

（来源：人民网2013年4月16日）

附录二：全国发展改革试点（小）城镇名单

第一批全国发展改革试点小城镇名单（2005 年）

北京市

昌平区北七家镇、大兴区西红门镇、昌平区小汤山镇、怀柔区北房镇、顺义区后沙峪镇

天津市

大港区中塘镇、西青区张家窝镇

河北省

高碑店市白沟镇、雄县昝岗镇、清河县王官庄镇、沧县旧州镇、玉田县鸦鸿桥镇

山西省

平遥县古陶镇、宁武县凤凰镇、洪洞县大槐树镇、潞城市店上镇

内蒙古自治区

达尔罕茂明安联合旗百灵庙镇、宁城县热水镇、鄂伦春自治旗大杨树镇

辽宁省

辽中县茨榆坨镇、海城市南台镇、灯塔县佟二堡镇、北宁市沟帮子镇

吉林省

榆树市五棵树镇、九台市卡伦镇、梅河口市山城镇、珲春市英安镇、抚松县松江河镇、辉南县辉南镇、大安市安广镇、安图县二道白河镇

黑龙江省

呼兰区康金镇、牡丹江市阳明区桦林镇

江苏省

常州市武进区横山桥镇、邳州市官湖镇、通州市二甲镇、兴化市戴南镇、东海县白塔埠镇

浙江省

富阳市新登镇、建德市乾潭镇、苍南县龙港镇、安吉县孝丰镇、海宁市周王庙镇、平阳县鳌江镇、温岭市大溪镇、舟山市定海区白泉镇

安徽省

六安市叶集发展改革试验区、肥东县撮镇、黟县宏村镇、淮南市毛集发展改革试验区

福建省

福鼎市秦屿镇、尤溪县梅仙镇

江西省

进贤县李渡镇、新余市渝水区罗坊镇

山东省

荣成市石岛镇、垦利县胜坨镇、栖霞市桃村镇、宁阳县葛石镇、淄博市周村区王村镇

河南省

巩义市竹林镇、新郑市薛店镇、辉县市孟庄镇、固始县史河湾发展改革试验区、商水县谭庄镇、长垣县魏庄镇、鹿邑县玄武镇

湖北省

黄陂区滠口镇、大冶市陈贵镇、松滋市洈水镇、应城市长江埠镇、罗田县三里畈镇

湖南省

临湘市羊楼司镇、冷水江市禾青镇、浏阳市大瑶镇、双峰县三塘铺镇

广东省

中山市小榄镇、佛山市顺德区北滘镇、阳西县沙扒镇、佛山市南海区里水镇、江门市新会区司前镇

广西壮族自治区

荔浦县荔城镇、东兴市江平镇

重庆市

大足县龙水镇、九龙坡区西彭镇

四川省

江油市武都镇、犍为县玉津镇、会理县城关镇、富顺县富世镇

贵州省

仁怀市茅台镇、盘县红果镇

云南省

玉溪市红塔区北城镇、个旧市大屯镇、腾冲县固东镇、永德县永康镇、玉龙县黄山镇

西藏自治区

乃东县昌珠镇

陕西省

临潼区新丰街道办事处、岐山县蔡家坡镇、华阴市华西镇、延川县永坪镇、长安区郭杜镇

甘肃省

武威市武南镇、天水市洛门镇、酒泉市西洞镇

青海省

平安县平安镇

宁夏回族自治区

石嘴山市惠农区红果子镇、灵武市磁窑堡镇

新疆维吾尔自治区

昌吉市六工镇

大连市

普兰店市皮口镇、金州区三十里堡镇

宁波市

余姚市泗门镇、慈溪市周巷镇、奉化市溪口镇

厦门市

同安区汀溪镇

青岛市

胶州市李哥庄镇

深圳市

龙岗区布吉街道办事处、宝安区龙华街道办事处

新疆生产建设兵团

石河子市北泉镇

第二批全国发展改革试点小城镇名单（2008年）

北京市

大兴区采育镇、通州区宋庄镇、丰台区王佐镇、平谷区马坊镇、大兴区魏善庄镇、丰台区长辛店镇

天津市

东丽区华明镇、津南区小站镇、津南区葛沽镇、西青区中北镇、北辰区双街镇、武清区大良镇

河北省

平泉县杨树岭镇、承德县高寺台镇、鹿泉市宜安镇、宣化县沙岭子镇、崇礼县西湾子镇、涿州市松林店镇

山西省

泽州县下村镇、太原市晋源区姚村镇、永济市卿头镇

内蒙古自治区

呼和浩特市土左旗察素齐镇、凉城县麦胡图镇、包头市九原区哈业胡同镇

辽宁省

沈阳市东陵区李相镇、桓仁县华来镇、昌图县八面城镇、凌海市娘娘宫镇、盖州市双合镇、大洼县田家镇、阜新县福兴地镇、凤城市白旗镇、辽阳市弓长岭区汤河镇、辽中县于家房镇、朝阳市喀左县公营子镇

吉林省

长春市二道区英俊镇、磐石市明城镇、长春市绿园区西新镇、安图县松江镇、辽源市龙山区寿山镇

黑龙江省

哈尔滨市南岗区王岗镇、尚志市亚布力镇、萝北县肇兴镇、宾县宾西镇、巴彦县兴隆镇、哈尔滨市道外区团结镇、宁安市石岩镇、哈尔滨市道里区新发镇、农垦总局红兴隆分局饶河农场、兰西县榆林镇

上海市

崇明县陈家镇、奉贤区青村镇、嘉定区安亭镇、南汇区六灶镇、青浦区金泽镇、金山区廊下镇、松江区小昆山镇

江苏省

常熟市海虞镇、吴江市七都镇、无锡市锡山区东港镇、江阴枅市周庄镇、句容市宝华镇、宝应县夏集镇、如东县茶镇、泰兴市黄桥镇、建湖县蒋营镇、赣榆县海头镇

浙江省

诸暨市店口镇、桐乡市洲泉镇、桐庐县横村镇、玉环县楚门镇、临安市太湖源镇、绍兴县杨汛桥镇、绍兴县平水镇、义乌市佛堂镇、临海市杜桥镇、湖州市吴兴区织里镇、舟山市普陀区六横镇

安徽省

黄山市黄山区耿城镇、天长市秦栏镇、芜湖县陶辛镇、长丰县岗集镇、萧县杨楼镇、宣城市宣州区水阳镇、肥西县三河镇、歙县深渡镇、宿松县复兴镇、颍上县迪沟镇、黟县西递镇

福建省

石狮市鸿山镇、长汀县河田镇、永春县蓬壶镇、建瓯市东游镇

江西省

九江市庐山区海会镇、浮梁县洪源镇、南康市唐江镇

山东省

东营市河口区孤岛镇、莱阳市姜疃镇、菏泽市牡丹区马岭岗镇、禹城市房寺镇、高密市夏庄镇、蓬莱市大辛店镇、临邑县德平镇、济宁市任城区南张镇、临沂市兰山区义堂镇

湖北省

襄樊市樊城区太平店镇、鄂州市鄂城区汀祖镇、宜昌市夷陵区龙泉镇、天门市岳口镇、咸宁市咸安区双溪桥镇、随州市曾都区厉山镇

广东省

广州市番禺区大岗镇、中山市三乡镇、海丰县梅陇镇、博罗县龙溪镇、中山市古镇镇

广西壮族自治区

博白县龙潭镇、北海市铁山港区南康镇、凭祥市夏石镇、百色县百育镇、全州县绍水镇

海南省

三亚市天涯镇、万宁市兴隆农场、文昌市龙楼镇

重庆市

酉阳县龙潭镇、城口县葛城镇、巴南区花溪镇、潼南县古溪镇

四川省

成都市龙泉驿区西河镇、都江堰市蒲阳镇、双流县正兴镇、罗江县万安镇、江油市青莲镇、彭山县青龙镇、射洪县柳树镇

云南省

姚安县光禄镇、曲靖市麒麟区越州镇、江川县江城镇、瑞丽市弄岛镇

陕西省

户县草堂镇、南郑县大河坎镇、西安市灞桥区新筑镇、武功县武功镇

甘肃省

榆中县和平镇、永昌县朱王堡镇、陇西县文峰镇、徽县江洛巉镇、平凉市崆峒区四十里铺镇、定西市安定区口镇

新疆维吾尔自治区

博乐市小营盘镇、哈密市二堡镇

大连市

瓦房店市老虎屯镇、庄河市青堆子镇、瓦房店市复州城镇

宁波市

鄞州区姜山镇、象山县石浦镇、宁海县西店镇

青岛市

平度市同和镇

新疆生产建设兵团

农三师四十五团博塔伊拉克镇、农六师芳草湖总场正繁户镇

第三批全国发展改革试点城镇名单（2012 年）

发展改革试点城市（区）

天津市

东丽区、津南区

河北省

张家口市、迁安市、高碑店市、武安市

内蒙古自治区

呼伦贝尔市

辽宁省

海城市、开原市、营口市老边区

吉林省

白山市、公主岭市、延吉市、磐石市、梅河口市、珲春市

黑龙江省

佳木斯市、黑河市、绥芬河市、哈尔滨市道外区、双城市、北安市

江苏省

金坛市、高邮市、东台市

安徽省

铜陵市

福建省

邵武市

江西省

鹰潭市、共青城市、吉安市吉州区

山东省

高密市、肥城市

河南省

新乡市、南阳市、禹州市

湖北省

鄂州市、潜江市、武汉市汉南区

湖南省

浏阳市、洪江市、沅江市

广东省

韶关市、云浮市、广州市番禺区

广西壮族自治区

玉林市、崇左市江洲区

四川省

绵竹市、华蓥市

贵州省

贵阳市南明区、六盘水市钟山区、安顺市西秀区

云南省

楚雄市、保山市隆阳区、大理市

陕西省

安康市、西安市阎良区、华阴市

青海省

德令哈市

宁夏回族自治区

中卫市沙坡头区

新疆维吾尔自治区

库尔勒市

大连市

瓦房店市

青岛市

平度市、胶州市

新疆生产建设兵团

五家渠市

发展改革试点小城镇

北京市

昌平区南口镇、房山区长沟镇、房山区琉璃河镇、大兴区庞各庄镇、延庆县康庄镇、顺义区李遂镇、平谷区金海湖镇、密云县穆家峪镇、门头沟区斋堂镇、怀柔区桥梓镇

天津市

静海县大邱庄镇、北辰区小淀镇、西青区大寺镇、滨海新区茶淀镇、津南区八里台镇、蓟县渔阳镇

河北省

晋州市晋州镇、深泽县铁杆镇、唐山市丰润区沙流河镇、唐山市丰南区小集镇、迁西县洒河桥镇、昌黎县荒佃庄镇、青龙县马圈子镇、永清县韩村镇、香河县安平镇、定州市李亲顾镇、涞水县石亭镇、徐水县安肃镇、平乡县河古庙镇、涉县井店镇、磁县观台镇、泊头市交河镇、蔚县蔚州镇、衡水市桃城区赵家圈镇

山西省

太原市尖草坪区阳曲镇、五台县台怀镇、灵丘县武灵镇、繁峙县砂河镇、平遥县洪善镇、沁县定昌镇、平定县娘子关镇

内蒙古自治区

呼和浩特市新城区保合少镇、包头市石拐区五当召镇、达拉特旗树林召镇、准格尔旗薛家湾镇、扎兰屯市成吉思汗镇、乌拉特前旗乌拉山镇

辽宁省

新民市张家屯镇、辽阳县兴隆镇、抚顺县石文镇、黑山县八道壕镇、凤城市通远堡镇、葫芦岛市南票区高桥镇、海城市腾鳌镇、阜新市细河区四合镇、盖州市九寨镇、开原市八宝镇、盘山县高升镇、大洼县东风镇、彰武县彰武镇

吉林省

长春市绿园区合心镇、长春市双阳区奢岭镇、德惠市米沙子镇、农安县合隆镇、四平市辽河垦区管理局孤家子镇、双辽市双山镇、长白县长白镇、靖宇县靖宇镇、通榆县兴隆山镇、图们市石岘镇、汪清县汪清镇、敦化市大石头镇、辉南县金川镇、通化县快大茂镇

黑龙江省

哈尔滨市道里区新农镇、哈尔滨市道里区太平镇、哈尔滨市香坊区成高子镇、五常市牛家满族镇、抚远县抓吉镇、同江市同江镇、密山市知一镇、虎林市虎头镇、林口县莲花镇、肇东市五站镇、望奎县望奎镇、海伦市海北镇、龙江县龙兴镇、富裕县富路镇、塔河县塔河镇、逊克县奇克镇、林甸县四季青镇、黑龙江农垦总局五大连池农场

上海市

浦东新区川沙新镇、金山区枫泾镇、青浦区练塘镇、闵行区浦江镇、宝山区罗店镇

江苏省

南市江宁区江宁街道、南京市六合区金牛湖街道、吴江市汾湖镇、张家港市凤凰镇、无锡市锡山区鸿山街道、无锡市惠山区阳山镇、常州市武进区嘉泽镇、常州市武进区前黄镇、溧阳市天目湖镇、丹阳市皇塘镇、姜堰市姜堰镇、大丰市西团镇、阜宁县阜城镇、赣榆县柘汪镇、徐州市铜山区利国镇、扬州市广陵区杭集镇、江都市邵伯镇

浙江省

杭州市萧山区瓜沥镇、桐庐县分水镇、嘉兴市秀洲区王江泾镇、嘉善县姚庄镇、海盐县武原街道、瑞安市塘下镇、乐清市柳市镇、德清县新市镇、绍兴县钱清镇、东阳市横店镇、义乌市苏溪镇、温岭市泽国镇、永嘉县桥头镇、长兴县泗安镇、缙云县壶镇镇、青田县温溪镇

安徽省

合肥市蜀山区井岗镇、肥东县长临河镇、潜山县黄铺镇、宿松县汇口镇、桐城市范岗镇、枞阳县老洲镇、怀远县龙亢镇、东至县大渡口镇、定远县炉桥镇、舒城县杭埠镇、寿县炎刘镇、霍邱县姚李镇、含山县清溪镇、绩溪县临溪镇、淮南市潘集区平圩镇、砀山县李庄镇、濉溪县临涣镇、阜阳市颍州区程集镇、黄山市徽州区呈坎镇

福建省

闽侯县青口镇、尤溪县城关镇、莆田市荔城区黄石镇、福安市赛岐镇、安溪县龙门镇、龙海市角美镇、建阳市水吉镇、永定县高陂镇

江西省

南昌市青山湖区罗家镇、南昌县向塘镇、分宜县双林镇、乐安县鳌溪镇、赣县储潭镇、赣县五云镇、瑞昌市码头镇、彭泽县马当镇、浮梁县湘湖镇、上栗县上栗镇、宜春市袁州区慈化镇、吉安市青原区富滩镇、莲花县路口镇、广丰县洋口镇

山东省

济南市历城区柳埠镇、桓台县马桥镇、枣庄市山亭区桑村镇、枣庄市薛城区陶庄镇、利津县陈庄镇、烟台市福山区门楼镇、东营市河口区新户镇、蓬莱市北沟镇、陵县边临镇、武城县鲁权屯镇、泰安市岱岳区满庄镇、文登市界石镇、荣成市成山镇、日照市东港区涛雒镇、莒县城阳街道、郯城县李庄镇、冠县柳林镇、郓城县随官屯镇

河南省

永城市芒山镇、民权县北关镇、柘城县胡襄镇、巩义市回郭镇、滑县留固镇、鹤壁市鹤山区鹤壁集镇、浚县王庄镇、社旗县赊店镇、嵩县田湖镇、安阳县铜冶镇、项城市高寺镇、长垣县恼里镇、新乡县七里营镇、长葛市后河镇

湖北省

武汉市蔡甸区奓山街道、潜江市熊口镇、仙桃市彭场镇、沙洋县后港镇、神农架林区松柏镇、巴东县野三关镇、竹山县宝丰镇、谷城县石花镇、嘉鱼县潘家湾镇、宜都市枝城镇、黄梅县小池镇、荆州市荆州区纪南镇、天门市皂市镇、大冶市保安镇、随县唐县镇

湖南省

宁乡县花明楼镇、株洲市芦淞区白关镇、株洲市天元区三门镇、湘潭县石潭镇、衡南县云集镇、衡东县新塘镇、衡阳县金兰镇、嘉禾县龙潭镇、宜章县白石渡镇、沅陵县官庄镇、平江县长寿镇、隆回县桃洪镇、汉寿县西湖镇、慈利县零阳镇、祁阳县黎家坪镇、辰溪县火马冲镇、涟源市白马镇

广东省

广州市番禺区东涌镇、广州市花都区狮岭镇、汕头市澄海区东里镇、韶关市浈江区新韶镇、韶关市曲江区大塘镇、佛山市禅城区南庄镇、佛山

市南海区西樵镇、佛山市南海区大沥镇、连平县忠信镇、紫金县紫城镇、博罗县园洲镇、惠州市惠城区河南岸街道、惠州市惠城区马安镇、中山市三角镇、中山市阜沙镇、中山市南头镇、恩平市恩城街道、云安县六都镇

广西壮族自治区

南宁市兴宁区三塘镇、浦北县寨圩镇、苍梧县石桥镇、田阳县头塘镇、防城港市港口区企沙镇、贵港市覃塘区覃塘镇、河池市金城江区河池镇、合浦县白沙镇、柳州市柳北区沙塘镇、兴安县兴安镇

海南省

澄迈县永发镇、儋州市白马井镇、东方市八所镇

重庆市

九龙坡区白市驿镇、沙坪坝区青木关镇、黔江区濯水镇、铜梁县安居镇、垫江区澄溪镇、丰都县三元镇、大渡口区跳蹬镇、南川区水江镇、合川区三汇镇、大足区邮亭镇、巫溪县上磺镇、永川区何埂镇、江津区白沙镇、北碚区静观镇

四川省

成都市新都区木兰镇、新津县花源镇、仁寿县汪洋镇、仁寿县兴盛镇、自贡市贡井区成佳镇、梓潼县许州镇、威远县连界镇、宜宾县观音镇、大竹县庙坝镇

贵州省

贵阳市花溪区青岩镇、开阳县双流镇、清镇市卫城镇、水城县滥坝镇、务川县泥水镇、平坝县夏云镇、毕节市海子镇、金沙县沙土镇、德江县青龙镇、贞丰县珉谷镇、龙里县龙山镇

云南省

昆明市东川区铜都镇、陆良县三岔河镇、香格里拉县建塘镇、玉溪市红塔区研和街道、蒙自市文澜镇、水富县向家坝镇、墨江县联珠镇、耿马

县孟定镇、景洪市嘎洒镇、泸水县六库镇、永胜县程海镇

陕西省

西安市灞桥区狄寨街道、安康市汉滨区恒口镇、华县柳枝镇、富平县庄里镇、佳县王家砭镇、神木县神木镇、铜川市王益区黄堡镇、铜川市印台区陈炉镇、三原县西阳镇、扶风县法门镇、凤翔县柳林镇、城固县崔家山镇、西乡县堰口镇、延安市宝塔区河庄坪镇

甘肃省

临洮县洮阳镇、华亭县东华镇、庆城县驿马镇、天水市麦积区中滩镇、古浪县大靖镇、玉门市花海镇

青海省

湟中县多巴镇、共和县恰卜恰镇、化隆县群科镇、平安县三合镇、民和县川口镇

宁夏回族自治区

银川市兴庆区掌政镇、平罗县崇岗镇、吴忠市利通区金积镇、青铜峡市陈袁滩镇、中卫市沙坡头区柔远镇

新疆维吾尔自治区

疏附县托克扎克镇、焉耆县七个星镇、沙湾县金沟河镇、托里县铁厂沟镇、温泉县哈日布呼镇、新源县那拉提镇、富蕴县可可托海镇、昌吉市大西渠镇、库车县齐满镇、和田县巴格其镇、哈密市五堡镇

大连市

金州区大魏家街道、长海县獐子岛镇、庄河市大郑镇、瓦房店市谢屯镇

宁波市

慈溪市观海卫镇、鄞州区集士港镇、余姚市陆埠镇

厦门市

海沧区东孚镇、翔安区新圩镇

青岛市

平度市南村镇、莱西市姜山镇、胶南市王台镇、胶州市马店镇

深圳市

宝安区观澜街道、（深汕特别合作区）鹅埠镇

新疆生产建设兵团

农二师二十九团吾瓦镇、农四师六十六团金梁子镇

主要参考文献

[1]尚娟：《中国特色城镇化道路》，科学出版社，2013年版。

[2]国家行政学院进修部编：《中国城镇化建设读本》，国家行政学院出版社，2012年版。

[3]潘培坤、凌岩主编：《城镇化探索》，同济大学出版社，2012年版。

[4]住房和城乡建设部课题组：《“十二五”中国城镇化发展战略研究报告》，中国建筑工业出版社，2011年版。

[5]国务院发展研究中心课题组编：《中国城镇化前景、战略与政策》，中国发展出版社，2010年版。

[6]费孝通：《中国城镇化道路》，内蒙古人民出版社，2010年版。

[7]陈鸿彬主编：《农村城镇化研究、建设及管理》，中国环境科学出版社，2005年版。

[8]程同顺：《快速城市化进程中的农村社会管理》，载《学术界》2013年第1期。

[9]丁静：《中国新生代农民工市民化问题研究》，载《学术界》，2013年第1期。

[10]左军：《新型城市化与浙江小城镇的发展方向》，载《嘉兴学

院学报》，2013年第2期。

[11]尹建军：《新农村建设背景下小城镇发展研究》，华中师范大学，2012年。

[12]范力勇、田洪伟、范丽娜：《城镇化建设中城市土地租赁机制发展的分析与新思考》，载《价值工程》，2010年第10期。

[13]赵旭、胡水炜、陈培安：《城镇化可持续发展评价指标体系初步探讨》，载《资源开发与市场》，2009年第10期。

[14]陈炜：《建设社会主义新农村实现中国城镇化》，载《科技信息（学术研究）》，2008年第6期。

[15]柯元、古维娟：《新时期农村城镇化的障碍与消解对策》，载《中国集体经济（下半月）》，2007年第4期。

[16]李文：《辽宁农村城镇化发展思路研究》，载《农业经济》，2007年第6期。

[17]苗承雨、李顺毅：《农村城镇化：经济发展的必然选择》，载《经营与管理》，2006年第6期。

[18]李辉：《我国城市可持续发展对策研究》，载《经济纵横》，2004年第12期。

[19]李丹、刘友兆：《我国城市化发展与耕地变动的关系研究》，载《经济纵横》，2003年第1期。

[20]于功汉：《对城市化建设的思考》，载《山东环境》，2000年第4期。

[21]张华：《论城市化建设与耕地保护》，载《资源·产业》，2000年第Z1期。

[22]张安录、杨钢桥：《小城镇发展与建设用地管理》，载《城市规划》，2000年第9期。

[23] 张同升、刘长岐：《快速城镇化发展背景下的中国城镇规划问题》，载《城市发展研究》，2009 年第 8 期。

[24] 蓝万炼、盛玉奎、张连波：《论现代交通对城镇体系空间结构的影响》，载《长沙理工大学学报（自然科学版）》，2008 年第 3 期。